취준생
직장인을 위한

청중을 압도하는 최고의
프레젠터 되는 법

프레젠테이션!
초스피드 완성

"어떤 인상을 주는가에 따라
운명이 좌우된다.
예외는 극히 드물다."

— 바바라 월터스(Barbara Walters, 앵커, MC)

"너, 프레젠테이션 처음이지?"

학업에서부터 취업, 그리고 회사 업무에 이르기까지 프레젠테이션의 중요성은 점차 커지고 있다. 초등학교 때부터 프레젠테이션 교육을 시행하는 학교가 많아졌고, 대학 내 발표뿐 아니라 '대학생 프레젠테이션 경진대회'도 여러 기업과 단체에서 진행되고 있다. 또한, 입사 면접 시 PT 면접을 치르는 회사가 몇 년 새 급격히 늘어났다. 일반 기업, 공공기관 할 것 없이 직원들이 프레젠테이션을 잘할 수 있도록 기업에서 훈련시키고 교육하고 있다. 고객에게 회사의 제품이나 서비스의 장점을 홍보하는 데 필요한 발표도 있지만, 회사 안에서 중요한 의사 결정을 할 때에도 미리 준비된 프레젠테이션을 듣고 보면서 토론하고 결론을 내리는 경우가 많아졌다. 그룹의 핵심 인원이 매년 한 번씩 모여서 하는 세계 경영 회의에서도 많은 프레젠테이션이 준비되어 발표되고 있다. '뛰어난 프레젠테이션 능력은 비즈니스에서 꽃과 같다.'라는 말이 있을 정도로 프레젠테이션은 의사소통과 중대한 결정을 내릴 때 꼭 필요한 수단이 되었다. 이렇게 프레젠테이션은 공적인 말하기로, 주어진 시간 내에 고객이나 청중이 필요로 하는 정보를 정확하게 전달하여 상대방이 의사결정을 할 수 있도록 설득하는 커뮤니케이션 과정이라고 할 수 있다. 그렇다면 프레젠테이션의 궁극적인 목표는 무엇일까? 바로 청중의 마음을 움직여 나의 제안을 채택하게 만들고 나의 주장에 대한 긍정과 공감의 표를 받는 것이다.

우리는 흔히 프레젠테이션을 잘하는 사람으로 버락 오바마 대통령이나 스티브 잡스를 떠올린다. 그들의 공통점을 잘 생각해보면 결국 사람의 마음을 움직이는 힘을 가지고 있다는 것이다. 청중은 연설자의 말, 몸짓, 표정에 빠져들어가 그를 지지하게 되고, 연설자가 광고하는 상품을 구매하게 되는 것이다. 2018년 평창 동계올림픽 유치를 성공으로 이끈 나승연 전 대변인도 국제무대에서 프레젠테이션이 성공할 수 있었던 것은 사람의 마음을 사로잡았기 때문이라고 한 바 있다.

사람의 마음을 움직일 수 있는 프레젠테이션이 훌륭한 프레젠테이션이라고 할 수 있다.

훌륭한 프레젠테이션을 하기 위해서는 메시지의 내용과 전달력, 청중과의 교감(청중 분석), 설득력과 호소력 등이 필요하다. 이러한 기술과 정서를 한꺼번에 익히기는 어렵지만, 차근차근 구상하고 연습하면 우리도 훌륭한 프레젠터가 될 수 있다.

이 책에서는 훌륭한 프레젠터가 갖추어야 할 자질을 크게 여섯 가지 단계로 나누어 보았다.

Part I에서는 프레젠테이션의 특성과 전개방식을 살펴봄으로써 전체의 그림을 그릴 수 있도록 준비했다. Part II에서는 설계도를 그리는 밑작업이라고 할 수 있는 기획 단계를 살펴볼 것이다. Part III은 시공단계로 디자인을 구성하고 실행한다. Part IV에서는 발표장에서의 실전노하우를 담았고, Part V에서는 발표준비와 예행연습에 대한 설명으로 자신감을 세운다. Part VI에서는 추후 더 나은 발표를 만들기 위해 이전 발표에 대한 피드백과 점검사항을 체크해 볼 것이다.

이 책은 공적인 자리에서 자신의 의견을 전달하는 모든 사람을 대상으로 만들어졌다. 이 책으로 얻을 수 있는 효과는 크게 세 가지다.

01 프레젠테이션의 전체 과정을 설계하고 준비할 수 있다.

02 프레젠테이션의 목적을 파악하고 청중을 이해, 설득시킬 수 있다.

03 프레젠테이션을 성공적으로 수행하고 다음 프레젠테이션을 철저히 준비할 수 있다.

스페인의 플라멩코가 관객을 사로잡는 성공 비결은 가창력이나 현란한 몸동작이 아닌, 관객의 마음을 움직이느냐 움직이지 못하느냐에 달려있다고 한다. 프레젠터도 전체를 그려내는 기획과 알찬 내용, 열정을 다해 주제를 전하고자 하는 마음까지 있다면 청중의 만족을 얻어낼 수 있고 이는 곧 비즈니스의 성공으로 이어질 수 있을 것이다.

진심으로 청중의 마음을 사로잡기 위해 이 책과 함께 다각도로 노력한다면 성공으로 가는 길이 보일 것이다. 프레젠테이션의 성공과 효과를 기대한다.

"프레젠테이션 역량은 필수적"

고윤승

서울사이버대학교 경영학과 교수 | 학과장

핵심 인재로 거듭나기 위해서 "프레젠테이션 역량"은 필수적이다. 이러한 시기에 대학생과 취업준비생, 직장인들이 갖추어야 할 이론 및 실무활용 능력을 향상시킬 수 있는 실전 가이드북의 출간은 반갑기 그지없다. 특히, 현업에서 전문가로 활동하고 있는 저자들의 생생한 노하우가(A~Z까지) 녹아들어 있어 프레젠테이션 역량 개발을 원하는 인재들에게 큰 도움을 줄 수 있으리라 기대한다.

"프레젠테이션 역량은 경쟁력"

고진효

Able & Company 대표(기업교육전문가)

날로 경쟁이 심해가는 현대 사회에서 프레젠테이션 능력은 직장인들 및 취업준비생, 대학생까지 꼭 갖추어야 할 경쟁력 중 하나가 되었다. 평범한 프레젠테이션 기술로는 치열한 경쟁사회에서 살아남을 수 없다. 이 책은 프레젠테이션 기획부터 이미지 및 보이스 연출까지 프레젠테이션의 모든 것을 알려주는 총서인 동시에 자격증까지 완벽하게 준비할 수 있도록 도와준다. 또한, 명확한 가이드라인을 제시해 프레젠테이션의 전문가로 발돋움할 수 있는 지식과 에너지를 불어넣어 준다. 나만을 위한 맞춤 프레젠테이션 스킬을 알고 싶은가? 그렇다면 반드시 이 책을 읽어보길 권한다.

"나를 표현하고 알리는 프레젠테이션 코칭"

김대선

광운전자공업고등학교 진로진학상담교사 | 광운대학교 코칭심리연구소 수석연구원

인간은 표현하는 존재다. 나를 알리고 공감 받고 싶기 때문이다. 어린아이의 재잘거리는 모습에는 어떠한 거리낌도 없다. 그러나 어른이 돼 가면서 자신의 생각을 드러내기보다는 숨기기에 더 익숙한 환경에서 나를 표현하는 것은 서툴러지고 힘들어져만 간다. 이처럼 표현에 낯선 우리들에게 단비와 같은 책이 나왔다. 대학 입시, 발표 수업, 입사 면접, 기업 보고, 제안 PT에 이르기까지 공감과 설득력을 높여야 하는 고등학생, 대학생, 취업준비생, 직장인, 강사들의 필독서이다. 여기, 성공을 목말라하는 당신에게 결정적인 한 방이 되어줄 책이 있다. 선택은 그대의 몫이다.

CONTENTS

Part I. 프레젠테이션의 구조화

Part Ⅱ. 프레젠테이션의 기획력

Part Ⅲ. 백 마디 말보다 강력한 디자인

Part Ⅳ. 청중의 마음을 움직이는 발표력

Part Ⅴ. 최종점검을 위한 리허설

Part VI. 새로운 도약을 위한 로드맵

부록

프레젠테이션! 초스피드 완성

Part **I**

프레젠테이션의 구조화

Part I

프레젠테이션의 구조화

01 | 프레젠테이션의 특성

일반적으로 많은 사람들이 대중 앞에서 말하는 것을 두려워한다. 하지만 프레젠테이션만이 가지는 장점 때문에 프레젠테이션은 점점 대중화되고 있어 더 이상 프레젠테이션을 피할 수는 없어 보인다. 능숙한 프레젠테이션을 위해 문서로 작성된 보고서에 비하여 말로 설명하는 프레젠테이션이 가지는 장·단점을 분석해 보자.

(1) 프레젠테이션의 장점

말로 직접 프레젠테이션을 할 때의 첫 번째 장점은 청중으로부터 즉각적으로 피드백을 받을 수 있다는 것이다. 프레젠테이션 현장에서 직접 질문을 받고 결정을 내릴 수 있다. 또 청중들이 얼마나 잘 이해하고 찬성하는가를 보면서 말하는 내용을 조절할 수 있다.

두 번째 장점은 말하는 사람이 청중을 통제할 수 있다는 것이다. 서류로 작성된 보고서는 사람이 읽어볼 것이라는 보장이 없다. 그에 비해 프레젠테이션에서 발표자는 청중과 마주 보고 있다. 발표자는 발표의 속도를 조절하고 질문을 하며 청중들이 계속 집중하고 이해하도록 한다. 발표 중 잠시 멈춤, 제스처, 목소리와 속도의 변화 등과 같이 비언어적인 방식으로 사람들의 주의를 집중시킬 수도 있다. 또 프레젠테이션에서 사용하는 시각 자료는 보고서에서 사용하는 것보다 효과가 높다.

세 번째 장점은 듣는 사람에 관한 것이다. 프레젠테이션의 청중은 별다른 노력을 하지 않아도 된다. 글을 읽는 것에 비하면 듣는 것은 노력이 적게 들고 즐거울 때도 있다. 서류로 작성된 보고서는 언어적인 내용만 제시하지만, 프레젠테이션은 언어적인 것과 비언어적인 것을 같이 제공하기 때문에 이해하기 쉽고 재미있다.

(2) 프레젠테이션의 단점

프레젠테이션이 많은 장점을 가지고 있음에도 불구하고 몇 가지 단점도 있다. 가장 큰 단점은 영속성이 없다는 것이다. 한번 발표하면 지나가 버리고 한두 시간 지나면 발표한 자료는 잊힌다. 발표된 내용을 이해할 기회는 그때 한 번뿐인 것이다. 반면에 서류로 작성된 보고서는 이해될 때까지 여러 번 읽어볼 수 있다.

또한, 프레젠테이션을 시행하기 위한 준비와 장소 섭외에도 상당한 비용이 든다. 청중들을 불러 모으는 비용 또한 무시하지 못한다. 만약 전국에 산재해 있는 관리자를 한자리에 모아서 프레젠테이션을 한다면 서류로 된 보고서로 알리는 것보다 훨씬 더 큰 비용이 소요될 것이다.

기업에서 보고서를 사용할 것인가, 또는 프레젠테이션을 할 것인가를 결정할 때는 위와 같은 장·단점을 고려하여 결정해야 한다.

(3) 프레젠테이션의 준비방법

프레젠테이션을 준비하는 방법에는 크게 세 가지가 있다.

첫째, 프레젠테이션에 대한 준비 없이 즉흥적으로 이야기하는 경우이다. 이는 100% 실패를 가져온다. 배짱과 용기만으로 성공하는 프레젠테이션은 없다. 철저한 준비와 훈련이 필요하다.

둘째, 프레젠테이션의 모든 내용을 원고로 작성하여 암기하는 방법이다. 원고를 통째로 작성해 암기하는 방법은 다음과 같이 크게 네 가지 문제점을 가져올 수 있다.

- 말투가 대화체가 아닌 문어체가 된다.

  대화체는 문어체와 다르다. 책을 읽는 듯한 딱딱한 말투로는 사람의 마음을 움직일 수 없다. 자유로운 대화체 스피치와 비교하면 생생한 느낌이 줄어들 수밖에 없다. 가슴에서 나오는 따뜻한 말투로 이야기해야 청중의 마음을 움직일 수 있다.

- 암기한 내용을 도중에 잊었을 경우 상당히 곤란해진다.

  문장의 종결어미까지 통째로 외우는 발표자들이 있다. 발표 당일 암기한 내용이 생각나면 다행이지만 실전에서는 긴장감이 커진 나머지 발표 중 암기한 내용이 생각나지 않을 수 있다. 이럴 때 발표자들은 얼굴이 하얗게 질려서 아예 발표를 중단하는 일이 생기기도 한다.

- 원고에만 의존하면 말할 수 없게 된다.

  원고에 의존하는 습관이 생기면 나중에는 원고 없이 말할 수 없게 된다. 떨지 않고 당당하게 말하기 위해서는 이러한 습관을 버려야 한다.

- 청중의 반응을 살필 수 없다.

  머릿속으로 외운 원고에 집중하느라 청중의 반응이나 태도를 알아차리기 힘들다. 청중이 지루해하거나 어려워해도 발표자는 이야기의 흐름을 바꾸거나 조절할 수가 없다. 이렇게 되면 양방향의 커뮤니케이션이 아닌 일방향의 커뮤니케이션이 된다.

따라서 프레젠테이션의 원고는 읽기 위한 원고가 아니라 듣기 위한 원고이어야 한다. 즉, 눈으로 읽는 것이 아니라, 상대방이 듣기 편한 구어체로 작성되어야 한다. 그러기 위해서는 전문용어나 약어의 사용은 줄이고 단문의 문장으로 작성한다. 워드프로세서로 작성할 때에는 글씨크기를 12포인트 이상, 줄간격도 넓게, 종이 한 면에만 작성하여 인쇄하고, 쪽 번호도 달아준다. 숫자도 발음 나는 대로 적어서 긴장되어 숫자를 잘못 읽는 일이 없도록 한다.

셋째, 개요서 활용법이다. 발표 내용을 본격적으로 작성하기 전에 전체 프레젠테이션의 구체적 내용을 어떻게 구성할 것인가를 계획하는 '발표의 개요'를 먼저 작성하는 방법이다. 주요 키워드 중심으로 전체를 이해하는 개요서 활용법은 원고를 통째로 외우지 않아도 되는 등 많은 장점이 있기 때문에 발표자가 주로 활용하는 방법이다. 여러분도 적극적으로 활용하기를 권장한다.

개요서를 작성해 단순히 연습만 한다면 프레젠테이션을 성공으로 이끌 수 있을까? 방향을 제대로 잡기 위해서는 우선 성공하는 프레젠테이션의 요소와 실패하는 프레젠테이션의 요소를 살펴야 할 것이다. 여러분이 청중의 입장에서 프레젠테이션을 보고 들었을 때 무척 지루하거나 졸음이 밀려온 경험이 있을 것이다. 지루한 프레젠테이션에는 공통적으로 몇 가지 특징이 나타난다. 그러한 특징만 피해가도 성공적인 프레젠테이션을 할 수 있다.

(4) 실패하는 프레젠테이션

① 지루한 프레젠테이션의 특징

- 무슨 말을 하는지 요점을 알 수가 없다.
- 발표를 듣다 보니 나와 관계있는 내용이 아니다. 관심이 가지 않는 내용이다.
- 누구나 할 수 있는 이야기 같다. 너무나 당연한 이야기를 한다.
- 구체적인 실행 방법과 성공 이미지가 그려지지 않는다.
- 예상할 수 있거나 그보다 더 미흡한 제안이라서 임팩트가 없다.
- 발표자의 열정이나 준비, 노력이 부족해 보인다.
- 똑같은 톤과 어조, 똑같은 표정과 연출이 반복되니 재미가 없다.
- 파워포인트 슬라이드는 화려하게 만들었지만, 정작 전달하려는 내용은 핵심이 없다.
- 논리가 부족하다. 주장하는 바에 따른 근거가 객관적이지 않아서 와닿지 않는다.
- 발표자 자신에 대한 자랑만 잔뜩 늘어놓는다.

이러한 프레젠테이션을 듣고 있노라면 '내가 여기에 왜 앉아 있는 거지?', '괜히 시간 낭비만 했구나.' 하는 생각까지 들 수 있다. 이렇듯 준비가 부족하거나 잘못된 방향 설정은 프레젠테이션의 실패를 가져올 수 있는 것이다.

② 카민 갈로가 말하는 '발표자가 저지르기 쉬운 실수'

에미상을 수상한 TV 저널리스트이자 캘리포니아에서 기업 프레젠테이션 코치로 활동하고 있는 카민 갈로의 『세계 최고 비즈니스 커뮤니케이터들의 10가지 성공비법』이라는 책에서 '발표자가 저지르기 쉬운 실수'에 대해 다음과 같이 언급하고 있다.

㉠ 내용 측면

- 주제가 불명확한 경우 : 내용이 산만해서 장황한 이야기를 늘어놓는다. 요점 없이 횡설수설하다 보니 내용의 전달력이 떨어지고 청중들은 외면하게 된다. 결국, 분위기는 산만해지고 목적을 달성하지 못한다.

- 설명이 정확하지 못한 경우 : 내용이 핵심적이지 못하면 군더더기가 많이 붙게 된다. 스토리가 장황해지며 발표자에 대한 신뢰도가 떨어진다.

- 보충 설명이 없는 경우 : 전문 분야일수록 난해해지기 쉽다. 이럴 때 보충 설명이 없으면 청중은 들을 가치가 없다고 생각하게 되고 제대로 설명하지 못하는 발표자를 전문가가 아니라고 판단한다.

- 전문 용어를 사용하는 경우 : 청중은 전문 용어의 해석이 안 되므로 지루해하는 사람이 많아지고 발표자가 잘난 척한다고 생각한다.

- 질의응답이 미숙한 경우 : 관련 분야에 대한 지식이 부족하다고 생각한다. 발표자의 실력을 의심하고 준비가 미흡하다고 판단한다.

- 분위기가 딱딱한 경우 : 분위기가 침체된다. 청중들이 외면하고 분위기가 부정적으로 변한다. 공감대가 파괴되고 관객들의 호응을 얻기 힘들다.

㉡ 행동 측면

- 노트 보며 그대로 읽기 : 준비한 대본이나 노트를 제때 참고하는 것은 좋지만 보고 그대로 읽는 것은 발언자와 청중 사이의 소통을 방해한다. 노트에서 포인트만 뽑아 내어 노트 없이 발표할 수 있도록 계속해서 복습해야 한다.

- '아이-콘택트' 피하기 : 청중과 소통하고 신뢰감을 주기 위해 눈과 눈을 맞추는 것은 매우 중요하다. 대부분의 연설자가 청중을 보는 대신 벽이나 책상, 컴퓨터에 눈을 맞춘다. 그러나 연설하는 시간의 90% 이상은 청중과 시선을 마주쳐야 한다. 나머지 시간에 노트와 슬라이드를 적절히 보아야 한다.

- 지저분하고 격식 없는 옷차림 : 프레젠테이션 역시 자신의 위치와 문화에 맞는 옷차림이 중요하다. 단, 너무 뛰어난 의상보다는 청중보다 약간만 더 좋게 차려입는 것이 좋다.

- 정신없는 손동작과 말버릇 : 손을 안절부절못한다거나 손에 쥔 물체를 가볍게 흔들고 몸을 앞뒤로 흔드는 등의 행동은 발언자의 긴장과 초조감, 불안감을 그대로 반영하며 청중들에게 자신감이 없는 것처럼 보이게 한다. 리허설이나 프레젠테이션을 녹화해 자신의 프레젠테이션 모습을 보고 위와 같은 버릇을 미리 잡아야 한다.
- 가만히 서 있기 : 지나친 손동작은 좋지 않지만, 가만히 서 있는 것도 나쁘다. 경직된 모습은 마치 군대의 명령을 기다리는 군인처럼 보여 프레젠테이션을 지루하게 만든다. 적당한 몸짓과 손동작을 이용하고 적절히 걸으며 위치를 이동하는 것이 좋다. 유명한 프레젠테이션 동영상을 보며 목소리와 몸동작을 흉내 내보는 것도 좋다.
- 리허설 절대 하지 않기 : 프레젠테이션에서 제일 안타까운 실수는 지나치게 큰 목소리나 작은 목소리로 연설하는 것이다. 이는 리허설을 충분히 하지 않았기 때문에 벌어지는 실수이다.
- 슬라이드 그대로 읽기 : 너무 많은 내용을 슬라이드에 담아서도 안 되고 글자 그대로 또박또박 읽는 것도 좋지 않다. 슬라이드에는 핵심적인 내용을 한 면당 여섯 줄 미만으로 요약하고 이야기나 일화, 예를 적절히 덧붙여 청중에게 설명해야 한다. 슬라이드를 읽는 것뿐이라면, 그것은 청중도 할 수 있다.
- 지나치게 긴 프레젠테이션 : 연구에 따르면 청중들의 집중력은 약 18분 후부터 사라진다. 리더십이 요구하는 능력은 긍정적이고 명확하며 간결한 메시지 전달이다. 말하는 시간이 길수록 중요하게 들릴 것이라는 착각을 버려야 한다.
- 인상적이지 못한 서두 : 청중들의 관심을 끄느냐 잃느냐는 당신의 프레젠테이션 첫 마디에 달려 있다. 가장 좋은 방법은 시작 전 그들이 당신의 발표에 귀 기울여야 하는 이유를 밝히는 것이다.
- 횡설수설한 맺음말 : 당신이 중간에 아무리 중요한 말을 강조하고 늘어놓아 봤자 청중들이 자리를 떠나면서 기억하는 것은 당신이 마지막에 던진 말이다. 말한 것을 간략하게 요약하고 청중들이 한 가지 생각, 즉 요점을 가지고 떠날 수 있도록 해야 한다.

(5) 성공하는 프레젠테이션

실패하는 프레젠테이션의 문제점을 파악하고 난 후 프레젠테이션을 준비한다면 분명 성공적인 프레젠테이션을 할 수 있을 것이다. 즉, 내용 면에서는 알기 쉽고, 구체적이며, 재미있어야 한다. 행동 면에서는 미리 연습과 훈련을 거쳐 잘못된 습관을 고치고 수정해야 할 것이다. 이렇게 내용적 측면과 행동적 측면의 스킬을 갖추고 경우의 수를 파악한다면 성공적인 프레젠테이션을 할 확률이 높아질 수 있다.

① 카민 갈로가 제안한 프레젠테이션 성공 비책

카민 갈로가 『세계 최고 비즈니스 커뮤니케이터들의 10가지 성공 비법』에서 제시한 성공적인 프레젠테이션의 비책은 시간 나누기이다. "단순히 슬라이드만 보여주지 말고 매 10분 전후마다 무언가 색다른 화제로 청중을 다시 매료시키도록 노력하라. 짧은 비디오 클립을 삽입한다든지 빠른 시연을 하든지 다른 발표자가 일어나서 짧게 발표를 하도록 하라. 청중이 지루해하지 않도록 발표를 관리 가능한 시간 단위로 나누는 방법을 찾아보라."고 말한 바 있다.

② 성공하는 프레젠테이션 시간 구성법

㉠ 90 · 20 · 8의 규칙 : 마인드맵의 창시자 토니 부잔은 『양쪽 뇌를 사용하라』는 책에서 성인은 평균 90분 동안은 이해하면서 들을 수 있지만, 오직 20분만을 기억하면서 듣는다고 했다. 이 말은 20분마다 변화를 주거나 속도에 변화가 있어야 한다는 말이다. 이는 어떤 교육도 90분을 넘지 않고 20분마다 변화를 주며, 8분마다 사람들이 참여할 방법을 찾아야 한다는 것이다.

우리의 학창시절을 되돌아보면 쉽게 이해할 수 있을 것이다. 수업시간이 최대 90분을 넘지 않았던 점, 중간에 조는 학생들을 깨우기 위해 선생님이 20분 간격으로 퀴즈, 동영상 등의 자료를 활용하고 10분 안팎으로 가벼운 농담과 유머를 던졌던 그때 말이다. 이렇게 90 · 20 · 8의 규칙은 성공적인 프레젠테이션의 훌륭한 비책임을 기억하자.

ⓛ 10 · 20 · 30의 규칙 : 애플사의 전 에반젤리스트였던 가이 카와사키는 프레젠 테이션을 성공하기 위해서는 슬라이드는 10장 이내, 시간은 20분 이내, 문자 크기는 30포인트 이상으로 만들어야 한다고 언급한 바 있다. 이는 청중의 이해 력과 집중력을 고려한 10 · 20 · 30의 규칙이다.

첫째, 기본 슬라이드는 10장 이내가 좋다는 것이다. 슬라이드에서는 현실 문제, 제안이나 비전 제시, 이상 실현의 관계가 한눈에 보이도록 요약해서 첨부하면 임원진 발표에서도 당황하지 않을 수 있다.

둘째, 문제의 정리와 제안 설명은 20분만 있으면 충분하다는 것이다. 프레젠테 이션 자체를 20분 안에 끝낸다는 것이 아니라, 프레젠테이션이 1시간 정도 진 행될 경우에는 제안 내용을 설명하고 시범을 보이거나 사례를 소개하고 질의응 답 시간까지 마련하는 20분×3부 구성 정도가 적당하다는 원칙이다.

셋째, 스크린에 뜨는 자료에서는 문자 크기가 30포인트 이상이 되지 않으면 읽 기 힘들기 때문에 최대한 문자량을 줄이고 그래픽과 짧은 문구로 자료를 간결 하게 만들어야 한다는 것이다. 스티브 잡스의 프레젠테이션을 떠올리면 이해가 쉽다. 하지만 한 장의 슬라이드에 그림, 도표, 사진, 글자 등이 일목요연하게 배 치되어 있는 일본식 프레젠테이션의 경우 문자의 크기가 달라질 수 있다. 단순 하고 명쾌한 미국식 프레젠테이션을 할 것인가, 복잡하고 많은 것을 압축해 전 달하는 일본식 프레젠테이션을 할 것인가는 발표자 스스로 결정해야 하며, 아 직 국내 기업의 상당수는 내부적으로 일본식 프레젠테이션을 하고 있다. 즉, 글 자 크기는 발표 장소와 발표 인원에 배분에 따라서 조절 가능하며, 스크린에 뜨 는 자료는 간결할수록 효과가 크다는 점을 명심하자.

③ 성공적인 프레젠테이션을 위한 동기 부여 과정

ⓐ 청중에게 필요를 느끼게 하자.

사람들은 끊임없이 자기 자신에게 '여기에 내가 왜 있지?' 라고 질문한다는 것을 잊지 말자. 그렇기 때문에 '왜 이 정보가 필요한가?', '어떻게 이익을 얻을 것인 가?', '실제로 어떻게 활용할 것인가?' 에 대한 이점을 수시로 알려줘야 한다.

ⓛ 개인적인 책임감을 키워 주자.

대부분의 사람은 약속을 지키려는 책임감을 가지고 있다. 현명한 발표자라면 청중이 작은 사안을 약속하게 하고 이를 효과적으로 활용할 수 있다. 참가자들에게 앞으로 유용하게 쓰일 자료의 일부를 배부하여 그들이 그 자료를 채워 넣게 할 수도 있다. 또한, 다양한 학습 활동을 하면서 그룹의 책임감을 조성할 수도 있다. 예를 들어, '휴식 시간이 끝난 후 수업 시간에 정확히 맞춰서 돌아오기' 등의 방법을 이용하여 그룹의 책임감을 조성할 수도 있다.

ⓒ 흥미를 불러일으키고 지속시키자.

이를 위한 효과적인 방법은 계속해서 질문하고 격려하는 것이다. 질문은 흥미를 자아내고 주의를 환기시킨다. 흥미를 유발하고 지속시킬 수 있는 다른 방법은 차트, 토의, 강의, 프로젝트, 사례 연구 등이 있다. 청중의 주의를 집중시키고 학습 과정에 참여시키기 위해서는 여러 방법을 혼합하여 활용하면 좋다.

ⓔ 배운 내용을 일상생활에 어떻게 적용할 수 있는지 알리자.

당신이 하는 대부분의 프레젠테이션과 교육 프로그램에서 사람들은 '이것이 어떻게 내게 유용할 것인가?', '이것이 정말로 의사 결정, 문제 해결, 판매 등에 도움이 될 것인가?'에 대해 알고 싶어 한다. 물론 이론도 중요하지만, 그들은 배운 것을 실제로 적용하고 싶어 한다. "이렇게 여러분의 업무에 활용하면 좋습니다."라는 식으로 일상생활과의 연계를 지속시키자.

ⓜ 칭찬하고 인정하고 격려하자.

하버드의 심리학자 윌리엄 제임스(William James)는 "인간이 가진 본성 중에서 가장 강한 것은 타인에게 인정받기를 갈망하는 마음이다."라고 했다. 사람들은 누구나 다른 사람에게 인정받고 사랑받기를 원한다는 것이다. 흔히 사람들은 누군가 무엇을 잘못하면 재빨리 그것을 지적하지만 잘한 일을 칭찬하는 데는 시간이 오래 걸린다. 청중의 모습을 독려하고 칭찬한다면 청중의 마음을 열 수 있다. 오픈마인드가 되어 어떤 말이라도 수용할 준비가 된다. 단, 진심으로 칭찬해야 청중이 반응한다.

카네기의 책 『카네기의 인간관계론』에서도 청중과의 교감을 위한 칭찬의 위대함에 대한 이야기가 나온다.

> "내게는 사람의 열의를 불러일으키는 능력이 있습니다. 내가 소유하고 있는 가장 주요한 재산이지요. 나의 비결은 아주 단순하다면 단순합니다. 그건 다른 사람의 장점을 북돋아 주기 위해 칭찬과 격려를 하는 것입니다. 윗사람으로부터 꾸중을 듣는 것만큼 사람의 향상심을 해치는 것은 없습니다. 나는 비난 대신 잘한 일이 있으면 진심으로 칭찬하고 아낌없는 찬사를 보냅니다."
>
> — 찰스 스와브(강철의 제왕)

ⓑ 건전한 경쟁을 하게 하자.

건전한 경쟁은 사람들로 하여금 자신을 돌아보게 해 준다. 청중에게 "나는 다른 사람들과 경쟁하지 않아. 나 자신과 경쟁하는 거야."라고 이야기하게 하자. 그리고 '내가 현재 어디쯤 와 있고 어떻게 해야 더 나아갈 수 있을까?' 라고 스스로 질문하고 깨달을 수 있도록 옆에서 북돋아 주는 역할을 하면 좋다. 그러기 위해서는 발표자 본인에 대한 명확한 인식과 분석이 있어야 한다. 또한, 본인의 사례와 경험담을 자연스럽게 이야기할 수 있어야 한다. 그러한 이야기만이 청중을 움직이고 깨닫게 한다.

ⓢ 스스로 즐기자.

발표자보다 청중이 발표 내용과 슬라이드에 더 열광하기를 기대할 수는 없다. 주제에 대한 발표자의 순수한 열정을 사람들에게 보여 주자. 열정을 보여주는 방법으로는 두 가지가 있다. 첫째, 사람들과 만나라. 최소한 발표 시작 15분 전에 도착해서 사람들에게 주제와 청중에 대한 당신의 흥미와 열정을 보여주고 그들과 이야기하는 것이 좋다. 둘째, 눈을 맞추어라. 주제에 대해 자신이 없거나 관심이 없는 발표자는 절대 청중들을 똑바로 보지 않는다. 그들은 부드러운 응시에만 익숙하여 이마 근처나 코 주위만 계속 바라볼 뿐 절대 눈을 맞추지 않는다.

◎ 청중과 유대관계를 맺을 수 있도록 노력하자.

로버트 치알디니의 '호감의 법칙'에 따르면 사람을 처음 만나게 되면 그 사람의 신체적 매력, 사소한 공통점, 칭찬 등으로 호감을 느끼게 되고 그 사람에게 설득을 당할 수 있다고 한다.

프레젠테이션 초기에 이 호감의 법칙을 이용하면 청중을 나의 협조자로 만들 수 있다. 청중의 관심사, 배경, 학연, 지연, 공통점 등을 알아내기 위한 기본적인 준비가 필요한 것이다. 상대의 관심사로 대화를 시작하고 상대와 관련된 점을 부각하며 접근하면 청중의 표정이 풀어지고 냉랭한 분위기를 깰 수가 있다. 시작 전 분위기가 프레젠테이션의 성패를 좌우한다.

02 | 전략적 구상법

프레젠테이션은 말하는 사람의 시점이 아니라 듣는 사람의 시점에서 이야기해야 청중을 이해시키고 납득시킬 수 있다. 그런데 발표자들은 대부분 말하는 사람의 시점에서 제안하는 경향이 있다. 청중의 시점이 아니기 때문에 듣는 사람이 알고 싶어 하는 점은 무시되고 말하는 사람이 내세우는 점이 제안의 대부분을 차지한다. 이런 발표자의 프레젠테이션은 대체로 이야기가 길어지고 요점이 모호하다. '똑똑한 사람으로 보이고 싶다.', '프레젠테이션을 잘하는 것처럼 보이고 싶다.', '이 분야의 전문가로 보이고 싶다.' 라는 식으로 자신을 멋지게 포장하려고 지나치게 의식하다 보면 프레젠테이션의 내용이나 전달하는 방식이 발표자 위주로 겉돌게 된다. 따라서 프레젠테이션을 성공으로 이끌기 위해서는 내가 전달하고 싶은 이야기를 하는 것이 아니라 청중이 듣고 싶은 이야기를 하는 것이 중요한 요소가 된다. 프레젠테이션의 목적과 청중, 장소 분석이 기본적으로 이루어져야 하는 것이다. 또한, 5W 1H 기법을 통해 프레젠테이션을 전략적으로 구상하고 전체를 가다듬어야 한다.

(1) 5W 1H 기법

① *"When"* - 언제 발표하는가?

발표 일정에 맞춰서 준비하는 기간이 필요하다. 기초 분석과 자료 수집, 자료 정리, 스토리보드 작성, 디자인 제작, 리허설, 프레젠테이션의 순서로 이루어진다.

기초 분석 ➡ 자료 수집 ➡ 자료 정리 ➡ 개요서 작성 ➡

디자인 제작 ➡ 리허설 ➡ 프레젠테이션

② *"Where"* - 어디에서 발표할 것인가?

발표장의 여건에 따라 자료 전달 매체가 달라진다. 회의장 크기, 인원수, 좌석 배치, 실내 분위기, 스크린의 신선도 및 밝기, 빔프로젝터의 밝기와 소음, 교탁 유무,

음향시설의 유무, 마이크의 종류(무선, 유선) 등을 체크해야 한다. 또한, 프레젠테이션에서 집중도를 높이는 가장 쉽고 효율적인 방법은 자연광을 차단하고 조명으로 실내 밝기를 조정하는 것이다. 조명이나 스크린의 밝기는 집중도와 밀접한 관련이 있기 때문에 중요한 요소가 된다. 따라서 실내 분위기의 정숙에 방해가 되거나 시선을 빼앗는 물건 등 불필요한 것들은 사전에 옮겨두는 것이 좋다.

③ *"Who"* – 누가 발표할 것인가? 누구에게 발표할 것인가?

㉠ 누가 프레젠테이션을 할까?

중소기업이나 벤처기업의 경우 최고 경영자가 외부 프레젠터를 고용해 프레젠테이션을 하는 경우도 많다. 일부 CEO는 프레젠테이션 자료를 다른 사람에게 맡기고 그 전날 슬쩍 훑어보기만 한 후에 프레젠테이션을 진행하는 경우도 있다. 그렇다면 훌륭한 발표자를 외부에서 섭외하는 것이 좋을까, 아니면 프레젠테이션 준비자가 직접 발표하는 것이 좋을까?

물론 가장 좋은 방법은 프레젠테이션을 직접 준비한 사람이 프레젠테이션을 진행하는 경우이다. 프레젠테이션을 지속적으로 준비한 사람은 그동안 준비를 하면서 스토리 구조의 논리와 내용을 정확하게 인지하고 있으므로 청중에게 메시지를 충분히 전달할 수 있기 때문이다. 하지만 상황이 여의치 않거나 발표 불안이 심한 경우에는 발표자를 따로 찾을 수 있다. 하지만 이때에는 발표하고자 하는 내용과 스토리라인이 체계적으로 정립되지 않아 메시지 전달에 한계가 있다. 이를 대비해 역할 분담을 하는 것도 좋은 방법이다. 내용이 워낙 방대하거나 특화되어 있어 혼자서 하기에 무리라고 생각된다면 내용에 맞게 2~3명이 나누어서 프레젠테이션하는 것이 좋다.

㉡ 누구에게 발표할 것인가?

성공적인 프레젠테이션을 위하여 반드시 청중 분석을 수행해야 한다. 워낙 중대한 요소이기 때문에 Part 2에서 다시 한 번 언급하도록 하겠다.

청중을 분석하는 방법에는 첫째, 결정권자를 분석하는 방법이 있다. 의사결정자의 초점, 의사결정 영향자의 초점이 누구인지 분석하는 것이다. 둘째, 직무

활동 분석이다. 재무 담당자의 초점, 실무자의 초점, 인사 담당자나 마케팅 담당자의 초점을 고려해야 한다. 마지막으로 개인 성향 분석이다. 이는 의사결정자의 특성이 무엇인지를 고려하는 것이다.

ⓒ 청중 분석 결과에 따른 전략

- 학력 및 교육수준에 따른 대응 전략

 – 학력이 높고 지식수준이 높을수록 양면 제시(장·단점 모두 제시), 논리적 설명, 전문 용어, 통계적 데이터를 준비한다. 통계 수치, 실험 결과, 문헌, 조사 자료, 권위 있는 사람의 의견 등 논리를 보강할 자료를 풍부하게 준비해야 한다. 이를 토대로 발표 내용의 논리를 세움은 물론 질의응답에도 매끄럽게 대응할 수 있도록 준비한다.

 – 학력이 낮고 교육수준이 낮을수록 일면 제시(장점만 제시), 사례, 경험담 위주로 자료를 준비한다. 쉬운 말과 짧은 문장, 단순한 논리로 자상하게 풀어나간다.

 – 보통의 지식수준을 가진 청중에게는 일상적으로 사용하는 언어와 문장, 논리 체계를 사용하여 쉽게 표현하도록 한다. 부득이하게 전문 용어를 사용할 경우 자상하게 설명한다. 주제를 청중의 일상사와 연결시키고 경험담이나 사례를 충분히 든다.

- 직업(업종)이나 담당 업무에 따른 대응 전략

 청중이 같은 업종에 종사할 경우 해당 업종의 전문 용어, 상용어를 사용하면 공감을 얻을 수 있기 때문에 해당 업종에서 사용하는 전문 용어를 준비하면 좋다. 방송인 김제동은 레크레이션 강사를 할 때 방문할 학과와 관련 정보를 미리 파악했다고 한다. 예를 들어, 의과 대학이라면 그들이 주로 쓰는 몇 가지 전문용어나 은어 등을 파악한 후에 이야기를 이끌어 나갔다는 것이다. 스피치 전문가 김미경 원장도 언제나 기업에서 강의를 하기 전 미리 그곳을 방문하거나 사람들을 만나 분위기나 그들만이 쓰는 용어를 파악하여 오프닝 때 특별한 퍼포먼스를 하는 것으로 유명하다.

- 지위에 따른 대응 전략

  높은 직급자가 파악되면 그들에게 시선의 50% 이상을 안배한다.

- 주제에 관한 지식 정도에 따른 대응 전략

  - 해박한 지식을 지닌 청중에게는 전문 용어를 충분히 사용하며 청중의 지식을 인정하고 스스로 판단할 수 있도록 한다.
  - 문외한 수준의 청중에게는 내용의 양을 줄여 간단하게 설명하고 전문 용어를 자제하면서 쉬운 예를 드는 것이 좋다.

- 태도에 대한 대응 전략

  - 긍정적 태도를 가진 청중에게는 필요성에 대한 장황한 설명보다는 효과나 장·단점에 대한 설명이 설득력 있다.
  - 부정적 태도를 가진 청중에게는 그들의 입장에 정면대응을 피하고 동의하는 부분에서 출발하는 귀납적 전개가 바람직하다.

- 법인의 특성에 대한 대응 전략

  기업 문화, 경영 전략, 최고경영자의 경영 철학, 업계의 위상, 직원들의 프라이드, 매출액 등을 프레젠테이션에 적절히 이용하면 설득력이 높아질 수 있다.

- 청중의 심리 상태에 따른 대응 전략

  - 청중이 친근할 때는 유머를 많이 사용하고 개인적 경험을 말하기도 한다. 사람들과 화기애애한 분위기를 유지하고 새로운 프레젠테이션 방법을 시도하기도 한다.
  - 청중이 중립적일 때는 차분하면서도 잘 정돈된 방식으로 진행한다. 통계 자료, 사실 자료, 전문가 의견 등을 많이 제공하면서 논리적으로 진행한다.
  - 청중이 무관심할 때는 간단하게 진행한다. 유머, 만화, 시각자료, 흥미 있는 통계 등을 제시하면 효과가 좋다. 이런 청중들에게 피해야 할 것은 발표 장소를 장시간 어둡게 하거나, 한 자리에만 고정하여 발표하거나, 청중들이 적극적으로 참여하게 하는 것 등이 있다.
  - 청중이 적대적일 때는 설명을 많이 해야 한다. 객관적 자료, 전문가 의견

등을 제시하면서 될 수 있는대로 객관적으로 설명한다. 유머를 사용하거나 부적절한 예를 들지 않아야 한다. 질의응답 시간은 가급적 피하고 그렇지 못하면 사전에 문서로 질의하도록 한다.

- 청중의 수에 따른 대응 전략
  - 청중의 수가 많을 경우에는 더 공식적인 프레젠테이션을 실시한다. 목소리와 제스처는 조금 더 크게 천천히 사용한다. 질문은 발표가 끝난 뒤에 하도록 한다.
  - 청중의 수가 많지 않을 때에는 자유롭게 질문을 할 수 있게 하고 일상적인 대화와 비슷한 어조, 제스처를 사용한다.
- 연령대에 따른 대응 전략
  - 젊은 층을 상대로 프레젠테이션을 할 때에는 미래지향적이며 도전적인 내용을 많이 담는다. 설교조를 피하고 실례를 많이 든다. 나이의 차이를 느끼지 않도록 현재 사례 위주로 이야기한다.
  - 청중이 중년층 이상일 때는 현실적인 제안을 한다. 논리적이며 다각도의 방향을 제시한다. 청중이 얻을 수 있는 이익을 제시한다.

④ *"What"* – 무엇을 발표할 것인가?

어떤 내용을 다룰 것인가, 즉 주제가 있는 내용을 말한다. 데이터를 정보화하고 이를 논리적으로 배열하는 작업이라고 할 수 있다.

⑤ *"Why"* – 왜 발표하는가?

목표 달성의 가능성을 높여줄 수 있다. 청중들의 기대치를 충족시켜 주거나 청중들이 목적하는 바를 달성할 수 있도록 동기 마련을 해 주기 때문이다. *"Why"*는 프레젠터가 발표를 하는 목표이자 믿음이고 이유이다.

⑥ *"How"* – 어떻게 보여줄 것인가?

인사, 소개, 복장, 에티켓, 제스처 등의 비언어적인 요소와 질의응답, 유머, 청중을 대하는 태도, 발표자의 열정, 디자인 구성과 시간 분배 등 모든 것을 포함한다. 청중과 공감대를 형성하기 위해서는 모든 것을 미리 구상하고 준비해야 한다.

(2) 개요서 활용법

① 개요서의 장점

  ㉠ 발표자가 말하고자 하는 내용을 스스로 이해하고 내면화할 수 있는 장점이 있다.

  ㉡ 발표자가 말하려는 바가 명확해진다. 전체 아웃라인이 정해지지 않았을 경우에는 발표의 핵심이 흐려지거나 다른 주제로 빠질 확률이 높아진다. 반면 개요서가 있으면 일목요연하게 이야기를 진행할 수 있다.

  ㉢ 전체적인 그림을 청중에게 제시할 수 있기 때문에 이해도가 높아진다.

  ㉣ 시간조정을 가능하게 한다. 프레젠테이션을 잘하려고 하면 할수록 계속 살을 붙여 말하기 때문에 시간이 자꾸 길어질 수 있다. 하지만 개요서를 활용하면 결론이 누락되지 않게 하면서도 내용을 줄일 수 있다.

② 개요서 작성 원칙

  ㉠ 명확해야 한다.

  ㉡ 구체적이어야 한다.

  ㉢ 실현 가능해야 한다.

  ㉣ 전체 내용을 포괄할 수 있어야 한다.

  ㉤ 청중의 니즈에 부합해야 한다.

③ 개요서 작성 방법

  ㉠ 구체적인 아이디어로 주제를 제한하고 핵심 사항(본론)을 먼저 제시한다.

  ㉡ 제한된 목적 안에서 합당한 자료를 선택한다.

  ㉢ 자료, 예증, 보기, 사실, 통계 자료를 일관된 순서로 배열한다.

  ㉣ 서론과 결론에서 말할 내용을 제시해준다.

  ㉤ 발표의 개요를 작성하는 중간에 새로운 관점이나 새로운 정보를 발견하면 여러 번이라도 계속 수정한다. 정확하게 제시하여야 하는 통계 자료나 인용문과 같은 소재는 내용을 기록하여 참고한다.

  ㉥ 서론과 결론은 비교적 상세하게 기록해 두어 프레젠테이션의 처음과 끝에 의미 있는 내용을 전달할 수 있도록 한다.

ⓧ 임원용 프레젠테이션 자료를 만든다고 생각하고 한 장으로 요약해보는 연습을 하자. 이럴 때는 현재의 문제, 미래의 기대 효과, 제안 내용 형식으로 간단히 정리해보면 좋다.

ⓞ 핵심 사항별로 각각의 종이에 큰 글씨로 작성하여 빠르고 쉽게 파악할 수 있도록 한다.

ⓩ '발표의 개요'에 맞추어 실제로 발표할 내용을 서론, 본론, 결론 등으로 작성한다.

④ 개요서 활용법

프레젠테이션을 준비하면서 만들었던 개요서를 활용해 실제 발표에 쓸 메모 카드를 만들자. 대개 준비 개요서는 비교적 양이 많아 스피치를 실행하면서 참고하기에는 적합하지 않을 수 있다. 그러니 준비 개요서를 더 요약해서 발표 내용을 기억하는 데 도움이 되는 중요한 단어나 문구를 중심으로 실행 개요서를 만들자.

실행 개요서 작성하기 **TIPS**

- 핵심 단어만 기록한다. 다만 서두와 결언, 주요 아이디어들은 표현 방식을 확정하여 완전한 문장으로 표현해 두는 것도 도움이 된다.
- 책의 목차를 적는 형식으로 작성한다. 이때 전체 줄거리가 그림처럼 연상되면 좋다.
- 시작부터 끝까지 순서대로 작성한다(번호 표시).
- 띄어 읽기, 잠시 멈춤, 강조할 부분을 표시한다.
- 시간 관리를 위해 생략 가능한 부분을 표시한다.
- 손에 쥐기 편한 엽서 정도의 크기가 적당하며, 15매 내외로 정리한다.
- 중요한 코멘트나 동작, 강조 사항, 질의응답같이 중요한 부분은 자세히 적어둔다.
- 참고 문헌이나 자료를 기록해둔다.

03 | 내용 구성법

프레젠테이션이라고 해서 그 내용을 딱딱한 숫자나 텍스트의 나열로 생각하면 안 된다. 프레젠테이션에도 영화와 같은 시나리오가 필요하다. 결론을 먼저 말하고 근거를 제시할 것인지, 여러 가지 자료부터 제시하고 결론을 나중에 말할 것인지를 결정해야 한다.

프레젠테이션의 목적과 내용에 따라 배열 방식은 각기 다르나, 적절히 혼합할 수 있다. 최대 가치는 전달의 효율성이다. 프레젠테이션할 시간이 길고 짧음에 상관없이 미리 발표안을 작성해야 한다.

(1) 3단계 구성법

교안은 발표할 주제에 맞게 전후 앞뒤의 논리적 관계 등을 고려하여 서론 – 본론 – 결론과 같은 형태인 도입 – 전개 – 종결의 3단계 구성이 일반적이다. 일반적 프레젠테이션에서는 도입(서론)에서 배경 및 문제 제기, 전개(본론)에서 해결 방안과 실천 방안, 결론을 내는 것이 대부분이다. 전략적 진행에서는 결론을 더욱 강조하는 쪽으로 진행하기도 하고 시간이 부족할 때에는 서론에서 배경을 생략하고 문제 제기 – 해결 방안과 실천 방안 – 결론으로 진행할 수도 있다.

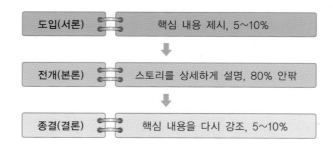

도입(서론) — 핵심 내용 제시, 5~10%

전개(본론) — 스토리를 상세하게 설명, 80% 안팎

종결(결론) — 핵심 내용을 다시 강조, 5~10%

① 도입(서론)

프레젠테이션의 동기나 목적, 다루는 범위와 성격을 언급하며 흥미를 유발해 관심을 이끌어내는 단계이다.

㉠ 실시하는 회사의 소개, 추진배경과 경과 등 프레젠테이션 전체를 약술하는 부분이기도 하다.

㉡ 프레젠테이션을 실시하는 전체 시간이 짧은 경우 서론을 생략하거나 간단하게 작성하기도 한다.

㉢ 전략형 프레젠테이션을 하는 경우에는 서론 부분에서 청중의 집중력을 높이기 위해 결론의 내용을 미리 나타내기도 한다.

② 전개(본론)

문제 제기와 구체적인 해결 방안을 제시하는 단계이다.

㉠ 프레젠테이션의 모든 내용이 들어 있어야 한다.

㉡ 도입(서론)이 문제를 제기하는 형식을 취한다는 것이라면 전개(본론)는 문제를 해결하는 자세한 방법들이 들어가 있어야 한다.

㉢ 문제 해결을 위한 방법 중에 누락이 발생하거나 착오가 없어야 한다.

㉣ 전개(본론)는 전체 프레젠테이션 시간 중에 가장 많은 부분을 차지하고 그로 인해 청중의 집중력이 떨어지기 때문에 기획 단계부터 철저히 청중 중심적 사고 방식에 입각한 제작이 요구된다.

㉤ 발표 주제에 대한 사실, 사례 등을 통해 본격적으로 말하려는 내용을 자세히 설명하면서 이야기 전체가 하나의 주제로 일관된 논리와 체계를 가져야 한다.

③ 종결(결론)

전개 부분의 내용을 간결하게 다시 요약하고, 청중에게 실제 행동으로 나타나게 하거나 앞으로의 전망 등을 추가할 수 있다.

㉠ 프레젠테이션의 핵심은 종결(결론) 부분이다. 해당 프레젠테이션의 목적을 명시하고 문제의 해결 방안을 제시함으로써 얻는 청중이나 관련자의 직접적인 이익을 나타낸다.

ⓒ 결론에서는 청중의 목적과 프레젠테이션의 목적을 일치시키는 것이 무엇보다 중요하다.

④ 3단계 구성법의 적용

3단계 구성법은 가장 보편적인 패턴으로 널리 활용되고 있다. 도입에서는 주제의 실마리를 열고 논의의 방향과 범위 등을 설명한다. 전개에서는 핵심 주장과 그에 대한 근거에 대해 논의하고, 종결에서는 앞의 내용을 요약·정리하고 청중에게 행동 방향을 제안하면서 마무리하는 방식이다.

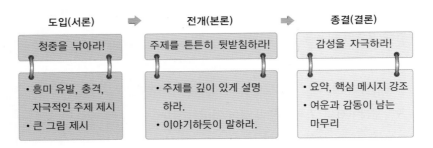

수주나 입찰 등의 경쟁 프레젠테이션에서는 문제 제기 → 대안 제시 → 해결책 제안으로 활용하면 된다. 이 방법은 제안에 대해 광고주들이 부정적인 견해를 보일 것으로 예상될 때 사용하면 특히 유용하다. 또한, 분석적인 접근이 가능하기 때문에 객관적인 타당성을 보장받을 수 있다.

ㄱ 문제 제기
- 문제를 언급한다.
- 이유를 언급한다.
- 이유를 구체화시킨다.
- 문제를 이해하는 데 도움이 되는 자료를 제공한다.
- 문제의 결과를 단기 · 중기 · 장기로 구분하고 상황의 긴박감을 설명한다.
- 해결을 위한 선결 항목(예산, 인원, 시간 등)을 언급한다.

ㄴ 대안 제시
- 선결 항목에 대한 몇 가지 대안을 제시한다.
- 대안 중에서 버릴 수 있는 것을 선별하여 압축한다.

ㄷ 해결책 제안
- 발표자가 제안하는 최종 대안을 설명한다.
- 최종 대안의 효과에 대해 설명한다.
- 만약 최종 대안에 문제가 있다면 그것이 무엇인지 언급하고 극소화시킬 수 있는 방법을 설명한다.
- 아이디어의 구체적인 실행 방법을 설명한다.
- 최종 대안이 왜 효과적인지 다시 한 번 설명한다.
- 최종 대안을 요약해 주고 장점을 다시 한 번 요약한다.

위의 단계를 모두 실행할 필요는 없으며 사안에 맞게 적절히 활용하면 된다.

(2) 4단계 구성법

4단계 구성법은 한시의 기승전결 구성법을 말한다. 대구 속의 어구는 하나하나가 서로 영향을 주고받으면서 이어져 있다. 그 하나하나를 기승전결이라고 하는데 이것은 한시의 절구에서 비롯된 말이다. 기는 도입 부분인 서론을, 승은 사실·관찰·실험 등의 설명을, 전은 분석과 증명을, 결은 결론을 나타낸다. 프레젠테이션 메시지 구성에서는 서론·설명·증명·결론의 4단계의 구성으로 사용되고 있다.

① 기

관심 유도 및 문제 제기의 단계이다. 프레젠테이션에서 초반에 청중의 시선을 사로잡는 방법에는 여러 가지가 있다. 전체 내용을 함축하여 서두에서 예시하거나, 결론을 암시하는 방법을 사용해도 좋다. 대부분의 프레젠테이션에서 청중은 자신의 관심 분야를 이야기할 때 집중도가 높아지며 관심 분야 이외의 내용에서는 집중도가 급격히 떨어진다. 뛰어난 발표자는 청중이 듣고자 하는 이야기를 적시에 전달하는 요령을 알아야 한다. 문제 제기는 주제와 목적을 서술하는 부분으로 해당 프레젠테이션이 장·단기적으로 수행해야 할 문제를 제기한다. 문제는 이를 공유하는 모든 청중에게 명확한 문제의식을 줄 수 있어야 하며 그것이 향후 다수에게 큰 영향을 미칠 수 있어야 한다. 이 단계에서는 자신이 다룰 내용과 다루지 않을 내용, 시간제한, 시각 자료, 질문할 방식 등에 대한 정보가 포함된다.

② 승

문제 해결의 단계이다. '어떤 점이 유익한가?', '무슨 도움이 되는가?', '들으면 지식에 도움이 되고 업무가 쉬워지고 스트레스를 줄일 수 있지 않겠는가?'라는 명제하에 문제 제기에 나타난 사항들에 대한 해법을 제시하는 부분이다. 이 해법은 실행 가능한 것이어야 하며 청중이 해결 방안에 대해 구체적인 내용을 공유하고 그 가능성에 동의하도록 구성하여야 한다.

③ 전

해결의 구체화가 이루어지는 단계이다. 사실, 논박, 증거 등 해결 방안에 따른 구체적인 실행 방안을 설계하는 것이다. 여기에서 자신의 주장을 세우고 그 주장에 대한 상세한 실행 방안들을 설계한다. 주의할 것은 실행 방안 설계 과정은 현실적이고 구체적인 내용이 포함되어야 한다.

④ 결

결론을 내리는 단계이다. 결론은 청중에게 가장 민감한 부분이기 때문에 반드시 청중의 이익을 대변해야 한다. 물론 발표자의 목적과 청중의 목적이 상이하여 설득력 없는 프레젠테이션이 된다고 해도 청중의 이익을 반드시 언급해야 한다. 또한, 결론은 앞에서 언급했던 모든 내용을 함축하여 요약된 형태로 표현하여야 한다.

단계 구성법의 예

TIPS

▶ **주택건설팀 중장기 전략**
- **기** : 외부 환경 분석
  → 건설 시장 동향, 동업 타사 동향, PC 시장 동향 등 다각도의 분석으로 문제 제기
- **승** : 내부 역량 분석
  → 원가경쟁력, 원가관리역량, 공정관리역량, 품질관리역량 등 기업의 현 수준 분석
- **전** : 비전 및 업무 목표
  → 다양한 기술력 도입, 혁신활동 전개로 경쟁력 높은 비전 제시
- **결** : 중점 추진 전략
  → 엔지니어링 역량 확보, 글로벌 PC 경쟁력 확보, 실천하는 문화 정착 등 4가지 중점 추진 전략

▶ **주택설계 경진대회**
- **기** : 현장개요 → 공사개요, 현장특성
- **승** : 추진배경 → 추진배경 및 문제점, 개선과제 선정
- **전** : 추진계획 및 개선활동 → 추진계획, 개선사례
- **결** : 기대효과 → 기대효과, 향후계획

▶ **○○관리공단**
- **기** : 경영현황 → 기관현황, 인력구성, 조직구성, 중장기 전략목표
- **승** : 주요사업 → 기후변화 대응, 물·토양환경 개선, 자원순환
- **전** : 사회적 책임 → 윤리경영, 사회공헌활동
- **결** : 고객 가치관 → 국민 행복 실현에 앞장섬

(3) 귀납적 구성 논리법과 연역적 구성 논리법

① 귀납적 구성 논리법

여러 사례를 바탕으로 공통점을 파악해 결론을 내리는 논리 전개 방식이다.

- ㉠ 특수하고 구체적인 여러 사례를 나열한 뒤, 그에 대한 일반적인 사실 제시로 배열하는 방식이다(특수 → 보통으로 진행).
- ㉡ 흐름의 사고, 주장, 증거들을 배치하는 방법으로서 사례 + 사례 + 사례 + ⟨결과 또는 내가 주장하는 바⟩의 순서로 구성된다.
- ㉢ 스토리 전개상 결론을 맨 마지막에 배치하는 방법이다.
- ㉣ 청중의 집중력은 시간이 지날수록 저하되므로 여러 가지 문제를 먼저 나열하고 각각의 해결 방안은 소결론 상태로 구성하여 마지막에 대결론으로 매듭짓는 형태를 취해야 집중력 저하를 방지할 수 있다.
- ㉤ 소결론과 소결론 사이에 "다음에는, 이상으로, 여기까지" 등의 연결 어미를 삽입함으로써 소단원의 마무리를 알려주는 것도 효과적인 방법이다.
- ㉥ 귀납적 구성 논리가 적합한 프레젠테이션은 장시간에 걸친 세미나, 강의 등의 프레젠테이션에 적용 시 효과적이다.
- ㉦ 설득할 때, 특성상 기술적일 때, 잘 모르는 청중일 때 상호 공감대를 형성하면서 결론을 이끌어내는 것이 타당하다.
- ㉧ 청중이 프레젠테이션의 목적에 적대적인 반응을 보일 것을 미리 아는 경우에는 귀납적인 접근법을 사용하는 것이 유리하다. 그렇게 하면 청중은 발표자의 주장과 논거를 듣게 될 것이고, 발표에 대한 그들의 저항감을 완화시킬 수 있을 것이다.

귀납적 구성 논리법의 예 **TIPS**

- **사례 1** : 새로운 프로젝트를 시행하고 A사의 실적은 전년 대비 5% 성장했다.
- **사례 2** : 새로운 프로젝트를 시행하고 B사의 실적은 전년 대비 7.5% 성장했다.
- **사례 3** : 새로운 프로젝트를 시행하고 C사의 실적은 전년 대비 6.8% 성장했다.
- **일반화** : 즉, 새로운 프로젝트를 시행하면 실적 향상에 영향을 줄 수 있다.

이처럼 중심 내용(결론이나 주장)을 이야기의 맨 마지막에서 매듭짓는 것으로 청중들에게 지속적으로 호기심과 긴장감을 줄 수 있다.

② **연역적 구성 논리법**

스토리 전개상 결론을 과제 제시와 함께 서두에 배치하는 형태이다.

㉠ 일반적인 이론을 먼저 제시하고 개개의 사례에 적용하는 논리전개 방식이다 (보통 → 특수로 진행).

㉡ 주제가 먼저 제시되고 그에 대한 특수하고 구체적인 것들을 배열하는 방식을 말한다(주제 + 근거, 주장 + 근거, 결론 제시 + 특수한 사례 · 관점 · 결과).

㉢ 향후 내용(해결 방안, 실행 방안)에 대한 궁금증을 유발함으로써 청중의 집중력을 높일 수 있다.

㉣ 청중이 의사결정자로 이루어졌을 때 효과적이며 청중의 시선을 프레젠테이션 초기에 잡을 수 있다.

㉤ 연역적 구성 논리법이 적합한 프레젠테이션은 프레젠테이션 시간이 짧을 때, 청중의 태도가 긍정적일 경우 결론부터 강하게 이야기하는 연역적 접근이 타당하다.

연역적 구성 논리법의 예   **TIPS**

- **대전제** : 탄력 근무제는 사원 이직률을 낮춘다.
- **소전제 1** : 탄력 근무제를 시행하지 않는 A 회사는 사원 이직률이 높다.
- **소전제 2** : 탄력 근무제를 시행하는 B 회사는 사원 이직률이 낮다.
- **소전제 3** : 사원 이직률이 높은 C 회사에 탄력 근무제를 도입하자 이직률이 낮아졌다.
- **결론** : 따라서 탄력 근무제를 도입하면 이직률이 낮아진다.

이처럼 중심 내용(결론이나 주제)을 먼저 밝히고 말을 풀어 가면 명쾌하게 이야기를 끌어갈 수 있다. 대부분은 연역적 접근법이 보다 효과적인 경우가 많다. 이 방법이 청중이 따라가기 쉬운 논법이기 때문이다.

(4) 찬반 구성법

찬반 구성법은 특정 계획에 대한 찬성과 반대 의견, 혹은 긍정적인 측면과 부정적인 측면을 차례로 서술하는 구성법이다. 찬반 구성의 경우 교회 신축에 대한 찬반, 재개발 지정에 대한 찬반, 법 개정에 대한 찬반 등 이해관계가 결부된 발표에서 주로 이루어지게 된다.

찬반 구성법의 예   **TIPS**

의사협회의 집단 휴진에 따른 찬반 PT
- **찬성** : 집단 휴진 이행에 대한 찬성 의견, 이유와 근거
- **반대** : 집단 휴진 이행에 대한 반대 의견, 이유와 근거
- **결론**

---

(5) 시간적 · 공간적 구성법

① 시간적 구성법

주요 세부 내용이 시간적 속성을 가지고 있을 때는 시간의 흐름에 따라 구성하는 것이 좋다.

㉠ 세부 내용의 골자가 대상의 발전 과정이나 전개 과정이나 각 단계를 대표하는 경우는 시간의 흐름에 따라 배열하여 정리하는 것이 효과적이다.

㉡ 과거 − 현재 − 미래의 순으로 전개한다면 과거의 경험 중에서 성공 체험 위주로 스토리 라인을 구성하는 것이 효과적이다. 사람들은 의외로 자신이 지금까지 쌓아온 성공담보다 오히려 실패담 쪽을 더 잘 기억한다. 그리고 힘든 일에 부딪혔을 때 먼저 머릿속에 떠오르는 기억은 과거의 성공했던 모습보다 실패했던 모습이 더 뚜렷한 법이다. 실제로 어려운 상황에 처했을 때, '또 그때처럼 실패하면 어쩌지?' 라는 부정적인 생각이 문제를 극복하는 데 장애물로 작용한 경우를 누구나 한 번쯤은 갖고 있다. 그렇게 실의에 빠졌을 때, 당신의 사정을 잘 아는 누군가가 옆에서 "자네, 생각 안 나나? 작년엔 지금보다 훨씬 어려운 상황

에서도 꿋꿋하게 잘 헤쳐나갔잖아?"라며 어깨를 토닥거려준다면 어떤 느낌이 들까? 당연히 그때까지 머릿속을 지배하고 있던 실패담은 후퇴하고 대신 어려움을 극복했을 때의 감동이 되살아날 것이다. 이러한 경험을 청중에게 전달함으로써 공감대를 형성할 수 있다.

ⓒ 과거의 성공 체험을 바탕으로 현재에 이르게 된 이야기나 현재의 가치관을 형성하고 미래에 대한 목표와 비전을 제시한다면 미래지향적인 구성이 완성된다.

ⓔ 시간에 따른 정리는 예측 가능하고 단조로울 수 있으며 청중이 관심을 가질 만한 시점을 먼저 말하는 것도 하나의 방법이 될 수 있다. 청중이 현재의 상황에 관심을 가지고 있다면 현재를 먼저 설명한다. 현재에 문제가 발생한 근거를 과거와 연관 지어 설명하고 이것을 해결하기 위한 방안으로 미래의 대비 방안을 제시할 수 있다.

시간적 구성법의 예   **TIPS**

- '2005년에 개발하고 2007년에 상용화했으며 2011년에 추가 개발이 이루어졌다.'는 방식으로 제품 개발이나 역사적인 사건의 진행을 시간의 흐름에 따라 정리하는 방식
- '과거, 현재, 미래' 등의 단계에 맞추어 순차적으로 배열하는 방식
- '1990년대 이전, 2000년대 이후, 2000년대 들어' 등의 방식으로 연대를 구역화하여 순서대로 정렬하는 방식

---

② 공간적 구성법

모든 것을 한꺼번에 설명하면 청중들의 이해도가 떨어지므로 공간, 지역별로 나누어 설명하는 방식이다. 사건이나 주제도 작은 주제나 사건으로 나누어 접근할 수 있다. 주요 아이디어나 세부내용의 골자들이 공간적·지리적인 관계를 가지고 있을 때 지리적 분포에 따라 내용을 구성할 수 있다.

㉠ 'A 지역 → B 지역 → C 지역'과 같은 방식으로 배열한다.

㉡ '경기도에서는…, 강원도에서는…'과 같이 지역을 나누어 대륙 간의 차이나 지역의 특성을 설명할 때는 가장 중요한 지역을 먼저 언급한 다음 인접한 지역으

로 서서히 이동해 가는 것이 효과적이다.

ⓒ '거실과 욕실, 안방과 작은방' 등의 공간별로 구분해서 배열할 수도 있다.

ⓡ 공간적 구성법은 회사의 업무 보고, 판매 실적 보고, 설득 프레젠테이션에 활용하면 효과적이다.

공간적 구성법의 예

지역내총생산 연평균 성장률에 따른 투자 방향 제시
통계청 자료에 따르면 전국 지방정부의 지역내총생산(GRDP) 연평균 성장률을 분석한 결과, 가장 높은 성장률을 보인 곳은 전남 영광군으로 41.0%를 기록했습니다.
상위 그룹에는 울산 중구(22.4%), 경기 화성(21.8%), 경기 오산(21.6%)이 포함됐고, 성장률 하위 그룹은 인천 강화군(-7.5%), 인천 동구(-5.2%), 울산 동구(-4.5%), 전남 영암군(-4.4%) 등의 순으로 나타났습니다.
여기서 지역내총생산(GRDP)은 시·도 단위별 생산액, 물가 등 기초통계를 바탕으로 일정 기간 해당 지역의 총생산액을 추계하는 시·도 단위의 종합경제지표를 말합니다.
따라서 우리 기업도 상위그룹인 울산 중구, 경기 화성, 경기 오산을 중심으로 집중 공략하는 방안을 고려해야 합니다.

(6) 소재별 구성법

소개, 구조, 기능, 영향 등 각 소재별로 나열하는 전개 방법으로 입찰, 수주 등의 경쟁 프레젠테이션이나 회사 홍보 프레젠테이션에서 주로 사용되는 구성법이다.

소재별 구성법의 예

제안사 소개(회사 소개, 지원 인력, 주요 구축사례)
• 기술 부문
• 지원 부문
• 기대 효과

(7) 변증법적 구성법

헤겔의 역사철학의 방법론으로 정(正)은 주장 또는 명제, 반(反)은 반대의 주장, 합(合)은 대립된 두 주장의 부정적인 측면을 제거하고 긍정적인 측면을 수용하는 것이다.

변증법적 구성법의 예 **TIPS**
- **정** : 고객의 만족 요소
- **반** : 고객의 불만족 요소
- **합** : 불만족의 최소화, 만족의 극대화의 순으로 구조 완성

04 | 내용 구조화 기법

(1) 서론 구성법

서론은 청중의 주의를 끌어 분위기를 조성하고 본론의 내용을 예고하여 청중의 관심을 불러일으키는 중요한 기능을 수행한다. 첫 단추를 제대로 채워야 다음 단추를 채울 수 있듯이 서론에서 어떤 이야기를 하는가에 따라 프레젠테이션의 전체 분위기가 결정된다.

우리가 신문을 볼 때 주로 헤드라인부터 읽게 된다. 제목이 마음에 들면 세부 내용을 보는 것처럼 서론이 마음에 들면 본론에 대해 기대를 하게 되는 것이다.

프레젠테이션을 하는 사람도 처음에 주의를 끌기 위한 노력을 하여야 한다. 주의를 끄는 요소로는 청중에 관한 이야기나 시사적인 이야기, 유명한 문구의 인용이나 재미있는 사건, 재미있는 농담, 자신의 독특한 견해, 시각 자료 등이 있다. 주의 끌기에 성공한 이후에 청중에게 함께 해서 반갑다는 의견을 표명하고, 계속 프레젠테이션을 듣고 있으면 어떤 이익이 있는가를 설명해 준다. 주제와 청중에 따라서는 주의 끌기가 필요 없는 경우도 있다. 예를 들면, 이미 예전에 보고한 바가 있는 사항에 대해서 추가로 현재 상태를 다시 보고할 경우에는 바로 핵심 사항을 설명하고 본론으로 들어가도 된다. 그러나 상위자에게 새로운 제안을 할 경우나 청중들이 발표자를 잘 모를 경우에는 먼저 주의를 끌 수 있는 서론을 말해야 한다. 서론 부분이 매우 중요하기 때문에 서론 전체의 내용을 글로 써두고 완전히 익숙해질 때까지 연습을 하는 전문가도 있다.

① 서론의 역할

㉠ 청중의 흥미 유발

발표 주제와 청중의 흥미를 연결시키는 것은 매우 중요하다. 청중이 이미 알고 있고 믿고 있는 주제부터 가볍게 시작하자. 영화나 텔레비전 연속극의 예고편과 같이 호기심을 불러일으킬 수 있어야 한다. 뻔한 내용이 아니라 관심을 가질 만한 이슈를 포함시켜야 한다. 호기심은 변화를 위한 촉매 역할을 하므로 항상 호기심을 유발시켜야 한다.

사람들은 호기심을 가지면 변화에 자발적인 태도를 가지게 되며, 새로운 가능성을 적극적으로 고려하게 된다. 그러면 그들의 생각을 안내함으로써 유일한 논리적인 결론, 즉 내가 제안한 것에 도달하게 할 수 있다. 호기심을 유발할 수 있는 소재로는 개인의 경험담, 재미있는 일화, 비유, 우화, 시사적인 사건 질문을 이용할 수 있다.

ⓛ 신뢰감 형성

청중으로부터의 신뢰는 흥미 유발보다 더 중요한 이슈가 될 수 있다. 신뢰감을 얻은 발표자는 그렇지 않은 사람에 비해 상대방을 설득시킬 수 있는 가능성이 매우 높다. 발표자에 대한 신뢰는 발표 초반 단 몇 분 만에 결정되는 것이며 청중은 그 발표가 귀담아들을 가치가 있는지 없는지를 결정하게 된다. 신뢰는 청중에게 친숙한 이미지로 다가설 때 얻을 수 있는 것이며 이와 반대로 청중이 발표 주제에 대하여 문외한이거나 적대감을 갖고 있는 경우는 신뢰감 형성이 어렵다. 제3자가 발표자를 청중에게 소개시켜 주는 것도 좋은 방법일 수 있으나 너무 과장된 소개는 오히려 역효과를 유발한다. 만일 본인 자신을 스스로 소개하고자 할 때는 자신에 대해 간단하게 소개하며 본인의 이력, 업적에 대해서는 자신감 있게 표현하도록 한다. 이때 발표자의 직업 및 근무처에 관해서도 얘기함으로써 발표자의 자격에 대해 청중이 의문을 갖지 않도록 한다.

ⓒ 개요 설명

청중들의 이해를 돕기 위해 발표하고자 하는 내용의 주안점을 간략하게 설명하며 자연스럽게 본론으로 들어가도록 한다. 예를 들어, "오늘 제가 말씀드릴 내용은 네 가지입니다. 그중에서 첫째는…"과 같이 설명을 시작하면 좋을 것이다. 또 프레젠테이션 내용의 범위를 언급하여 청중의 관심이 흩어지지 않도록 한다. 서론 부분에서는 결론에 대해 미리 이야기하고 청중의 관심을 불러일으킬 수 있는 슬라이드, 비디오 자료, 사운드 자료 혹은 당신의 메시지가 적힌 슬라이드를 준비하면 좋다. 이런 것들을 통해 청중은 호기심을 갖게 되고, 당신이 목적지까지 어떻게 풀어갈지 궁금해할 것이다.

ⓔ 감정 이입

사람들은 다른 사람들보다는 자신이 존경하는 사람들의 행동에 큰 영향을 받는
다. 따라서 자신이 영향을 미치려는 사람의 니즈와 관심이 그들이 존경하는 사
람들의 니즈와 관심에 부합한다면 자신이 영향을 미치고 싶은 사람들에게 그들
이 존경하는 사람들을 모방할 수 있게 암묵적으로 허가해 준 셈이 된다. 때문에
프레젠테이션에서 청중이 나의 처지를 이해하면 그들이 나와 같은 결론에 도달
할 가능성이 커진다. 이런 수준의 감정 이입에 도달하기 위해서는 감성 활용이 중
요하다. 상대방의 의사결정에 감정을 많이 반영하도록 해야 한다. 또한, 발표자
의 아이디어에 많은 관심을 끌게 하면 청중이 더 빠르게 감정 이입이 될 것이다.

ⓜ 책임감 부여

발표자가 청중에게 무엇을 기대하는지도 설명해준다. 발표자가 제공하는 정보
를 잘 이해하기 바란다거나 특정한 행동을 기대한다는 언급을 한다.

② 서론 · 본론 · 결론의 스토리 구성(POSST기법)

㉠ Punch line : 첫 마디에 관심을 집중시켜라.

얼마 전 신문에서 이러한 기사의 제목을 보았다.

"단돈 1달러가 바꿔 놓은 MTV의 운명" [1]

대체 어떻게 단돈 1달러가 미국 뉴욕 기반의 MTV 채널의 운명을 바꾸어놓을
수 있었다는 것인지 궁금하여 기사를 읽지 않을 수 없었다. 기사의 내용은
MTV사가 초창기 케이블 TV 채널 확보를 위해 롤링 스톤스의 믹재거를 광고
에 출연시키는데, 설득이 되지 않자 극단적 반대 상황으로 단돈 1달러 지폐를
주면서 '돈만 주면 광고를 한단 말이냐, 그렇다면 이것을 받으라' 고 했고, 그것
이 오히려 그의 마음을 움직여 광고에 출연하게 되었다는 것이었다.

---

[1] 단돈 1달러가 바꿔놓은 MTV의 운명, 이데일리, 2020/05/09

이 기사의 제목처럼 처음 시작하는 말에서 관심을 끌지 못하면 사람들은 기대 수준을 낮추게 된다. 시작부터 기대가 실망으로 돌아선 사람에게 만족을 주기는 여간 어려운 일이 아니다.

또 다른 예로 만약 봉사단체로 많이 알려져 있는 한국국제협력단(KOICA)를 청중에게 소개하면서 만약 다음과 같은 문장으로 프레젠테이션을 시작했다고 하자.

"코이카는 봉사단체가 아닙니다."[2]

이것은 청중들이 기존에 갖고 있던 개념을 벗어난 문구이므로, 청중의 관심을 집중시키기에 충분할 것이다. 왜냐하면 코이카는 해외봉사단체나 NGO단체로 생각하는 국민들이 대다수이기 때문이다. 실제로 코이카가 추진하는 사업은 보통 사람들이 생각하는 것 이상으로 활동범위가 다양하며, 코이카가 지원하는 44개국에 대해 한국은 외교전략을 가지고, 원조를 제공하는 선진공여국이나 UN기구들과의 협력관계도 긴밀하게 만들어 가고 있으므로 봉사단체라기보다는 중요한 공공외교 활동을 하고 있는 단체인 셈이다. 그러므로 코이카는 '도와주는' 것이 아니라 개도국 주민들과의 상생발전을 추구하는 단체이다.

이처럼 자극적인 첫 마디는 청중의 주의를 집중시키는 데 성공적이지만, 이것이 발표하고자 하는 주제와 어울리지 않는다면 오히려 역효과가 날 수 있으므로 주의해야 한다. 청중이 납득할 수 있도록 전체 내용과의 연관성을 고려한다.

ⓛ Overview : 내용을 미리 알려줘라.

'무엇을 말할 것인지'에 대한 내용을 미리 말하게 되면 청중들은 들을 준비를 하고 머릿속에 이정표를 그리게 된다. 그래야 실제로 들은 내용이 체계적으로 정리된다. 오버뷰가 없다면 청중들은 이정표가 없는 밤길을 처음 운전하는 기분일 것이다. 오버뷰는 목차에 나와 있는 것을 주로 다루는 것이 좋다. 단, 목차를 읽듯 하지 않고 서로를 연결시켜서 말한다는 차이점만 있다. 예를 들면 이렇다.

---

2) 개발협력과 ODA, 왜 중요한가, 헤럴드경제, 2019/12/12

> **"오늘 저는 우리 회사의 지난 10년간 걸어온 발자취와 현재의 위상에 대해 말씀드리겠습니다. 그것만 말씀드린다면 회사의 미래에 대해 궁금해하시겠지요? 그래서 회사의 장래비전도 함께 말씀드리겠습니다."**

이렇게 이야기하는 것이 "회사의 과거와 현재, 미래에 대해 말씀드리겠습니다."라고 하는 것보다 머릿속에 쉽게 그림이 그려진다.

ⓒ Story-line : 스토리를 만들어라.

본론에 해당한다. 본론을 가장 먼저 작성하고 결론 작성 후 서론을 작성하게 되는 경우가 많다. 핵심을 전달하기 위해서 본론의 중요성이 더욱더 부각되고 있기 때문이다. 요즘에는 입찰 PT에서도 서론을 한 장으로 압축해서 간단하게 표현하고 본론에 비중을 많이 두고 있다. 그만큼 본론에서의 자연스러운 흐름은 중요하다고 할 수 있다. 그러므로 본문은 가급적 스토리가 있는 내용으로 구성하는 것이 바람직하다. 왜냐하면 사람들은 의미 있는 스토리를 가장 잘 기억하기 때문이다. 설교를 할 때 예화를 많이 이용하는 것도 같은 이유이다. 여기서 이용하는 스토리는 가능하면 3가지 이내가 좋다. 그리고 이 3가지의 스토리는 등가관계에 있어야 이상적이다. 가장 대표적인 등가관계는 장기적, 중기적, 단기적 같은 시간을 축으로 하는 것이다.

ⓓ Summary : 요약 및 결론

요약은 결론으로 이어지기 때문에 가장 중요한 부분이다. 요약에서 주의할 점은 새로운 내용을 추가하지 않는 것이다. 따라서 처음 오버뷰에서 말하고자 기획한 내용만 요약하고, 결론을 내려주면 된다.

ⓔ Touch-line : 감동적인 끝맺음

스티브 잡스가 2007년 맥월드 키노트 연설 현장에서 사용한 오프닝과 클로징 멘트를 보자.

> **"오늘 우리는 역사를 함께 만들어 갈 것입니다."**
> **"역사적인 순간에 동참해주신 모든 분께 감사드립니다."**

감동적인 끝맺음이 있어야 사람들은 메시지를 기억하게 된다. 감동 또는 충격이 있어야 듣는 사람들이 화자가 요구하는 행동(실천)을 할 가능성도 높아진다.

③ 서론에서의 오프닝 멘트

잡코리아가 중소기업 채용 면접관 883명을 대상으로 '채용 면접에서 첫인상이 미치는 영향'에 대해 설문조사를 진행한 결과에 따르면, 면접에서 지원자의 첫인상이 '매우 높은 영향을 미친다'는 면접관이 39.8%였다. 여기에 '조금 높은 영향을 미친다'고 답한 53.5%를 합하면 면접관의 86.2%가 지원자의 첫인상이 면접에서 높은 영향을 미친다고 답한 것이다. 반면 '영향을 미치지 않는다'는 답변은 13.8%로 10명 중 1명 정도에 그쳤다. 또한 면접에서 지원자의 첫인상이 결정되기까지 시간은 평균 3분 4초에 불과한 것으로 나타났다.[3]

단거리 달리기 선수 우사인 볼트도 "첫 스타트가 경기를 결정한다."라고 했다. 프레젠테이션에 있어서도 마찬가지다. 오프닝 멘트와 전개(서론의 시작)로 이어지는 시작 2~3분 사이에 청중의 기대를 불러올 수 있어야 한다. 따라서 오프닝을 어떻게 할지 미리 구상해 두어야 한다. 오프닝은 식사에 있어 애피타이저 같은 개념으로 생각하면 된다. 아주 잘해야겠다는 과욕을 버리고 청중의 요구에 맞추어 매끄럽게 진행하는 것이 필요하다. 오프닝 멘트는 청중들의 관심을 끄는 말로 30초~2분 정도가 적절하다.

일단 시선 집중에 포커스를 맞추자. "여러분은 좋은 목소리는 타고난다고 생각하십니까?"라는 첫 질문에 '무슨 말일까?' 혹은 '그럼 좋은 목소리는 길러진다는 건가?'라며 오픈마인드가 될 수 있다.

이때 주의할 점은 청중의 가치관을 고려해야 한다는 점이다. 정치, 사회, 종교 문제 등은 피해야 한다. 사전 분위기 조성 단계에서 정치나 사회, 종교 문제 등 가치관이 내재된 주제는 상대방과 나의 가치관이 일치된다는 것을 확인하기 전까지 피해야 한다. 재치 있는 유머 감각도 좋지만, 상대방의 약점을 부각시키는 블랙 유머는 피해야 한다. 이렇게 사전 분위기 조성은 관계 형성 단계라고 할 수 있다. 오프

---

3) 중소기업 86.2% "첫인상, 채용에 높은 영향", 뉴시스, 2020/03/31

닝을 멋지게 할 수 있는 여러 방법에 대해 살펴보자.

㉠ 질 문

프레젠테이션은 청중에게 문제를 '제기'하고 그 문제를 '해결'하는 과정이다. 청중에게 질문을 던진 후, 그들 스스로 생각하도록 해서 프레젠테이션에 적극적인 참여자로 만들어야 한다. 예를 들면, "어떤 문제점을 발견하셨지요?"와 같은 질문이다.

질문에는 '예', '아니요'로 나올 수 있는 단정적 질문과 발표자가 정답을 가지고 있는 상태에서 질문을 받는 퀴즈식 질문법이 있다. 청중의 응답이 없을 때는 미리 생각해 놓은 사람을 지목하거나 "여러분께서 직접 대답은 안 하시지만 모두 그러할 것으로 생각됩니다."라는 식으로 발표자 스스로 응답을 제시하고 진행하면 된다.

㉡ 통 계

출처가 정확하고 충격적인 내용의 통계 자료는 청중의 이성을 자극하여 프레젠테이션으로 끌어들이기에 가장 좋은 자료이다.

㉢ 사례, 일화

발표자 자신이 보고 겪었던 일을 이야기 식으로 풀어가면서 시작하는 방식이다. 개인 경험담이나 예화를 이야기하면 청중과의 거리를 가깝게 만들 수 있다. 여기서의 경험담은 발표자가 직접 경험한 것일 수도 있고 주변의 이야기, 언론, 책에서 접한 이야기일 수도 있다. 어떤 경우에든 실감 나게 이야기하는 것이 좋으며 본인이 직접 느끼고 겪은 이야기일수록 교감 형성에 도움이 된다. 따라서 다른 사람 앞에서 프레젠테이션을 하기 위해서는 평소에 사례나 일화를 발굴하는 데 시간을 들여야 한다. 통계가 이성을 자극하는 오프닝이라면 사례나 일화는 감성을 자극하는 오프닝이 된다.

㉣ 비디오, 애니메이션, 사진

백 번 듣는 것보다 한 번 보는 것이 낫다. 이미지와 영상으로 보여주면 효과는 커진다. 고객, 전문가, 유명인의 모습과 목소리를 직접 담고 영상과 사진을 구해서 청중 앞에 보이면 청중의 집중도는 훨씬 높아진다.

ⓜ 인용구

인용기법은 위인들에 얽힌 일화, 설화, 문학 작품, 고사성어, 속담, 명언 등을 이용하여 시작하는 방법이다. 유명한 사람이 한 말은 오랜 시간 검증된 말이기 때문에 신뢰성이 있다. 주제와 관련된 인용구를 찾아 프레젠테이션의 막을 열수도 있다.

ⓗ 청중 참여

"귀를 막아보시겠습니까?", "앞 사람의 어깨에 손을 올려보시겠습니까?"처럼 청중이 직접 행동하게 하면 지루하지 않게 문제를 제기할 수 있다.

ⓢ 방송, 신문기사

공신력 있는 방송, 신문의 기사를 찾아 주제와 연결시켜 오프닝을 만든다. 발표자 스스로 취재하기 어려운 내용들을 찾기 쉽고 신뢰성 있게 전달할 수 있다.

ⓞ 핫이슈, 유머

최근 이슈가 되는 문제를 던진다. 청중이 속하거나 관련된 기관의 이슈 또는 청중과 직접 관련 있는 이슈를 던진다. 유머를 사용할 때에는 반드시 프레젠테이션의 주제와 연관된 것이어야 한다. 또한, 정치·인종·종교에 대한 유머는 가급적 피하자. 유머를 사용하기 위해 청중 가운데 누군가를 웃음거리로 만들지 말자. 누군가를 비하한다면 청중의 호감도는 반감되고 발표자에 대한 신뢰도가 떨어져 프레젠테이션에 대한 기대치를 낮출 수 있다.

ⓩ 상상유도

프레젠테이션이 끝나고 문제가 해결된 상태를 상상하게 해 본다. 반대로 프레젠테이션대로 되지 않을 경우의 최악의 상황을 상상하도록 유도하자.

④ **오프닝에서의 주의사항**

발표 시 오프닝과 아이스브레이킹 사이에 매우 다른 점이 있다는 사실을 명심해야 한다. 사람들은 처음에 하는 것을 가장 잘 기억하므로 처음에 시작하는 것들은 프로그램의 내용에 맞는 것이어야 한다. 발표자가 저지르기 쉬운 실수는 아이스브레이킹을 오프닝으로 착각하는 것이다. 물론 아이스브레이킹을 통해 사람들과 친해질 수 있지만, 그것은 프로그램의 내용과 아무 연관이 없을 수 있다. 이렇게 오프닝을 시작하게 되면 사람들은 대부분 자신의 업무와 전혀 관련 없는 것에 시간 낭비를 했다고 생각하여 10분 늦게 왔어도 아무 상관이 없을 것이라고 느끼게 된다. 오프닝 때 어색한 분위기를 깨기 위해 아이스브레이킹을 실시한다면 스팟처럼 짧고 간결한 것으로 준비하는 것이 좋다. 오프닝도 프레젠테이션의 한 부분임을 잊지 말자.

⑤ 서론 준비 시 유의사항

ⓗ 적당한 길이에서 끝내자.

서론은 전체 내용 구성에서 5~10% 안팎을 차지한다. 또한, 본론의 내용을 잘 알고 쓰면 좋기 때문에 본론과 결론을 준비한 후 마지막에 작성해도 좋다.

ⓛ 변명하지 않는다.

"부족한 저를 불러주어서", "준비가 부족합니다만" 등의 변명은 듣는 사람에게 처음부터 불쾌감을 줄 수 있다. 준비가 부족한 발표를 듣기 위해서 시간을 내서 자리에 앉아있는 것이 아니다. '발표자가 겸손하구나.' 라고 청중이 생각할 수도 있겠지만, 겸손이 아니라 말할 자격을 갖추지 못한 사람의 변명 같이 느껴질 수 있다. 바쁜 시대에 준비가 부족한 발표를 들으려고 온 것은 아니기 때문이다. 그러니 부족해 보이지 않기 위해서는 자신감이 있어야 하고 철저한 준비가 돼 있어야 한다.

또한, 발표자에 대한 신뢰도를 낮출 수 있다. 나에 대한 신뢰도가 있어야 내가 전달하는 메시지를 거부감 없이 받아들이게 되고 결과도 좋다는 것을 명심하자.

ⓒ 청중을 부정하지 않는다.

어떤 사람이든 그 사람 나름의 생각과 가치관이 있고 존중하고 인정할 필요가 있다. "제 생각은 다릅니다.", "하지만", "그러나" 등의 부정어를 사용하게 되면 청중의 관심도는 떨어지고 감정이입이 불가능해진다. 프레젠테이션을 하기 전 '청중은 나의 가족, 친구, 친척이다.', '청중은 나에게 호감을 느끼고 있다.' 는 생각으로 시작하면 청중도 나의 호감을 전달받게 된다. 따라서 어떤 경우든 청중을 부정하지 않는다.

② 자만하지 않는다.

기본적으로 자기자랑은 절대 금물이다. 전문가라는 인상을 준다는 것과 자만하는 것은 완전히 다른 이야기이다. 자화자찬하지 않도록 주의해야 한다.

⑩ 가볍게 시작하지 말자.

가끔 굳어있는 청중을 웃게 하려고 서두를 웃기는 이야기로 시작하는 발표자를 보곤 한다. 하지만 청중을 웃게 하는 것은 쉬운 일이 아니다. 또한, 이러한 이야기가 재미있는 경우도 흔치 않다. 하나의 이야기가 유머의 효과를 내느냐 못 내느냐는 그것을 어떻게 전달하느냐에 달려있다. 할 수 있다면 강의 주제와 관련한 내용을 간단히 언급하거나 다른 사람의 말을 빌려오는 방식으로 사람들의 유머 감각을 슬쩍 건드려보는 것도 좋은 방법이다.

⑥ 서론에서의 말하기 요령

㉠ 이야기하는 듯한 대화체

이야기를 전하는 사람의 목소리 또한 중요하다. 우리는 인간미 넘치는 이야기에 관심을 기울인다. 일대일로 대화하듯이 들리는, 인간의 체취가 느껴지는 그런 이야기 말이다. 누군가와 실제로 대화할 때 더 몰입하게 되는 이유는 대화에 참여해야 한다는 의무감을 느끼기 때문이라고 한다. 스티브 잡스의 프레젠테이션을 떠올려 보면 이해가 될 것이다. 반면 감정을 철저히 배제한 공식적인 연설문이나 문어체의 문장은 오래 집중하기 어렵다. 하지만 자연스럽고 인간미가 느껴지는 대화체로 이야기하면 집중해서 듣기가 훨씬 쉽다.

㉡ 낮은 목소리 톤

프레젠테이션의 첫머리는 청중에게 신뢰감을 주고 '이 사람의 이야기는 들을 만한 가치가 있다.'는 메시지를 전달해 주어야 한다. 이때 주의해야 할 것이 목소리의 톤이다. 긴장하거나 너무 떨면 반드시 목소리 톤이 높아진다. 높고 떨리는 톤으로 "여러분 안녕하세요?"라고 말하는 것만으로 '이 사람은 떨고 있구나.', '불안해서 들을 수가 있나.'라는 인상을 줄 수 있다. 그러니 편하게 심호흡을 하며 여유를 갖고 천천히 시작하자.

누구나 공식적인 자리에서 말의 첫머리는 긴장 때문에 목소리의 톤이 쉽게 높아지기 때문에 의식적으로 낮은 톤으로 천천히 안정되게 시작하는 것이 좋다.

ⓒ 인 사

연단에 서면 시야에 들어오는 청중이 모여 있는 전체를 둘러본다. 그리고 청중을 향해서 천천히 "안녕하십니까?"하고 미소를 지으며 인사를 한다. 이때 인사와 인사말을 동시에 하지 않도록 주의한다. 고개를 숙여 인사를 먼저 한 후 "안녕하십니까?"라고 인사말을 하거나, "안녕하십니까?"라는 인사말을 건넨 뒤 고개를 숙여 인사를 전한다. 이때 떨리는 마음을 진정할 수 있도록 인사를 정중하게 천천히 건넨다.

프레젠테이션을 시작하기 전에 사회자가 발표자를 소개할 경우와 소개하지 않을 경우가 있는데, 사회자가 소개하였을 경우 처음에 "ㅇㅇㅇ님, 소개해 주셔서 감사합니다."라고 감사의 뜻을 표한다. 사회자의 소개가 없다면 간단히 자기소개를 한다.

자기소개가 끝나면 간단히 환영의 뜻을 표할 수 있다. 서두로 어느 정도 청중의 관심이 모아졌으면 주제에 입각한 이야기로 나아간다.

(2) 본론 구성법

순서에 따라 발표 주제, 목적, 핵심 명제, 주요 아이디어, 세부 내용이 마련되면 이를 적절하게 배열함으로써 본론을 구성한다. 이때 본론의 구성을 완성한 다음 서론과 결론을 확정짓는 것이 좋다.

본론의 구성이 잘 짜여 있지 않으면 청중은 '도대체 무슨 이야기를 하는 거지?' 라고 내용을 이해하는 데 어려움을 느끼게 되며 발표자의 실력까지 의심하게 된다.

발표의 전개 단계(본론)에서는 서론에서 언급된 학습 내용을 발표 순서에 근거하여 전달해야 한다. 서론에서 소개한 내용을 본격적으로 설명하면서 배경 정보, 근거, 예시, 시사점, 결과 등을 제시한다.

본론은 크게 전반과 후반으로 나눌 수 있다. 아무리 좋은 제안이라도 문제가 인식되지 못하면 청중의 마음을 얻지 못한다. 따라서 본론의 전반은 현실과 이상의 차이를 명확히 하는 데 초점을 맞춘다. 전반에는 현실의 문제와 상태, 상세 정보 등을 제시해 문제를 공유하고 통계 자료 등 뒷받침할 증거를 제시한다. 현실을 인식한 다음에는 이상적인 미래를 재확인한다. 문제가 해결된 상태, 목표가 달성된 상태를 이상적인 상태로 정의하고 실현 방법을 설명한다.

① 논리적인 내용 전달방식

청중을 설득하려면 자신의 주장이 옳다는 것을 이해시켜야 한다. 따라서 주장을 뒷받침하기 위해 여러 가지 자료나 가치관을 제시해야 하는데, 이때 사실 논거를 적절하게 활용할 수 있다. 논리적인 내용 전달 시 사실 논거의 활용과 아리스토텔레스의 설득화법을 활용하면 좋다.

㉠ 사실 논거의 활용

청중에게 논리적, 설득적 요소를 가미해 이야기하기 위해서 다음의 5가지 요소를 활용할 수 있다.

• 객관적 증명

다른 사람들이 똑같은 상황에 직면했을 때 과거 어떤 결정을 내렸는지를 살펴봄으로써 어떤 것이 옳은지 판단하는 것이다. 과거 사례를 통해 상대방의 행동을 유도해야 한다. 이때 이용하는 사례는 현재의 논의 내용에 적합해야 한다.

• 전문가 인용

각계각층의 전문가나 공신력 있는 사람의 말을 들어 증명하는 것이다. TV 뉴스에서 사건, 사고 소식이 나온 이후 교수, 연구원, 의사 등 관련 분야의 전문가 인터뷰가 나오는 것을 보았을 것이다. 이렇게 전문가의 말이 곁들어지면 신뢰감이 높아진다.

• 통 계

데이터나 그래프 등 수치로 입증하는 것이다. 과거와 현재, 타사와 자사, 동종업계의 비교 등 다양한 활용이 가능하며 시각적인 효과가 크기 때문에 많이 활용된다. 특히 남성 청중이 많을 경우 숫자와 통계 자료를 활용하면 효과적이다.

• 참고 자료

발표하는 주제와 관련한 책과 잡지, 언론 인터뷰, 방송 뉴스, 신문, 라디오 등 다양한 참고 자료를 활용하는 것도 좋다.

ⓒ 아리스토텔레스의 설득화법

'근대학문의 아버지'라고 불리는 아리스토텔레스는 그의 저서 『레토릭』에서 인간 설득의 세 가지 방법을 제시하고 있다.

- 에토스의 법칙

  에토스(Ethos)의 법칙이란 말하는 이의 가치, 즉 인격적인 감화로 상대를 설득하는 것이다. 학생이 선생님을, 신도가 목사나 스님의 말을 믿는 것은 상대의 인격이 훌륭하기 때문이다. 인격은 신용의 기준이며 신용이 있으면 설득력은 강해진다. 그러나 신용을 잃으면 양치기 우화처럼 진짜 늑대가 나타나도 아무도 믿지 않는다.
  에토스의 법칙으로 설득의 효과를 올린 본보기는 공자와 간디, 그리고 버락 오바마 대통령이다. 말하는 이의 인격을 좌우하는 몇 가지 요인이 있다. 말하는 이의 재치와 친밀성, 진지함과 듣는 이에 대한 관심, 주제에 관한 권위와 특별한 지식, 확신감, 그리고 명예와 성격 등이다. 예능프로그램에서 맹활약하는 유재석을 떠올리면 쉽게 이해가 될 것이다. 그의 준비성, 겸손과 배려, 그리고 상황 적응력과 대처 능력으로 인해 모든 이들의 사랑을 받고 있는 것이다. 또한, 미국의 버락 오바마 대통령도 에토스의 법칙을 성공적으로 활용한 바 있다. 초대형 태풍 '샌디'가 미국 동북부를 강타했을 당시 구호 대책을 지휘하고, 피해 주민의 등을 두 손으로 끌어안는 등 인간적인 리더십을 보임으로써 국민들의 신임을 얻을 수 있었던 것이다.

- 로고스의 법칙

  로고스(Logos)의 법칙이란 듣는 이의 이성에 논리적으로 설명하여 설득하는 것이다. 논리의 전개에는 연역법과 귀납법, 그리고 인과론 등 세 가지 방법이 있다. 앞 절에서 설명했듯이, 연역법이란 일반적 진리에서 출발하여 특수한 진리를 이끌어내는 것이고, 귀납법이란 구체적인 실례나 사례에서 출발하여 결과에 도달시키는 논법이다.
  결론이 명확하고 청중도 대부분 이에 동의할 때, 그리고 결론부터 알고 싶어 할 때에는 두괄식을 사용한다. 반면, 결론에 대해 논란의 여지가 있을 때, 결론의 도달과정에 대해 세부적으로 알기 원할 때는 미괄식을 사용한다.
  어느 방법을 취하든 증거를 제시해야 한다. 증거란 사실과 의견으로서 이루어지는데, 사실이란 증명될 수 있는 정보를 의미하며, 의견은 자기 자신의 것일 수도 있고, 다른 사람의 것일 수도 있다.

파토스(Pathos)의 법칙이란 듣는 이의 감정에 호소하여 설득하는 것이다. 파토스의 법칙은 감성마케팅에도 많이 적용되는데, 예를 들어 건강기능식품의 효능과 효과를 강조하기보다는 부모와 자식 간의 사랑과 배려의 모습을 통하여 보는 사람의 감정에 호소하는 광고들이 다양한 제품에서 사용되고 있다. 말하는 이가 신용이 있거나 논리적인 설명을 하더라도 설득에 실패할 수가 있다. 따라서 감정에 호소하는 방법도 알고 있어야 한다. 디지털 시대로 접어들면서 모든 정보는 컴퓨터가 발 빠르게 알려주고 있다. 그러다 보니 논리적인 요소보다 오히려 아날로그적이고 파토스적인 측면이 강화되고 있는 실정이다. 이 때문에 스토리텔링적인 요소가 더욱 중요해졌다고 볼 수 있다.

위의 세 가지 방법 중, 가장 기본이 되는 설득화법은 에토스 법칙이다. 우선 말하는 이의 인격이 갖추어져 있어야 한다는 것이다. 또한, 순전히 논리적인 주장은 감정이 없는 로봇처럼 느껴지거나 지루하며, 시종일관 감정적 주장은 상대가 나를 조종한다는 느낌을 들게 할 수 있다. 따라서 적절히 혼합하여 발표에 적용하는 것이 바람직하다.

② 감정 교류를 통한 내용 전달 방식 - 스토리텔링

발표자가 자신의 생각이나 지식, 정보 등의 내용을 전달하는 것이 프레젠테이션의 첫 번째 목적이지만 듣는 사람은 내용만으로 만족하지 않는다. 인간은 감정의 동물이기 때문에 내용 못지않게 감정 교류가 이루어져야 한다. 즉, 목표에 따라서 주제와 화제가 적절하게 조화를 이루어야 성공할 수 있는데, 이때 필요한 것이 스토리텔링인 것이다. 따라서 청중을 움직이려면 내용 전달과 함께 감정 교류도 병행해야만 한다. 즉, 스토리텔링을 통해 청중의 마음을 움직여야 하는 것이다.

스토리텔링이란 스토리와 텔링의 합성어로 '개인적인 이야기 나누기'이다. 상대방에게 전달하고자 하는 것을 개인의 경험, 정보, 지식 등의 재미있고 생생한 이야기를 설득력 있게 전달하는 것이다.

스토리를 통해 발표자와 청중은 자연스럽게 교감하게 된다. 그리고 비로소 청중이 공감할 수 있는 훌륭한 발표가 완성된다. 이야기는 인간 정신의 두 가지 면, 즉 이성과 감정 양쪽에 호소한다. 이야기의 가장 힘 있는 무기는 사람들에게 정체성, 즉

'나는 누구인가', '나는 어디서 왔는가' 그리고 '어디로 가고 있는가'에 대해 생각해보도록 도와주는 이야기라고 생각한다.

발표 능력이나 사용한 이미지는 그저 평범한 수준이지만 프레젠테이션 내용은 꽤 괜찮은 경우가 종종 있다. 그런 프레젠테이션이 효과가 있는 이유는 발표 내용과 연관되는 명확하고도 간결한 스토리가 그 속에 담겨있기 때문이다. 그리고 그 이야기가 형식적이지 않고 진술하기 때문이다. 아무 이야기나 떠들어댄다고 사람들이 귀를 기울이지는 않는다. 진실이 담긴 이야기만이 청중에게 깊이 전달된다. 이야기는 암기해서 내뱉는 말이 아니라 자신의 마음 깊은 곳에서 우러난 것이기 때문에 청중에게도 스며들게 된다. 청중이 관심 없는 이야기는 공감을 얻기가 어려우므로 공감할 만한 에피소드를 선정해야 한다.

③ 에피소드의 활용

발표자가 공감할 만한 에피소드로 이야기하면 청중은 자신을 에피소드의 주인공처럼 생각한다. 발표가 끝날 때쯤에는 청중은 앞으로 뭘 해야 할지 스스로 해답을 찾는다.

발표자가 굳이 강요하고 주장하지 않아도 자신의 상황에 맞게 에피소드들을 이해하고 받아들인다. 스스로 검증하고 설득하고 결심할 기회를 주는 것이야말로 에피소드의 최대 장점이 아닐까 싶다.

에피소드 활용법의 기본적인 구조는 일차적으로 논리적 주장을 편 다음 청중이 모르는 새 드라마로 이끌고 드라마가 언제 끝났는지도 모르게 빠져나와서 '그래, 맞아', '앞으로는 그래야겠네!'라고 결심하게 한다. 그래서 프레젠테이션을 자주 하는 사람들은 에피소드 노트를 하나씩 가지고 있다.

세상의 모든 것이 에피소드의 소재가 된다. 책 속의 감동적인 부분, TV, 라디오에서 나온 사연, 광고, 뉴스, 신문, 잡지에서 본 사례 등등 좋은 소스가 생길 때마다 기록해 두면 좋다. 친구와 가족, 주변 사람들의 이야기도 좋은 에피소드가 되는데, 가장 좋은 에피소드는 발표자 자신의 에피소드이다. 그러기 위해서는 직·간접적인 경험이 많이 필요하다. 에피소드를 선택함에 있어서는 알고 있는 많은 자료

중에서 자기가 말하고 있는 목적에 들어맞는 것을 뽑아내는 센스가 무엇보다도 중요하다.

에피소드는 그 자체가 주가 되는 것이 아니라 이해시키거나 느끼게 하거나 의욕을 불러일으키게 하는 등의 목적을 위한 수단임을 잊지 말아야 한다. 에피소드가 주제나 이야기의 목적과 완전히 동떨어져 있다면 에피소드의 재미 때문에 모두 경청하고 있지만, 나중에 생각해 보면 무엇 때문에 그 이야기를 꺼냈는가 하고 고개를 갸웃거리게 된다.

④ 많은 청중이 공감할 수 있는 에피소드의 요건

　　㉠ 보편성 : 많은 사람들이 함께 느낄 수 있는 폭넓은 이야기가 좋다.

　　㉡ 공감성 : 신변의 일이나 친근감을 느낄 수 있는 이야기가 목적 달성의 지름길이다.

　　㉢ 신선미 : 말하는 사람이 감동을 갖고서 이야기할 수 있는 새로운 것이어야 한다.

　　㉣ 단순성 : 단순 명쾌하게 그 목적을 달성할 수 있는 심플한 화제가 좋다. 설명이 필요한 복잡한 화제는 다시 부가적인 설명이 필요하게 된다.

　　㉤ 명랑성 : 비극적인 이야기를 길게 늘어놓으면 숨이 막힐 것 같은 답답함을 느끼게 된다.

　　㉥ 인간성 : 듣는 사람들의 가슴을 울리게 하는 감동적인 것, 의욕을 불러일으킬 수 있는 동기 유발 이야기가 좋다.

　　㉦ 품위성 : 부드럽고 우아한 이야기가 좋다. 또한, 에피소드의 효과를 위해 흥미를 지속시키도록 해야 하고 의성어, 의태어 등을 활용하여 이야기를 입체적으로 만들면 더욱 좋다.

⑤ 에피소드의 개발과 구성

에피소드는 단순히 이해를 돕는 수단이 될 뿐만 아니라 의욕을 불러일으켜 행동을 유발하는 자극제로서도 중요한 의미가 있다. 추상적인 이야기일수록 구체적인 실례를 들어주어야 한다. 흔히 발표자가 청중에게 '좀 더 문제의식을 가져야 한다.' 라고 말하면서 주의를 환기시키는 경우를 자주 볼 수 있다. 그러나 그런 식의 말만으로는 진지하게 '문제의식을 어떻게 가져야 하는지 그 방법을 가르쳐 주십시오.'

라는 질문이 날아올 수 있다.

따라서 발표 내용을 강조하거나 추상적인 이야기를 구체화하기 위해서는 그에 적절한 사례나 에피소드가 있어야 한다.

㉠ 에피소드를 개발하는 방법

• 생각하게 하는 에피소드의 개발

대부분의 사람은 자신의 인식 범주 내에서 살고 있다. 고정된 인식은 생각을 바꾸거나 새로운 사실을 받아들이려 하지 않는다. 따라서 발표 중간마다 청중이 새로운 관점으로 인식을 전환할 수 있도록 에피소드를 제시하는 것이 필요하다. 우리가 일상에서 흔히 듣는 말 중에서도 쉬우면서 유익한 가르침이 될 수 있는 좋은 말이 많다. 특히 이러한 에피소드는 격언, 명언, 속담, 우화, 방송, 신문, 잡지, 책 등에서 많이 찾아볼 수 있다.

흔히 기업은 고액의 기부로 매스컴에 기사가 오르지만, 매일유업은 특별한 사회공헌활동으로 착한 기업으로 인정받고 있다는 신문기사가 있었다.[4]

매일유업은 연간 수억 원의 손해를 감수하고 환아들을 위한 특수분유 생산을 20년째 이어가는 등 여러 사회공헌활동이 알려져 있다. 단순히 기업의 수익금을 사회단체나 저소득층에 기부하는 데 그치는 게 아니라 본업을 통해 사회에 기여할 수 있는 부분을 만들어 낸다는 데서 주목받는다.

환아 특수분유 외에 지난 2016년부터 참여하고 있는 '어르신 안부를 묻는 우유배달' 캠페인도 비슷한 사례다. 어르신 안부를 묻는 우유배달은 전담 배달원이 독거노인을 방문해 소화가 잘되는 우유를 배달하고 배달한 우유가 남아 있을 경우 관공서나 가족에게 연락해 고독사를 예방할 수 있도록 하는 이 캠페인은 매일 배달하는 우유 사업의 특징을 잘 살린 사회공헌활동이라고 할 수 있다.

구성원이나 고객을 대하는 태도도 비슷한데, 한번은 한 소비자가 우유, 음료업체들에 일회용 빨대 사용을 자제해달라고 요청한 내용에 대해 매일유업 고객최고책임자(CCO) 겸 품질안전본부장이 손편지로 답장을 한 내용이 알려지기도 했다.

---

4) 매일유업은 어떻게 착한 기업이 됐을까, 머니투데이, 2020/05/09

- 사실적인 에피소드의 개발

강사가 직·간접적으로 체험한 것이 있다. 직접 체험에는 강사의 독특한 예를 제시하는 것이 무기가 될 수 있다. 예컨대 영업에서 상품을 출시하여 성공하기까지의 스토리를 자신의 예로 설명하는 것이다. 이처럼 실례를 들 수 있다면 생생한 교육 효과를 거둘 수 있다.

간접 체험에는 역사적 사실, 외국의 예, 일반적인 예 등이 포함된다.

ⓛ 에피소드 구성 시 유의사항

- 생략한다.

복잡한 내용을 좋아하는 사람은 거의 없다. 고리타분한 미사여구로는 청중의 관심을 끌기 힘들다. 에피소드도 역시 간결하고 스피디한 것이 좋다. 불필요한 부분은 과감하게 잘라내면서 가다듬어야 한다. 에피소드가 너무 길어서 그것이 이야기 전체가 되어버리면 예화로서의 가치가 퇴색해 버린다. 에피소드는 내용 구성과 시간 안배를 고려해야 한다. 이때 주의할 점은 남길 것과 자를 것을 잘 판단해서 결정하는 일이다.

- 확대한다.

필요에 따라서 어떤 부분을 확대해서 이야기해야 한다. 단순한 화제를 맛깔나게 하는 것이 에피소드를 요리하는 핵심이다. 확대한다는 것은 어떤 부분을 강조하거나 인상 깊게 하는 것을 의미한다.

고객 만족의 예를 들어, 고객은 기업이 신뢰성, 신속성, 지속성에 관심을 두기를 원한다고 할 때, 이 세 가지 가운데 발표자가 신뢰성을 강조하고 싶다면 이 부분에 대하여 자사의 사례나 발표자 개인적인 경험을 심화하여 설명하는 것이다. 다만, 너무 과장하면 이야기의 품위를 떨어뜨릴 염려가 있으므로 주의를 해야 한다.

- 심화한다.

하나의 에피소드만으로 목적을 달성하기에 미흡하거나 불충분할 때에는 두세 가지 예화를 병렬식으로 조합하여 구조화하는 작업이 필요하다. 에피소드를 심화시키거나 구조화할 때 유사한 내용을 반복하기보다는 시간(Time), 장소(Place), 경우(Occasion)를 다르게 구성하여 하나의 정리된 주제로 만들면 매우 효과적이다.

예를 들어, 첫 번째 예화는 우리나라 기업의 친절 서비스 사례를 든다. 주로 발표자 자신의 체험을 사용하여 구체적, 사실적으로 묘사한다. 두 번째 예화는 일본이나 미국 기업의 친절 서비스 사례를 꺼낸다. 핵심은 두 예화가 동일한 주제라 하더라도 시간이나 장소를 다르게 하여 교육생의 주의와 흥미를 불러일으킬 수 있어야 한다.

이러한 심화작업을 잘하는 사람 중 한 명이 미국의 앨 고어 전 부통령이다. 앨 고어의 경우 매우 직관적인 표현으로 청중에게 정확한 데이터를 시각적으로 전달하고 극적인 시각효과를 보여준다. 특히 이미지, 데이터(숫자, 그래프, 차트, …) 등의 영상물을 적극적으로 활용하는데, 이는 스티브 잡스의 프레젠테이션과 유사한 특징을 보여주면서도 그만의 독특한 방식을 구축한다.

⑥ 스토리텔링 적용 시 유의사항

㉠ 목표를 벗어나지 않는다.

반드시 발표 목표에 초점을 맞추어야 한다. 목표를 충족시키는 데 필요한 정보, 에피소드를 한 번에 한 가지씩 전달한다. 스토리텔링은 주제와 관련이 있을 때 의미가 있다.

㉡ 단계별로 주제를 전달한다.

핵심주제들을 조직화하여 서로가 끊어지지 않도록 연결고리를 구성한다. 발표자 자신의 지식과 청중의 니즈에 기초하여 주제에 대한 상호 간의 인과관계를 밝히고 공통의 주제를 찾는다. 상황에 따라 여유 있는 미소와 몸동작으로 능숙하게 주제와 관련된 화제로 바꾸어 줄 수 있어야 한다.

㉢ 적당한 화제로 주제를 보강한다.

발표 주제를 뒷받침할 구체적인 화제가 있어야 한다. 주제를 뒷받침하기 위한 화제의 선택은 매우 중요하다. 청중이 '발표자가 저런 이야기는 왜 하는 걸까?' 하고 의문을 갖게 되면 발표의 효과는 반감된다. 프레젠테이션의 주제와 화제들이 모순되지 않게 인과관계와 예증, 사례 등으로 연결고리를 만들어야 한다.

ⓔ 스토리를 만든다.

발표자가 보고 듣고 체험한 것들 가운데 주제와 맞는 것을 말한다. 이러한 스토리를 잘 만드는 발표자가 노련한 전문가라고 할 수 있다. 또한, 청중의 공감을 불러일으켜야 한다. 딱딱한 주제에 생동감을 불어넣을 수 있도록 생활 주변의 신선하고 명쾌한 사례를 말해야 한다. 주의할 점은 스토리가 너무 흥미 위주로 흐르지 않도록 해야 하는 것이다.

가끔 발표를 들을 땐 흥이 나고 재밌지만, 끝나고 나면 아무것도 남지 않을 때가 있다. 이러한 발표는 실패라고 할 수 있다. 이야기를 재밌게 하려다 보니 내가 전달하고자 하는 주제가 스토리에 묻혀버린 것이다. 잊지 말자. 언제나 뼈대가 주제이고, 스토리텔링은 그 안에 색깔을 입히는 장식이라는 것을 말이다. 주객전도가 되면 발표는 실패로 끝나게 된다.

ⓜ 청중에게 맞는 스토리 라인(Story Line)을 구상하라.

발표자는 '내가 아는 만큼 청중도 알 거야.' 라고 가정하고 프레젠테이션의 스토리 라인을 구성하는 경우가 많다. 안타깝게도 청중은 그 내용을 따라오지 못하는 경우가 많다. 따라서 최대한 청중의 입장에서 스토리 라인을 짜야 한다. 그러면 스토리 라인은 어떻게 짜야 할까?

첫째는 목차다. 앞으로 어떤 이야기를 어떻게 진행할지를 미리 알려줌으로써 청중 스스로 따라갈 준비를 할 수 있게 한다. 둘째, 청중이 공감할 수 있게 문제를 제기한다. 청중이 알고 있는 사실들을 먼저 나열하여 청중들이 '그래, 그렇지.' 하며 공감하게 만든 후 문제를 제기하면 된다. 이 문제가 우리에게 기회가 될지 혹은 위협이 될지 등을 설명하기 시작하면 청중들은 당신의 이야기에 귀를 기울이게 된다. 셋째, 청중에 맞게 내용을 구성한다. 본론에서는 문제 제기에 대한 답, 즉 핵심 내용을 제시해야 한다. 이때 청중의 특징과 프레젠테이션의 목적에 따라 구성을 달리할 수 있다.

⑦ 본론의 전개과정에서의 참고사항

　㉠ 2~5가지 정도의 핵심 사항만 다룬다.

　　프레젠테이션에서는 한정된 시간에 여러 가지 의제를 다루게 되면 실패하기 쉽다. 보통은 2~5가지 정도의 핵심 사항에만 한정하여 발표하는 것이 좋다. 각 핵심 사항에 대해서 적절하게 상세한 설명을 한다. 그러나 과도하게 상세한 설명을 하면 두 가지 문제가 발생할 수 있다. 첫째, 핵심이 흐려지는 결과를 낳을 수 있다. 둘째, 시간이 너무 길어지면서 청중들의 집중도가 현저히 떨어진다. 때문에 상세함의 정도를 적절하게 선택하여야 한다.

　㉡ 3의 법칙을 기억하자.

　　인지과학자들의 연구에 따르면 사람은 수십 개의 내용을 들어도 기억에 남는 건 3가지 정도라고 한다. 따라서 핵심 내용은 3가지 요점으로 정리하여 전달해 보자. 스피치와 프레젠테이션 발표에서 많이 쓰이는 3의 법칙이다. 존 F. 케네디, 버락 오바마, 스티브 잡스, 그리고 MS사의 CEO인 스티브 발머의 공통점이 바로 '3의 법칙'을 애용했다는 점이다.

　　• 존 F. 케네디

　　케네디 대통령의 연설문 작성자인 테드 소렌센은 "눈이 아닌 귀가 열리는 연설문을 써야 한다."고 말했다. 그가 쓴 연설문은 청중들이 따라가기 쉽도록 차례로 목표와 성과를 나열하는 3의 법칙으로 되어 있다. 다음은 1961년 1월 20일 미국 대통령 존 F. 케네디가 대통령 취임식에서 연설한 취임사이다.

　　"자, 친애하는 미국 국민 여러분, 조국이 여러분을 위해 무엇을 할 수 있는지 묻지 마시고, 여러분이 조국을 위해 무엇을 할 수 있는지 자문해 보십시오.
　　친애하는 세계 시민 여러분, 미국이 여러분을 위해 무엇을 베풀어 줄 것인지 묻지 마시고, 인류의 자유를 실현하기 위해 우리가 함께 손잡고 무엇을 할 수 있는지 자문해 보십시오.
　　마지막으로, 여러분이 미국 시민이든 다른 나라의 시민이든 간에, 여러분은 우리가 여러분에게 요청하는 역량과 희생정신을 우리에게 동일한 수준으로 요청하십시오."

- 버락 오바마

케네디의 스피치 스타일을 좋아하고 따라했던 오바마 대통령의 연설문 작성
에도 테드 소렌센이 참여한 바 있다. 그래서인지 오바마도 3의 법칙을 활용
하고 있는데, 다음은 그가 2004년 민주당 전국 대회에서 했던 기조연설이다.

**"저는, 우리가 중산층을 돕고 근로가구에 길을 열어줄 수 있다고 믿습니다. 저는
우리가 실업자에게 일자리를, 노숙자에게 집을 주고 폭력과 절망으로부터 전국의
젊은이들을 구할 수 있다고 믿습니다. 저는 우리가 올바른 길을 가고 있으며 역사
의 갈림길에서 올바른 선택을 해서 우리의 과제를 달성할 수 있다고 믿습니다."**

이처럼 오바마의 연설문은 세 문장으로 나누어져 있으며, 종종 한 문장에 세
가지 요점을 담는다.

- 스티브 잡스

많은 사람이 애플의 신제품 출시를 고대했던 건, 비단 상품이 궁금해서만은
아니었다. 잡스가 이번에는 어떤 짜릿한 '쇼'를 보여줄 것인가라는 궁금증
때문이었다. 그만큼 잡스의 프레젠테이션은 청중에게 특별한 경험을 선사했
다. 아이러니하게도 디지털 산업의 선두에 섰던 잡스는 프레젠테이션만큼은
아날로그 방식을 택했다. 전통적인 고전극 형식인 3막 구조를 택한 것이다.
2005년 비디오 아이팟을 소개한 예를 들어보자. 그는 1막에서 비디오카메라
가 내장된 신형 아이맥 G5를 소개했고, 2막에서는 5세대 아이팟을 공개,
마지막 3막에서는 아이튠스 6에 대해 설명했다. 이따금 잡스는 적(이를테면
마이크로소프트)을 등장시켜 자신을 영웅으로 만드는가 하면, 갈등을 제시한
후 곧바로 해결책을 이야기하기도 했다. 이처럼 고전의 힘을 빌린 그의 프레
젠테이션은 한 편의 탄탄한 연극과도 같았다.

- 스티브 발머

MS사의 CEO인 스티브 발머의 프레젠테이션은 빌 게이츠와 달리, 어려운
기술 용어를 배제하고 쉬운 설명으로 청중의 기대감을 조성했다. 청중은 결

과적으로 프레젠테이션의 요점을 듣고 싶어 하는데, 3이란 숫자를 활용하는 것이 청중의 관심을 환기하는 데 가장 효과적이라고 한다. 이것이 바로 3의 법칙이다.

"우리는 최고 버전의 윈도우를 내놓기 위한 과정을 순조롭게 진행하고 있습니다. 새 버전은 단순성, 안정성, 속도라는 필수 요소를 모두 충족시킬 것입니다."

그는 2009년 1월 라스베이거스에서 열린 소비자 가전 쇼에서도 3의 법칙을 활용했으며, 이 프레젠테이션에서 3의 법칙을 다섯 번이나 사용했다.

"저는 앞으로 세 가지 핵심 영역에 기회가 있다고 생각합니다. 첫 번째는 사람들이 매일 사용하는 컴퓨터, 휴대전화, 텔레비전의 융합입니다. 두 번째는 컴퓨터 및 기타 기기와의 보다 자연스러운 상호 작용입니다. 세 번째는 제가 '연결된 경험'이라고 부르는 것입니다."

• 지미 발바노
1993년 3월 4일 미 대학농구팀 코치인 지미 발바노는 스포츠 역사에 남을 명연설을 하였다. 그는 수상 연설에서 3의 법칙을 활용해 가장 감동적인 순간을 연출했다.

"저는 우리가 매일 해야 할 세 가지 일이 있다고 생각합니다. 우리는 평생 이 일들을 해야 합니다. 첫째, 웃는 것입니다. 여러분은 매일 웃어야 합니다. 둘째, 생각하는 것입니다. 여러분은 생각하는 시간을 가져야 합니다. 셋째, 눈물 날 만큼 행복과 기쁨을 느끼는 것입니다. 생각해 보십시오. 웃고 생각하고 울면서 보내는 하루는 더없이 충만합니다. 암은 저의 육체적 능력을 빼앗을 수 있습니다. 그러나 저의 정신은 건드릴 수 없습니다. 저의 마음도 건드릴 수 없습니다. 저의 영혼도 건드릴 수 없습니다. 이 세 가지는 영원히 남을 것입니다. 감사합니다."

ⓒ 3의 법칙 활용하기

지금까지 설명한 3의 법칙을 잘 활용하기 위해서는 다음의 세 가지 단계를 거쳐야 한다. 이후에는 당신도 훌륭한 프레젠터의 자격을 갖출 수 있게 될 것이다.

> **1단계** : 제품 및 서비스, 회사, 사업에 대해 청중에게 전달하고 싶은 모든 요점을 나열하라.
> **2단계** : 그 요점들을 세 가지 핵심 요점으로 묶어라. 이 세 가지 요점은 전체 프레젠테이션의 로드맵이 될 것이다.
> **3단계** : 세 가지 요점별로 내용을 보강하라. 거기에는 이야기, 자료, 사례, 은유, 유추, 제삼자 인증 등이 포함될 수 있다.

위의 세 가지 단계는 적극적으로 3의 구조를 활용하는 방법이다. 실제로 여러분의 주위에는 3의 법칙을 활용하는 사람이 많지 않다. 그들은 아마 파워포인트를 먼저 열 것이다.

ⓔ 발표자의 신뢰성을 높인다.

발표자가 스스로 자료 수집과 분석의 전 과정을 수행했으며 발표하는 내용은 합리적이라는 것을 청중들이 확신하도록 한다. 객관적인 말로 설득하고, 과장하거나 감정적인 말을 하지 않는다. 주장하는 내용에 대해서 믿을 수 있는 근거를 제공한다. 그 근거로는 통계, 실제 경험, 예시, 전문가의 말 등이 있다. 그러나 너무 많은 자료나 그림을 제시하여 청중이 이해하기 부담스럽지 않도록 해야 한다. 발표가 끝난 뒤에 참고할 수 있도록 상세한 통계자료를 담은 유인물을 별도로 배포하는 방법도 있다.

ⓜ 청중의 태도를 고려하여 조직한다.

내용을 조직할 때 중요한 것은 청중의 태도를 고려해야 한다는 점이다. 체계적으로 잘 조직되었다 하더라도 '청중의 태도가 적대적인가 우호적인가'와 같은 청중의 태도를 고려하지 못하면 반감을 살 우려가 있다. 앞서 설명한 대로 우호적 청중에게는 먼저 결론을 내세운 다음 이를 입증하는 구조가 효과적이며 적대적인 청중에게는 누구나 인정할 수 있는 가치관이나 원칙에 입각한 입증과정을 거친 다음 서서히 결론으로 이끌어나가는 구조를 취해야 한다.

ⓗ 부정적인 정보를 잘 다룬다.

　수집하고 분석한 정보가 발표자가 말하려는 내용과 모두 일치하는 경우는 별로 없다. 모두가 일치한다면 설득이나 발표가 필요 없을 것이다. 그렇다고 부정적인 정보를 감추어서는 안 된다. 그렇게 하면 발표자를 곤란하게 하는 질문이 나오고, 발표자의 입장은 약화된다.

　자신이 제시하는 의견이 믿을 만함에도 불구하고 부정적인 정보가 있으면 다음과 같이 행동한다. 모든 중요한 정보를 제시하고 분석을 해 보이면서 발표자가 제시하는 권고안이 일부 부정적인 면이 있음에도 불구하고 믿을 만하다는 것을 보여준다.

　또 부정적인 정보를 제시하더라도 중요하지 않은 정보로 취급한다. 그러나 이 정보에 대해서 질문이 나오면 토론할 수 있는 준비가 되어 있어야 한다.

ⓢ 단계를 밟아가야 한다.

　본론의 구성은 단계를 밟으면서 체계를 잡아 나가는 것이 좋다. 원칙적으로 주요 아이디어와 세부내용의 종속관계를 명확히 해야 하고 강조할 점은 가장 먼저 배치하는 것이 효과적이다.

　본론의 전개단계에서 핵심내용을 펼쳐나가는 방식은 프레젠테이션의 목적에 따라 달라진다.

　시간이나 장소 순서대로 배열하는 방식은 지식을 전달하는 경우에 주로 사용된다.

　원인과 결과의 순서대로 배열하는 방식은 지식을 전달하거나 설득을 할 때 모두 사용될 수 있다.

　문제를 제기하고 해결책을 제시하는 방법과 앨런 몬로의 방식은 설득을 목적으로 하는 경우에 주로 사용된다.

　화제별로 나열하는 방식은 다른 방식들 중에 해당하지 않는 경우라면 언제라도 사용해도 좋다. 그 융통성 때문에 가장 많이 사용되는 전개방식이다.

※ 본론 전개방식의 종류[5]

종 류	전개방식	예
시 간	시간 순서대로 나열	• 과거 – 현재 – 미래 • 1분기 – 2분기 – 3분기
장 소	장소별로 나열	서울 – 뉴욕 – 런던
원인 – 결과	원인과 결과 제시	임금 체불 – 노조 파업
문제 – 해결책	문제 제기 후 해결책 제시	판교 투기 문제 – 전매 제한
앨런 몬로의 설득 5단계	• 관심 끌기 • 욕구 끌어내기 • 해결책 제시 • 혜택의 시각화 • 행동 요청	• 최근 어린이를 성추행하려다 살해한 범인은 성추행 전과자 • 성추행 전과자의 재범률 증가, 대책 마련 시급 • 성추행범에게 전자발찌 채우기 • 성추행범임을 알아보고 범죄를 예방할 수 있으며 위치 추적이 가능 • 전자발찌 채우기 입법에 서명하라.
화 제	화제별로 나열	리더십 – 인재 – 트렌드 – 디자인

⑧ 본론(전개구성)에서의 청중과의 교류 확대방법

청중들은 어떠한 방식이든 기존에 자신이 사용하고 있는 방식이 있기 때문에 새로운 방식이나 변화에 대하여 일단 거부감을 보이기 쉽다. 따라서 청중에게 동기부여 시키기 위해서 발표자 자신이 열정을 가져야 한다. 스스로에 대한 확신을 가지고 청중의 내적 동기를 유발하며 촉진할 수 있어야 한다.

㉠ 수시로 동기부여 한다.

동기부여는 서론에만 필요한 것이 아니다. 본론에서도 청중들이 발전할 수 있도록 수시로 동기부여를 한다.

㉡ Two-way Communication으로 진행한다.

발표자 혼자서 이야기하는 것이 아니라 청중에게 관심과 흥미를 갖게 하여 자유롭게 말할 수 있는 분위기를 만든다. 청중들이 자유로움을 느끼면서 자신의 역량을 발휘할 수 있도록 해야 한다.

㉢ 정교화한다.

다양한 예를 제시하고 빔프로젝트, 동영상 등의 Tool은 물론 목적에 따라 사

---

5) 하영목 · 최은석, 《설득력과 리더십을 2배로 높여주는 프레젠테이션의 정석》, 2007, 팜파스

례·도표·사진·실물·도형 등 시각 자료를 준비한다. 이러한 것들이 발표에 대한 신뢰성을 높혀주게 된다.

ⓔ 상호 피드백한다.

전개의 마무리 단계에서 질의응답 시간을 마련한다. 질문을 통해 청중의 의문점을 해소해 주어야 한다. 질문이 없을 때는 어느 정도 이해했는지 프레젠터가 가벼운 질문을 던지는 것도 바람직한 방법이다.

(3) 결론 구성법

종결단계(결론)는 본론에서 말한 것을 다시 요약, 마무리하는 단계이다. 사람들은 전체 과정 중 처음과 끝을 가장 잘 기억하기 때문에 프레젠테이션의 마무리는 특히 중요하다. 간혹 결론에서 새로운 내용을 추가하는 발표자가 있다. 결론은 또 다른 시작이 아니라 본론을 정리하는 것이다. 결론에서 새로운 이야기를 한다는 것은 그만큼 내 이야기가 적절하게 배치가 안 됐다는 것을 밝히는 것이 된다. 심리학적으로 볼 때 사람들은 끝났다는 느낌이 강하게 들었다는 것을 좋아하는 경향이 있으므로 "결론적으로 말씀을 드리면", "마무리하기 전에" 등의 암시를 주면서 자연스럽게 끝내는 것이 좋다. 한국인은 특히 시간 조절을 잘하지 못한다. 그래서 중요한 결론 부분에 가서 서둘러 마치는 경우가 많다. 반대로 발표시간을 초과하면 빨리 끝내는 것보다 더 부정적인 결과를 가져올 수 있다. 청중은 정해진 시간 이상으로 자신의 시간이 뺏기는 것을 좋아하지 않는다. 아무리 발표자가 혼신의 힘을 다해 말하더라도 정해진 시간을 넘기면 청중의 관심과 흥미는 떨어지게 된다. 정해진 시간 내에 끝내는 연습을 하자.

이렇게 결론을 잘 내기 위해서는 일단 철저한 리허설을 통한 시간 관리 훈련이 선행되어야 한다.

① **결론 구성**

결론은 전체 프레젠테이션 시간의 5~10%를 활용하는 것이 보통이며 크게 종료신호·요점·재강조·결언의 순서로 진행된다.

㉠ 종료신호 없이 요점 재강조에 들어가면 청중은 본론이 끝났다는 것을 모르기 때문에 재강조 부분을 본론의 연속이라고 생각할 수 있다.

본론의 논의가 끝나면 약간 템포를 늦추거나 한 호흡을 쉰 다음 종료한다는 말을 꺼낸다. 그래야만 청중이 발표자의 결론을 받아들일 준비를 하게 되고 머지 않아 프레젠테이션이 끝날 것이라는 예상을 하게 된다.

"이제 본격적인 논의는 끝났습니다.", "이제 결론을 내릴 단계가 되었습니다." 등의 종료신호를 한다. 특별한 결론 없이 "이 정도로 제가 말씀드릴 내용을 마치겠습니다.", "이제 마칠 시간이 되었습니다."와 같은 말로 끝내지 않아야 한다.

ⓛ "결론을 말씀드립니다."라고 한 뒤에 길게 말하지 않아야 한다. 결론을 말한다고 한 뒤에 프레젠테이션 시간의 10% 이상을 소요하면 청중들이 앞에서 쌓아 놓은 좋은 생각이 사라질 수 있다. 발표를 마치는 시간을 잘 예측하고 있어야 한다. 또한, 시간에 쫓겨 중요한 사실을 말하지 않고 끝나는 일이 있어서는 안 된다. 여러 번 연습을 해 보고, 중요 사항은 잘 보이도록 큰 글씨로 노트에 적어 두어 빠지지 않고 말하도록 한다.

ⓒ 주제와 주요 핵심 내용을 재음미할 때는 본론에서 사용한 말과 조금 다른 말로 다시 정리해보고 내용을 보완해 준다. 권고사항 제안에서는 청중이 기억하거나 행동해야 할 사항을 제시해준다.

ⓡ 핵심 메시지를 극적으로 연출하기 위해 '준비된 멘트'가 있어야 한다. 마무리를 잘 지으면 여운이 남게 된다. 따라서 전체 내용을 간략하게 요약하거나 관련된 시, 명언, 인용구를 써서 강렬하게 마쳐야 한다. 핵심 메시지를 고안해 내는 방법은 다음과 같다.

- 이야기를 만들어 내거나 개인적 경험을 말하거나 시각자료를 사용한다.
- 처음 보였던 개요를 다시 보여라. 개요를 다시 보여줌으로써 프레젠테이션에 어떤 내용들이 있었는지 상기하게 하라.
- 결론을 강조하는 텍스트와 그래픽을 준비하라.
- 스스로에게 물어보라. 만약 당신의 프레젠테이션을 들었던 청중이 자기 친구에게 핵심을 한두 문장으로 요약해준다면 뭐라고 할까? 청중의 기억을 믿지 말고 핵심을 요약한 슬라이드를 준비하라. 청중에게 직접 메시지를 주지시키는 방법은 서론에서 보여줬던 슬라이드를 다시 보여주는 것이다. 하지만 이 단계에서는 몇몇 텍스트나 설명을 첨가해 청중이 '새로움' 속에서 설명을 들을 수 있도록 만들어야 한다.

② 요약하는 방법

 ㉠ 발표 중에 말했던 중요한 포인트를 다시 요약한다. 전개단계에서 설명된 많은
  내용 중 특히 강조할 만한 내용을 간추려서 강조하면 좋다.

> • "오늘 제가 말씀드린 요점은 세 가지였습니다." (보통 2~3개 정도만을 강조한다)
> • "오늘 발표 내용을 한마디로 말한다면 □□□이라고 할 수 있습니다."
> • "오늘 발표 내용을 정리하겠습니다."라고 말하면서 한 장의 슬라이드로 요약하는
> 것도 좋은 방법이다.

  제안을 하는 경우라면 "제가 제안하는 내용은 1, 2, 3안 중에서 3안입니다. 그
  이유는 3안이 투자비 대비 기대효과가 가장 크기 때문입니다."와 같이 끝낼 수
  있다.

 ㉡ 요약단계에서 주의할 점

  • 토론식으로 하지 않는다.

   종결단계에서의 토론은 시간이 많이 소요되며 또 다른 논쟁거리를 만들 수
   있다.

  • 새로운 것을 이야기하지 않는다.

   새로운 것을 언급하면 요약의 초점이 흐려질 수 있기 때문이다.

  • 너무 길게 끌지 않는다.

   요약은 짧고 간결해야 효과적이다. 장황하고 늘어지는 요약은 혼란을 일으킬
   수 있으므로 주의해야 한다.

③ 질의응답

 질문을 통해 청중의 의문점을 해소시켜 주어야 한다. 이러한 질문을 통해 발표자
 자신이 미처 언급하지 못한 내용을 보충하고 다시 확인할 수 있게 된다.

 질문을 받았을 때는 즉각 답변하지 말고 생각하는 시간을 갖도록 하는 것이 중요
 하다. 질문에 대처하는 방법을 소개한다.

- "참 좋은 질문이네요", "그렇게 생각하실 수도 있겠네요.", "신선한 접근방식입니다."와 같이 질문자를 칭찬한다.
- "지금 하신 말씀은 ~ 군요."와 같이 질문을 요약한다.
- 생각할 시간을 번다. 불쾌한 질문을 받았을 경우 여유를 가지고 대처하는 것이 좋다. "질문의 취지는 잘 알았습니다. ~라는 점에서는 어떻게 생각하십니까?"라고 청중이나 질문자에게 되받아 질문함으로써 시간을 벌 수 있다.
- "저는 그 문제에 대해 이렇게 생각합니다.", "저는 그 의제에 대해 찬성합니다."와 같이 결론부터 제시한다.
- 모르는 질문은 모른다고 답한다. 가끔 발표자가 모르는 주제에 대한 질문을 받을 때 어쩔 줄 모르며 당황하는 경우를 본 적이 있다. 발표자도 사람이므로 모르는 부분이 있는 것이 당연하다. 그럴 때는 아는 척하며 시간을 끌 것이 아니라 "제가 미처 그 부분까지는 준비를 못 했습니다.", "제가 다시 공부해서 다음에 알려드리겠습니다." 등으로 솔직하게 답변하는 것이 낫다.
- 주제에서 벗어난 질문은 다시 주제로 되돌린다. "주제와 어떠한 관계가 있다고 생각하십니까?"라고 본래 주제로 방향을 돌리면서 답을 요청한다.
- "그 문제는 제가 개별적으로 말씀드리겠습니다."와 같이 입장이 곤란한 질문은 개별적으로 답하겠다고 말한다.

④ 결론의 역할

　㉠ 앞선 내용을 정리한다.

　　말한 내용을 모두 나열하는 것이 아니라 키워드, 핵심 명제 한두 가지를 강조하는 것이 필요하다.

　㉡ 행동을 촉구한다.

　　설득적 프레젠테이션이라면 내용의 정리를 넘어서 구체적인 행동을 촉구하면 된다. 발표가 잘 구성되어 있고 청중에게 감동을 주었다면 자연스럽게 행동으로 넘어가게 된다.

　　예 "이 부분에 있어서는 우리가 한 번 열심히 노력해서 우리 회사가 업계에서 최고의 자리에 오를 수 있도록 노력해 봅시다."

ⓒ 발표자의 이미지를 각인시킨다.

발표와 관련된 적절한 비유, 명언, 시구 등을 인용하면서 발표에 여운을 남긴다. 더불어 동기부여도 일으킬 수 있다. 지금까지 발표한 내용이 매우 중요한 것이었고 앞으로는 더욱 효용가치가 커질 것이라는 점을 깨닫게 한다.

ⓔ 내용을 요약하고 재정리한다.

스토리의 내용을 압축하여 말함으로써 발표 주제의 포인트를 기억하게 한다. 구조상으로는 앞의 오버뷰에서 제기한 문제에 대한 해답을 담아야 한다. 주장에 대해서는 결론이 있어야 하고, 어떤 제안을 했다면 그에 따른 해결책을 제시해야 한다. 앞서 살펴본 대로 요약을 할 때는 "요약해서 말씀드리면~" 하는 연결어가 반드시 필요하다. 그래야 사람들은 '이제 끝나는구나.'라며 생각을 정리한다. 결론이 붙어야 한다면 "결론적으로 말씀드려서~"라고 하면서, 하고 싶은 말을 하면 된다.

ⓜ Touch Line

시작과 연관 지어 끝맺는다. 분명한 핵심전달, 마음을 움직이는 힘, 논리와 감성의 조화, 자신만의 색깔, 생생한 표현 등이 청중들의 뇌리에 오래 기억되려면, 그들이 행동하게 하려면, 가슴을 터치하는 끝맺음이 필요하다. 이 맺음말은 항상 오프닝 멘트와 대구 관계를 이루는 것이 이상적이다. 펀치라인과 터치라인은 대구 관계를 이루는 것이 이상적이다. 펀치라인과 터치라인은 프레젠테이션에 힘과 생명력을 불어넣는다. 이때 주의할 점은 긴 시간을 들여서는 안 된다는 것이다. '칼로 무 자르듯이' 간단하게 말하는 것이 좋다. 예를 들어, "적극적인 경청과 참여에 감사하다."는 식으로 감사의 여운을 남기면서 마무리 짓는다. 또한, 그냥 힘없이 끝내지 말고 진심 어린 충고의 말을 덧붙인다. 혹은 행동을 촉구한다. 처음에 준비하였던 이익과 계량화된 수치 등을 보여 주며 확신을 심어주고 끝낸다.

우리나라에 방문해 연설했던 스튜어트 다이아몬드 교수의 연설문 마지막 말을
보자.

"여러분이 바로 대한민국의 미래입니다."

이처럼 시작할 때의 펀치라인과 마무리의 터치라인은 문자 그대로 짧은 한 문
장이어야 한다. 길면 오히려 힘을 잃는다.

프레젠테이션! 초스피드 완성

Part **Ⅱ**

프레젠테이션의 기획력

Part II

프레젠테이션의 기획력

오늘날 많은 기업이나 조직은 업무에 있어서 신속한 의사결정과 원활한 커뮤니케이션을 필요로 한다. 프레젠테이션이 비즈니스뿐만 아니라 학교에서도 많은 영향을 미치고 있음을 알 수 있다. 또한, 자신의 주장을 청중이 이해하기 쉽게 발표하는 능력이 직무의 성취도와 관련이 있다고 판단하여 신입사원 채용에서 프레젠테이션 능력에 대한 평가를 하기도 한다. 이와 같이 기업이나 조직에서 비즈니스 커뮤니케이션의 수단으로서 프레젠테이션의 중요성이 날로 커지고 있으며 프레젠테이션은 이제 조직 내 구성원들이 갖추어야 할 필수 능력이 되고 있다.

이처럼 오늘날 우리는 프레젠테이션 시대에 살고 있다고 해도 과언이 아니다. 최근 직장인들의 업무 중에는 보고를 비롯하여 기획, 영업 등 다양한 분야에서 프레젠테이션을 필요로 하고 있다. 그러나 오늘날 프레젠테이션은 그리 간단치가 않다. 획기적이고 참신한 기획과 세련되고 심플한 디자인, 그리고 노련하고 재치 있는 발표 등 모든 면에서 완벽해야 효과적인 프레젠테이션이 된다. 특히, 세련된 시청각 자료가 청중을 설득하는 데 효과적이라는 것이 연구의 결과로 입증되면서 프레젠테이션 화면은 더욱 화려해지고 있다.

01 | 브레인스토밍

프레젠테이션을 왜 하는가? 프레젠테이션 기획에서 가장 먼저 고려해야 하는 것이 바로 목적이다. 프레젠테이션이 시작되고 1분이 흐르고 나면 청중의 집중력은 떨어진다. 자기 업무를 가지고 와서 보기도 하고, 휴대폰을 보기도 하고, 옆 사람과 이야기를 나누기도 한다. 이러한 상황이 왜 생길까? 바로 청중이 듣고 싶은 이야기를 하지 않기 때문이다. '청중이 궁금해하는 것이 무엇일까?' 라는 질문을 하며 기획을 한다면 계속 청중을 집중시킬 수 있는 프레젠테이션이 될 것이다.

- 청중이 궁금해하는 것은 무엇일까?
- 청중이 이 프레젠테이션을 통해 얻고 싶은 것은 무엇일까?
- 청중은 어떤 내용을 듣고 싶어 할까?
- 이 프레젠테이션을 통해 청중에게 이득이 되는 것은 무엇일까?
- 청중의 마음을 움직이게 하려면 어떤 내용이 필요할까?
- 이 프레젠테이션을 보고 청중이 행동하게 하려면 어떻게 구성하는 것이 좋을까?
- 어떻게 동기부여를 할 수 있을까?

이러한 질문들을 하다 보면 내가 하고 싶은 이야기가 아니라 청중이 듣고 싶은 이야기로 프레젠테이션이 구성될 것이다. 그것이 바로 기획이다.

먼저 자료 수집을 하기 전에 자료 수집의 목적과 범위를 결정한다. 무작정 자료를 찾는 것은 무모한 일이기 때문이다. 주제에 적합한 자료를 수집하기 위해서는 먼저 프레젠테이션의 목적을 분명히 세우는 것이 중요하며 목적에 맞게 자료 수집의 범위와 깊이를 분명히 하도록 해야 한다.

본격적으로 자료를 찾으려면 가까운 곳에서부터 찾는 것이 좋다. 우선 내가 가지고 있는 자료부터 정리를 하는 것이다. 주제별로 분류해서 각각의 내용들을 묶어보는 것도 좋다. 또 동료나 팀이 어떤 자료를 가지고 있는지 찾아보고 정리하는 것도 도움이 된다. 성향에 따라 마인드맵을 활용해 자료 정리를 해보는 것도 유용하다.

전문가나 경험자와 인터뷰를 하는 것도 좋다. 프레젠테이션의 주제와 관련된 방면의 전문가나 경험자를 찾아가서 이야기를 듣는 것도 정보를 수집하는 매우 좋은 방법이다.

또한 직장 동료나 상사에게 조언을 구하는 것도 좋다. 나의 경험뿐만 아니라 직장 내 다른 사람의 경험도 프레젠테이션을 하는 데 도움이 된다.

가장 좋은 방법이라고 할 수 있는 것은 바로 출판 자료나 세미나, 학회 자료 등을 이용하는 것이다. 요즘은 특히 프레젠테이션 내용의 근거를 명확히 하는 것을 추구하고 있다. 그래서 논문 자료들을 인용하거나 통계청에서 발표한 자료들을 활용하기도 한다. 전문서적이나 신문, 잡지 등과 같은 출판 자료를 통해 프레젠테이션 주제와 관련이 있는 자료를 수집한다. 그것을 통해 관련분야의 지식을 얻을 수 있다. 신문이나 잡지 등과 같은 정기 간행물에서는 관련 분야에 대한 최근 이슈를 확인할 수 있어 좋다. 학회나 세미나 자료를 통해서는 전문적인 연구 자료를 얻을 수 있다는 것도 기억하자.

마지막으로 정보의 양은 가장 많지만 가장 지양했으면 하는 방법이 있다. 바로 인터넷에서 찾는 방법이다. 인터넷은 '정보의 바다'라고 할 만큼 방대한 정보를 자랑한다. 인터넷에서 효과적으로 정보를 찾을 때 구글, 네이버, 다음 등과 같은 검색엔진을 이용하면 원하는 정보를 실시간으로 손쉽게 찾을 수 있다. 하지만 누구나 다 찾을 수 있는 정보라는 것을 명심하자.

이제 이렇게 모은 자료들과 쏟아지는 아이디어들을 종합해볼 필요가 있다. 여러 방법 중 자유발언을 통해서 머릿속에 떠오르는 아이디어들을 모두 풀어놓는 작업인 브레인스토밍이 있다.

브레인스토밍 기법은 1938년 Osborn에 의해 집단으로 문제를 해결할 수 있는 형태로 개발되었다(Osborn, 1953). 1950년대 이후 많은 주목을 받았고, 대중에게 널리 알

려지게 되면서 확고하게 자리를 잡았다. 국내에서도 1968년 브레인스토밍이 소개되었고, 전 세계적으로 산업계와 교육계에서 사용하게 되었다.

브레인스토밍은 Osborn이 개발하여 처음에는 광고회사처럼 아이디어를 양산해야 하는 곳에서 '조직적인 아이디어의 창출기법'으로 사용했으나 그 이후 자유 연상하는 기법으로 세계에서 가장 많이 적용되고 있다. 브레인스토밍이 최대한 많은 양의 아이디어를 내거나 질적인 아이디어를 발상하지 않는 것처럼 보이지만 문제해결을 하기 위한 중요한 기법이라고 여겨지고 있다.[6]

혼자 아이디어를 내기 위해 노력하는 것보다 많은 사람들이 의견을 내는 것이 더 많은 아이디어를 모을 수 있다.

브레인스토밍의 규칙들　　　　　　　　　　　　　　　**TIPS**

- 아이디어를 자유롭게 이야기한다.
- 상대방의 의견에 논박하지 않는다.
- 아이디어에 대한 평가를 하지 않는다.
- 가능한 모든 사람들이 참여한다.
- 새로운 방식으로 생각해본다.
- 나쁜 아이디어란 없다.
- 생각이 떠오르는 대로 제시한다.

다음 브레인스토밍 사례를 보자.

주제 : 스피치 달인이 되기 위한 방법	
• 본받고 싶은 롤모델 선정, 관심 갖기	• 복식호흡의 생활화
• 나에게 어울리는 음성, 스타일 찾기	• 나의 장단점 파악하고 나에게 귀 기울이기
• 일상생활에서 이야깃거리 찾기	• 톤 & 매너 공부하기
• 기사, 이슈에 관심 갖기	• 나와 다른 시각에서 바라보기
• 시집, 명언집 등을 통해 활용 가능한 문구 찾기	• 다른 사람 앞에서 토론 기회 만들기

---

6) 전경원, 〈브레인스토밍에 관한 문헌 고찰〉, 창의력교육연구, 1997, 제1권 1호 29~64쪽

또 다른 아이디어 창출 방법으로 브레인 라이팅이 있다.

BRAINWRITING

브레인 라이팅은 브레인스토밍의 단점을 극복하기 위한 대안으로 독일 배텔연구소에서 개발된 것이다. 기본원리는 오스본의 브레인스토밍 기법을 따르지만, 기록하는 형식에 차이가 있는 기법이다. 즉, 참가자들이 간편하게 자신의 아이디어를 기록하여 제시하는 것이며, 참가자의 수가 상당히 많은 경우에도 유리한 발상기법이다. 특히 내성적인 성격으로 발표가 원활하지 못한 발표자의 아이디어도 들을 수가 있고, 누구라도 부담 없이 참여할 수 있으며, 다소 엉뚱하고 어색한 아이디어도 쉽게 표현할 수 있는 이점이 있다.[7]

회의 방법은 4~5명으로 이루어진 소집단으로 나누어 회의 안건에 대해 적혀있는 용지를 한 장씩 받고 원탁에 둘러앉는다. 그리고 받아든 용지의 각 줄에 3개의 아이디어(그 이상이어도 무방하다)를 적어내는 것을 원칙으로 해서, 본인이 쓴 용지를 옆사람에게 넘긴다. 바로 아래에 3개의 아이디어를 더 적어 낸다. 다른 사람의 것에 힌트를 얻은 아이디어는 때때로 더욱 창의적이고 기발한 것일 수 있다. 회의는 참가자들의 아이디어가 떨어질 때까지 계속되며 구성원들 모두 원활하게 참여할 수 있다. 브레인 라이팅 과정이 완료될 때쯤이면 모든 참가자가 그 아이디어를 공유하게 된다.

---

[7] 한경돈 · 박대우, 〈브레인스토밍과 WebStorming의 아이디어 발상량(發想量) 비교 연구〉, 한국 컴퓨터정보학회논문지, 2011, 제16권 8호 189~196쪽

다음은 브레인 라이팅의 예다.

주제 : 효과적으로 프레젠테이션 하는 방법			
단 계 ＼ 아이디어	아이디어 A	아이디어 B	아이디어 C
1	목소리를 가꾼다.	제스처를 연습한다.	내용을 충실히 한다.
2	청중분석을 한다.	밝은 표정을 짓는다.	핵심메시지를 전한다.
3			
4			
5			
6			

브레인스토밍이나 브레인 라이팅을 통해 프레젠테이션 프로젝트팀에서 의견들을 모아 어떤 방향으로 프레젠테이션을 끌고 갈 것인지 정하면서 본격적으로 프레젠테이션 기획단계로 접어든다.

기획단계에서는 프레젠테이션의 주제 선정, 분명한 목적 설정, 진행 순서 구성 등을 논의하면 된다. 다양한 의견 중에 어떤 주제가 청중들에게 효과적으로 다가갈 수 있을지를 고민하고, 청중들에게 어떤 이득을 줄 수 있는지 정한 후 청중들이 궁금해 하는 순서대로 나열하면 되는 것이다.

02 | 주제 선정

프레젠테이션 주제를 정할 때 대부분 사람들은 자기가 말하고 싶은 주제를 택한다. 그래서 두 가지 오류를 범하게 된다. 하나는 청중이 관심 없는 주제를 선택하는 것이고, 또 한 가지는 너무 광범위한 주제를 선택한다는 것이다.

청중이 관심 없는 주제라면 말할 필요가 없다. 그러한 주제는 청중이 관심을 가질 만한 주제로 바꿔야 한다. 또한 광범위한 주제라면 짧은 시간 내에 프레젠테이션을 하기에는 역부족이다. 발표자도 내용 작성하기가 어렵고 듣는 청중은 더 어렵게 느낀다. 결국 주제는 청중이 궁금해 하는 것으로 선택하되 최대한 구체적인 것이 좋다. 정말 중요한 메시지는 일주일이면 까맣게 잊을 내용이 아니라, 청중의 가슴에 남을 수 있는 주제여야 한다.

프레젠테이션은 규모나 목적, 범위, 계획, 프레젠테이션이 행해지는 공간 그리고 필요한 정보와 설득의 정도에 따라 매우 다양하다.

프레젠테이션의 규모는 서너 명의 청중들이 있는 소규모에서부터 수백 명의 청중들이 있는 대규모일 수도 있다. 또한 결정이 중요할수록 프레젠테이션은 더욱 공식적이 되며, 단순한 최신 정보의 전달은 더욱 약식이고 평상적인 업무 회의에 더 가깝게 된다.

프레젠테이션 종류는 그 성격에 따라 다음 6가지로 정리할 수 있다(한재진, 2006).[8]

판매 프레젠테이션	판매 프레젠테이션은 공식적 또는 비공식적으로 진행하며 일대일이거나 소그룹단위로 진행한다. 성공적인 판매 프레젠테이션은 확실한 사실을 근거로 이루어지며 일반 구매자는 수치, 비용, 효율성을 알고 싶어 하는 반면 Creative구매자들은 실질적 데이터를 보고 싶어 한다. 따라서 판매 프레젠테이션은 프레젠터의 재능과 능력을 구매자에게 강하게 인식시켜야 한다.

---

[8] 오경균, 〈프레젠테이션 능력향상을 위한 효과적인 지도방안 연구 : 비언어적 커뮤니케이션을 중심으로〉, 목원대학교 언론광고홍보대학원 석사학위논문, 2010

경쟁 프레젠테이션	경쟁 프레젠테이션은 동일한 목적을 가진 경쟁적 상대와 동일한 장소에서 동일한 청중을 대상으로 효과적으로 설득하기 위한 것이다. 주로 프로젝트를 수주하거나 행사유치, 경쟁 입찰과 같은 경제적 이익을 우선으로 하는 것으로 건설회사의 건설관련 수주, 업체들의 입찰, 국제회의나 행사유치를 위한 프레젠테이션을 말한다(김종준, 2009).
신제품 발표 프레젠테이션	기업의 브랜드인 제품에 대한 홍보용 프레젠테이션을 말한다. 신제품은 기업의 생사가 걸릴 정도로 많은 시간과 비용을 투자한다. 따라서 기업 이미지와 제품 이미지까지 고려한 프레젠테이션을 제작하고 시행해야 한다. 아직 출시되지 않은 제품이므로 청중이 쉽게 체감할 수 있도록 설명을 해야 하며 이를 위해서는 그래픽과 애니메이션에 비중을 두고 프레젠테이션을 준비하고 진행해야 한다.
업무보고 프레젠테이션	개인이나 기업이 일정기간 진행한 프로젝트에 관한 전반적인 내용을 보고 하는 형식을 말한다. 영업보고는 일정기간 실적 및 재무구조, 작년 대비 영업 실적 등 실질적 데이터를 근거로 하며 업무보고는 업무에 대한 이해 및 자신의 업무를 설명하고 설득하는 프레젠테이션을 말한다. 이때 사용하는 자료나 증거의 질이 보고의 질을 결정하는 경우가 많다. 따라서 자료선택에 신중을 기해야 한다.
교육 프레젠테이션	개인이나 모임, 각종 단체나 기업체를 대상으로 지식을 교육하기 위한 프레젠테이션이다. 교육 목적에 따라 청중의 수준에 맞는 전달방식을 선택하는 것이 중요하다. 또한 교육 장소와 분위기에 맞는 프레젠테이션을 진행해야 한다.
홍보(IR/소개/컨벤션) 프레젠테이션	기업이 대외적으로 벌이는 마케팅과 관련한 행사로 회사소개, 제품소개 등의 프레젠테이션을 말한다. 이를 통하여 기업의 이미지를 높이고 부각시켜 기업에 대한 믿음을 심어주는 프레젠테이션이다. 기업설명회(IR)는 투자자들에게 회사경영과 비전을 제시하여 투자유치를 하기 위한 발표이다. 컨벤션은 박람회나 전시회 등에서 방문 고객에게 기업에 관한 정보를 제시하여 기업 이미지를 인지도를 높이는 행사이다.

프레젠테이션을 다음과 같이 경쟁 프레젠테이션과 비경쟁 프레젠테이션으로 구분할 수도 있다.

구 분		프레젠테이션 종류
경쟁 프레젠테이션		프로젝트 수주, 행사 유치, 경쟁 입찰
비경쟁 프레젠테이션	제 안	창업 제안, 프로젝트 제안, 자금 펀딩
	보 고	출장 보고서, 제품개발 보고서, 업무 보고서
	설 명	제품 설명회, 취업 박람회, 분양 설명회
	기 획	제품 기획서, 업무 기획서, 광고 기획서, PR 기획서
	홍 보	제품 홍보, 회사 홍보

이처럼 프레젠테이션 종류에 따라 주제는 달라지며 주제에 맞는 정확한 목적을 가지고 내용을 구성해야 한다.

주제 선정은 성공적인 프레젠테이션을 위한 가장 중요한 요소로서 청중이 원하는 내용을 담고 있어야 한다. 청중은 항상 자신에게 유리하거나, 도움이 되거나, 경제적 이익이 되는 내용만 받아들이려 한다. 청중이 원하는 내용으로 100% 구성할 수는 없지만 목적을 달성하기 위한 주제로 청중이 가장 거부감 없이 받아들일 수 있는 내용을 분석하고 구성해야 한다.

주제를 분석하고 구성하는 데 고려해야 할 요소들을 살펴보면 다음과 같다.

첫째, 주제의 이해 정도이다. 주제를 이해하기 어렵다면 청중은 결코 받아들일 수 없다. 청중 모두가 프레젠테이션 내용에 해박한 지식을 가진 전문가라면 상관없지만 전문가가 아닐 경우 주제가 어려워 내용을 이해하지 못한다면 성공적인 프레젠테이션을 기대하기 어렵다.

둘째, 주제의 흥미 정도이다. 청중에게 어떠한 선택을 요구하거나 결정을 원한다면 청중에게 발표하는 내용에 대한 흥미가 있어야 한다. 그것은 프레젠터의 입장에서 설명하는 제품이나 프로젝트의 장점에 관한 장황한 이야기가 아니라 청중은 자신들에게 무엇이 이익이 되는가 만을 생각한다는 것이다. 그러므로 프로젝트에 대한 설명은 청중이 이해할 정도의 설명이면 충분하며, 제품이나 프로젝트에서 주어지는 효용이나 이익에 대한 설명에 청중은 더 흥미를 가지려 할 것이다.

셋째, 주제의 단순성이다. 프레젠테이션은 짧게는 5분에서 길게는 1시간 이상 비교적 장시간에 걸쳐 진행된다. 또한 프레젠터의 입장에서 많은 메시지를 전달하려 한다. 그런데 발표할 메시지의 분량이 많거나 발표 화면의 슬라이드에 많은 내용이 담겨 있다면 프레젠테이션 목적을 달성하는 데 어려움이 될 수 있다.

프레젠테이션에서 청중은 결코 프레젠터에게 호의적이지 않다. 그러므로 청중이 쉽게 이해할 수 있고 흥미를 가질 수 있는 내용을 주제로 하여 간결하면서 일목요연하게 구성해야 함을 항상 염두에 두어야 한다.

03 | 핵심 키워드 및 제목 선정

(1) 핵심 키워드 선정

핵심 키워드는 매우 중요하다. 그것은 바로 프레젠테이션에서 청중에게 남기고자 하는 하나의 메시지이다. 청중이 이 한 단어만 기억한다면 그 프레젠테이션은 성공적일 것이다. 이 핵심 메시지를 주제나 제목으로 생각하는 사람이 많다. 내가 이 프레젠테이션에서 말하고 싶은 한 가지가 바로 핵심 메시지다. 추상적으로 제시해도 된다. 하지만 내가 말하고자 하는 가장 중요한 것이 되어야 한다.

청중에게 자신의 프레젠테이션을 효과적으로 어필하기 위해서는 특장점을 파악해서 이를 명확하게 설명할 수 있는 단어, 즉 키워드 선정이 무엇보다 중요하다. 단면만 바라보기보다는 통합적인 시각으로 파악해 핵심 키워드를 이끌어내야 한다. 직관적으로 떠오르는 단어의 선택은 자신만의 키워드가 되어 성공적인 프레젠테이션을 만들 수 있다.

청중은 핵심 단어로 인지한다. '아' 다르고 '어' 다르다는 말처럼 같은 말이라도 어떤 단어를 선택하느냐에 따라 청중의 인식은 달라진다. 청중에게 다양한 정보를 나열식으로 보여주는 것보다 핵심적인 한두 가지 단어로 표현하는 것이 더 명확하다. 직관은 모든 것을 아울러 필요한 핵심을 딱 짚어내는 것이라고 할 수 있다. 통찰력을 가지고 프레젠테이션의 전반적인 콘셉트를 파악해서 창의적인 단어를 도출해야 한다.

프레젠테이션의 특징을 명확하게 함축한 단어 혹은 어필하고 싶은 키워드를 선정해 슬라이드 곳곳에 배치하는 것이다. 그것을 청중이 스스로 발견해 인지하게 만드는 것이 중요하다. 대중적으로 많이 알려진 단어를 사용해도 좋고 기존 단어를 자신에 맞게 살짝 바꿔도 효과적이다. 이렇게 선정한 키워드는 청중에게 이야기할 때 도움이 된다.

특히 나만의 강점을 함축한 키워드를 제시해야 한다. 키워드 구성은 프레젠테이션에서 중요한 요소다. 자신의 콘셉트, 강점을 간단명료하게 설명하는 것이기 때문이다. 또한 같은 말도 다른 언어로 키워드화하면 청중은 새롭게 인지한다. 문장이 아닌 하나의 키워드로 설명하면 청중에게 확실하게 어필할 수 있다. 청중의 니즈를 파악해 가장 들고 싶어 하는 것이 무엇인지를 파악해서 키워드로 정하고 전면에 배치하는 것이 효과적이다. 예를 들어, 보고를 프레젠테이션으로 한다면 상사는 가장 핵심적인 내용을 듣고 싶어 할 것이다. 그러므로 신제품 출시에 대한 내용이라면 '2021 V-nomics'란 핵심 메시지를 2021년 트렌드라며 오프닝에서 말하고 본격적인 프레젠테이션을 진행할 수 있다.

지금은 키워드 전쟁, 키워드 선점이 중요하다. 정보가 넘치는 환경 속에서는 키워드를 확보하는 것도 중요하다. 이 키워드를 인터넷을 통해 찾아서 그대로 사용하는 것은 무리가 있다. 누구나 볼 수 있는 것이 인터넷 정보이므로 영감을 얻을 수 있는 자료를 찾되 가공하는 것이 필요하다. 무엇보다 키워드는 발표를 함축적으로 표현해야 한다. 적어도 청중을 객관적으로 설득할 수 있을 정도가 돼야 한다.

키워드에 세심한 감성을 불어 넣으면 더욱 설득력이 있다. 세심하게 청중을 배려하지 않으면 관심조차 받지 못한다. 키워드에는 자체적인 스토리텔링과 콘셉트가 함축돼야 한다. 한번에 명확하게 어떤 내용인지 가늠되거나 대략적인 뉘앙스를 통해 콘셉트를 짐작할 수 있게 만들어야 한다. 전체적인 느낌과 발표에 대한 스토리텔링을 담아 그 뜻을 알았을 때 특별하게 기억될 수 있게 만드는 것이다.

'키워드'를 골랐다면 이제 그 키워드에서 범위를 정해야 한다. 같은 키워드에서 나온 주제라도 청중의 흥미를 끄는 것은 다를 수 있다. 예를 들어 보자. 서비스라는 주제에 대해서 발표를 할 경우 일반적으로 "서비스의 종류", "서비스의 중요성", "서비스의 핵심요소" 등과 같이 정한다.

하지만 이러한 주제들은 청중의 호기심을 자극하고 큰 흥미를 유발하기에 좋은 주제는 아니다. 키워드를 세분화할 때 가장 중요한 것은 '호기심 자극'이다. 청중들이 발표의 주제를 듣고 호기심을 가질 수 있는 것이 바로 청중이 관심을 갖고 있는 주제이다.

호기심을 자극하는 방법은 직접 청중의 입장이 되어 평상시에 한번쯤 고민해 보고 검색하거나 주변에 질문을 했을 법한 것들을 생각하면 된다.

포털 사이트 메인에 뜨는 뉴스들을 보면 낚시성 뉴스 제목들이 굉장히 많은데 그 이유는 사람들이 제목을 보았을 때 호기심이 생기고 그 호기심으로 인해 기사를 클릭하게 되기 때문이다. 발표 또한 마찬가지이다. 주제가 호기심을 자극한다면 사람들은 다른 주제보다 조금 더 집중을 하게 되고 포함된 내용이 청중의 호기심을 만족시켜 준다면 매우 좋은 호응을 얻을 수 있을 것이다.

앞에서 살펴본 것처럼 주제에 맞는 핵심 메시지 정하기가 매우 중요하다. 핵심 메시지란 청중의 마음을 움직일 수 있는 결정적인 한마디이며, 이는 청중의 관점에서 생각하고 결정해야 한다. 핵심 메시지를 결정할 때에는 다음과 같은 세 가지 사항에 유의해야 한다.

첫째, 청중을 위한 프레젠테이션을 해야 한다.
둘째, 주제가 명확하고 구체적이어야 한다.
셋째, 간단명료해야 한다.

핵심 메시지가 중요한 또 하나의 이유는 사람들이 프레젠테이션이 이루어지는 전체 시간 동안 내내 집중하고 있는 것이 아니기 때문이다. 요즘에는 휴대폰을 손에서 떼지 못하는 습관을 가진 사람들이 많은데 이러한 습관이 프레젠테이션 현장에서도 벌어진다. 조금만 지루해지면 바로 휴대폰을 보거나 관심 분야가 아니면 집중하지 못한다. 그런 청중들을 대상으로 프레젠테이션을 해야 할 때에 특히 필요한 것이 바로 핵심 메시지이다.

사람들이 가장 집중하는 시간은 프레젠테이션의 처음과 마지막이다. 이것은 사회심리학에서 초두 효과, 최신 효과로도 증명하고 있다. 가장 처음에 본 것을 기억하는 사람과 가장 마지막에 본 것을 기억하는 사람이 많다는 것이다. 즉, 핵심 메시지는 프레젠테이션의 오프닝과 클로징에 반드시 넣어야 한다는 것이다.

중간에 좋은 내용을 아무리 얘기해도 사람들은 잘 기억하지 못한다. 가장 임팩트 있는 오프닝과 클로징에서 핵심 단어 혹은 핵심 문구를 언급해주는 것이 중요하다.

TIPS

독일의 심리학자 에빙하우스에 따르면, 사람들은 학습 후 시간이 지남에 따라 아래와 같은 형태로 망각을 한다고 한다. 인간은 학습의 시작과 동시에 망각이 시작되고 1시간이 지나면 들은 내용의 절반을 잊어버린다. 기억 속에 남을 수 있게 하려면 강력한 인상을 남겨야 한다는 것이다.

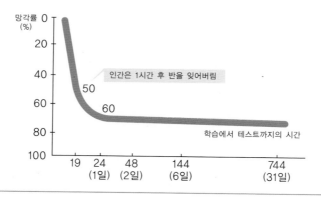

마인드 맵 사용

TIPS

마인드 맵은 지도를 사용해서 찾고자 하는 위치를 알아내듯이, 머릿속에서 떠오르는 여러 가지 생각을 정리하기 위해 도움을 받을 수 있는 방법이다. 프레젠테이션의 주제를 정하였다면, 구체적으로 어떠한 내용으로 채울까를 고민하는 단계에서 떠오르는 생각을 키워드를 써 놓고 그 키워드에서 파생되는 내용을 가지치기 식으로 추가해나가는 방식이다. 이러한 생각의 가지는 내 머릿속의 생각을 일목요연하게 정리해줄 뿐만 아니라, 새로운 아이디어를 떠오르게 하는 데 도움을 줄 수도 있다.

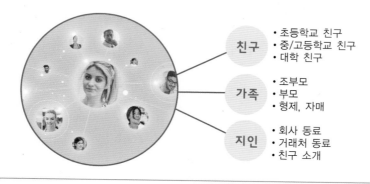

(2) 눈에 띄는 제목 선정

우리나라는 뜬구름 잡는 이야기들이 참 많다. 예를 들어, '대한민국 성장 동력 핵심 지역 육성'이라는 표현은 정치에서 많이 나오는 이야기이다. 핵심 단어들만으로 구성이 되어 있는데 청중은 이것을 보고 무엇을 느낄까? 구체적으로 어떤 이야기를 한다고 생각할까? 우리가 자주 접하는 단어인가? 단지 한자어들을 붙여놓은 것이다.

또 하나의 예로는 외국어의 무분별한 사용이다. 최근 뉴스에서 정부 홍보 문서에 외국어가 남발된다는 내용을 보도했다. 하루에도 수십 건씩 쏟아지는 정부의 정책 브리핑을 보면 다음과 같다.

> [미스 매치를 일 · 학습 DUAL 시스템을 도입하여…]
> [C-KOREA 프로젝트 추진하고, BT, NT, ET, 우주 원자력…]
> [RCEP 협상을…]

위와 같은 주제로 열심히 홍보를 하는데 국민들은 무슨 말인지 이해조차 못한다는 반응이다. 이것은 결국 청중인 국민을 전혀 고려하지 않고 정부가 말하고 싶은 내용만 담은 것이다.

제목은 그 프레젠테이션을 들을까 말까를 고민하는 가장 중요한 요소이다. 이것이야말로 청중이 원하는 내용을 담아야 관심을 끌 수 있다는 것이다. 청중들을 더욱 매료시킬 수 있는 제목을 선정해야 하는 것이다. 결국 이기적인 프레젠테이션을 피하라는 것이다. 청중 중심이라고 말은 하면서 실제로는 모두 자신을 위한 프레젠테이션이 수두룩하다. 청중이 이미 알고 있는 이야기를 지루하게 늘어놓거나 반대로 청중이 이해하기 어려운 전문용어들을 남발하는 경우가 있다. 두 경우 모두 청중의 눈높이를 맞추는 데는 실패한 것이라고 볼 수 있다.

또 한 사례를 보자. 홈쇼핑에서 자주 듣는 용어들은 대부분 외래어다.

> "블루 컬러가 좋으세요, 그레이 컬러가 좋으세요?"
> "머스트 해브 아이템이 될 텐데요."

패션뿐만이 아니다. 광고와 평론, 영업과 같은 유행에 민감한 분야와 학계 전반에서 순화되지 않은 외국어를 그대로 남용하고 있다. 전문가 집단의 경우 자신들만의 언어를 사용하며 그 밖의 사람들과 구분 짓는 경향이 두드러진다. 바꿔 쓸 수 있는 우리말이 있는데도 특정 분야의 진입 장벽을 높이기 위해 일반인들의 이해와 참여를 방해하는 것이다.

영화 '건축학개론'에서는 다음과 같은 대화가 나온다.

> "싸이드 쉐입을 고려해서 플랜을 플렉서블하게. 레벨을 풍성하게 하고. 이 박시한 쉐입에 리듬감을 부여해서 주변 랜드스케입을…"
> "근데 왜 죄다 영어야? 영어 마을 짓니?"

여기서 보듯이 원활한 소통이 아닌 보여주기를 위한 언어 습관에서 나오는 표현들이 프레젠테이션 제목에도 많이 들어가 있다.

제목을 눈에 띄게 뽑기 위해서 평소 연습이 필요하다. 신문이나 방송 뉴스를 볼 때 제목을 유심히 보는 것이다. 그리고 제목을 가린 채 내용만 보고 제목을 유추해보는 연습을 하면 도움이 된다. 한 번 연습해 보자.

아래 문장을 보고 제목을 정해 보자.

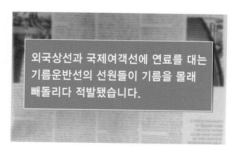

외국상선과 국제여객선에 연료를 대는 기름운반선의 선원들이 기름을 몰래 빼돌리다 적발됐습니다.

실제 기사의 제목은 이랬다.

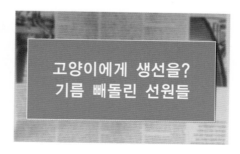

고양이에게 생선을?
기름 빼돌린 선원들

실제로 필자가 강의할 때 이 실습을 해보면 '기름 운반선 선원들, 기름 몰래 빼돌려'처럼 기사 내용을 그대로 인용하거나 '세상에 이런 일이?!' 등과 같이 낚시성 기사 형태의 뜬구름 잡는 제목을 붙이기도 한다.

필자는 올해 초 PM으로 진행했던 프레젠테이션에서 '○○고 학생들을 위한 진정어린 마음'이라는 부주제로 발표를 한 적이 있다. 경쟁 프레젠테이션 성격상 제목은 공통으로 해야 했기 때문에 부제를 핵심 메시지로 전달한 것이다. 청중의 대부분이 현직 교사들이어서 그들의 마음을 열기에 충분했다. 제목부터 청중의 마음을 움직여라!

학생들을 위한

진정어린 마음!

04 | 메시지 전달

프레젠테이션은 내용, 전달력, 청중에 대한 분석, 설득력과 호소력 등 4가지 요소로 이루어진다고 할 수 있다. 이 중 가장 중요한 요소는 좋은 내용을 구성하고 전달하는 것이다.

아무리 재미와 감동이 있다 하더라도 프레젠테이션이 끝난 후 청중에게 남는 메시지가 없다면 그 발표는 실패라고 봐야 한다. 내가 전하고자 하는 내용이 청중에게 제대로 전달되어야만 성공적인 발표라고 할 수 있다. 목표가 없는 프레젠테이션은 존재하지 않기 때문이고 전달하고자 하는 목표가 하나의 문장으로 청중에게 각인되었을 때 비로소 프레젠테이션이 완성된 것이라고 볼 수 있다.

메시지 전달에 있어 가장 중요한 것은 '내가 이 주제를 왜 말하는가?' 이다. 즉, "Why"가 가장 중요한 핵심이라는 것이다. "Why"는 프레젠터가 발표를 하는 목표이자 믿음이고 이유이다. 또한, 프레젠테이션에서 목표를 머릿속으로 알고만 있을 때와 글로 옮겼을 때 그 결과는 분명히 달라진다.[9] 청중에게 지식을 전달하기 위한 프레젠테이션이라면 구체적으로 '누구에게 어떤 지식을 전달할 것인지', 청중을 설득하기 위한 프레젠테이션이라면 구체적으로 '누가 무엇을 하도록 설득할 것인지'를 간결하게 표현할 수 있어야 한다.

이때 명심해야 할 것은 목표를 하나의 문장으로 간결하게 나타내는 것이다. 문학평론가 스탠리 피쉬는 간결함의 중요성에 대해 이렇게 말했다.

> "만일 생각이나 사상을 분명하게 한 문장이나 두 문장으로 설명할 수 없다면 그것은 당신의 것이 아니다. 그리고 당신의 것이 아니라면 그 어느 누구도 설득할 수 없다."

발표자가 아무리 많은 내용을 청중에게 전달하더라도 시간이 흐르고 나면 청중의 기억 속에 남는 것은 단지 핵심적인 '한 문장' 뿐이다. 따라서 프레젠테이션의 주제를 한 문장으로 정의할 수 없다면 알맹이 없는 껍데기 프레젠테이션에 불과하다고 해도 과언이 아니다. 이렇게 주제를 한 문장으로 정의한 것을 '목표문' 이라고 부른다.

---

9) 가르 레이놀즈, 정순옥 · 송용근 역 , ≪프레젠테이션 젠≫, 에이콘출판, 2011

목표문은 프레젠테이션을 준비할 때 북극성과 같은 역할을 해준다. 하늘에 떠 있는 북극성은 길잡이 별이라서 여행자들의 친근한 벗 역할을 한다. 하늘의 북쪽을 가리키기 때문에 길을 잃었을 때 북극성만 찾으면 길을 찾아갈 수 있다고 한다. 우리가 프레젠테이션을 할 때 가장 중요한 것이 바로 이야기를 하는 목표이다.

※ 효과적인 메시지 전달을 위한 10가지 질문

1. 나의 프레젠테이션을 표현하는 핵심 단어는 무엇인가?
2. 그 핵심이 왜 중요한가?
3. 상대방에게 무엇을 전달할 것인가?
4. 내 제안이나 주장은 어떤 문제를 해결해주는가?
5. 목표 청중은 누구인가?
6. 경쟁자들은 누구이며 나는 경쟁자들과 어떻게 차별되는가?
7. 내 제안이나 주장을 거절하는 사람들의 근거는 무엇일까?
8. 나의 궁극적 목적은 무엇인가?
9. 프레젠테이션이 끝난 후 청중들이 어떻게 변화, 행동하기를 바라는가?
10. 나의 프레젠테이션을 한 문장으로 정의한다면?

언제나 발표를 준비하면서 여러 질문을 스스로 해야 한다. 청중이 '그 내용을 들어야 하는 이유가 뭐지?', '나에게 어떤 도움이 될까?' 라는 질문에 답하기 위해서는 논리적 논증뿐만 아니라 설득, 감정, 공감을 모두 활용해야 한다. 그러기에 발표 준비를 할 때 뛰어난 발표자는 청중의 입장이 되어보는 훈련을 한다.

(1) 메시지 개발 원칙

① KISS(Keep It Short and Simple)

프레젠테이션에서는 쉽고 간결하며 핵심을 꼬집는 말이 훨씬 인상적이다. 또한, 시간이 갈수록 청중의 집중력과 주의력이 점차 저하되므로 프레젠테이션을 할 때는 KISS 원칙을 지킬 필요가 있다. 그렇다면 KISS 원칙을 어떻게 문장에 적용할 수 있을까? 스티브 잡스의 프레젠테이션에서 힌트를 얻어오자.

스티브 잡스의 경우 연설이나 인터뷰에서 전문 용어를 거의 쓰지 않는다. 그가 사용하는 단어들은 세 가지 특징을 갖는데 그것은 단순하면서도 명확하며 감정을 적극적으로 표현한다는 것이다. 즉, KISS란 문장을 짧게 만들고, 명확하게 잘라 말하며, 본인의 사례를 들어 감정을 적극적이고 함축적으로 표현하는 것이다. 이렇게 했을 때 KISS의 원칙에 도달할 수 있다는 것이다.

② 기본적인 소재를 앞에 배치한다.

넣어야 할 소재가 다양하다 하더라도 이들 사이에는 논리적 순서, 역사적 흐름, 발단 – 전개 – 위기 – 절정 – 결말 등의 순서가 있기 마련이다. 따라서 소재별로 본론을 조직화할 때는 기본적이거나 다른 소재의 기초가 되는 소재를 앞에 넣어야 한다. 그래야만 다음 소재의 논의와 이해가 쉬워진다.

③ 단순한 소재를 앞에 배치한다.

주제가 포괄적이고 복잡한 경우에는 단순한 것에서부터 시작하여 복잡한 것을 뒤에 놓는 배열을 한다. 또한, 가장 강하고 흥미로운 소재를 앞이나 끝에 배열하고 가장 흥미를 적게 일으킬 만한 소재는 그 중간에 넣도록 한다.

④ 문제 분석 → 해결책 제시 → 장 · 단점으로 배치한다.

현재의 상태, 제도나 정책 등에 심각한 문제가 있어서 이를 지적하고 해결하는 방안의 프레젠테이션의 경우 문제를 집중적으로 분석하고 그 문제에 대한 해결책을 제시한 후 장 · 단점을 강조하는 순서로 조직화하도록 한다.

(2) 메시지 개발 시 주의사항

① 어 조

프레젠테이션의 목표, 발표자의 스타일, 정보의 성격, 청중의 특성, 프레젠테이션 환경에 맞춰 어조를 정한다. 편안하면서 진지하게 느껴지는 어조가 가장 이상적이며 따뜻하되 감상적이지 않고, 진지하되 딱딱하지 않게 들려야 한다. 또한, 너무 강한 어조로 가르치는 말투나 잘난척하는 말투는 피하는 것이 현명하며 격앙된 감정을 섞거나 싸우는 말투로 상대방에게 메시지를 전달해서는 안 된다.

② 청중의 반응

발표자는 일방적으로 프레젠테이션 내용만 전달해서는 안 된다. 자신의 메시지가 상대방에게 잘 전달되어 명확한 의도나 뜻을 이해하고 있는지 수시로 살펴보아야 하며 잘 이해하지 못할 때에는 잠시 멈추고 내용을 명확하게 설명해 주어야 한다. 지루해하는 청중들이 있다면 프레젠테이션에 몰입할 수 있도록 주위를 환기시키거나 질문, 제스처, 유머 등을 적절히 활용하면 좋다. 마지막으로 설문이나 질문 시간을 통해 청중들의 반응을 살핀다.

③ 유의할 점

㉠ 뚜렷한 논리나 근거 없이 섣불리 결론에 도달하지 않도록 주의한다.

㉡ 오래된 통계, 출처가 불확실한 조사 자료를 사용하지 말자. 출처를 정확히 밝히고 최신 자료를 이용할수록 발표자에 대한 신뢰도가 높아진다.

㉢ 청중에게 유쾌하지 않은 내용을 제시할 경우 발표자가 직접 언급하지 말고, 동영상이나 신문 자료, 전문가 의견, 통계 등의 방법을 활용하면 부드럽게 넘어갈 수 있다.

(3) 메시지 제시의 유형

① **사례** : 프레젠터 및 간접 경험을 나타내줌으로써 감동적인 메시지 전달이 가능하다.

② **비교** : 제시한 내용을 다른 것과 비교해서 나타내줌으로써 전달하고자 하는 바를 명료하게 해 주며, 강조하는 효과를 거둘 수 있다.

③ **인용** : 유명한 사람의 이야기나 경험을 직접적으로 제시하여 줌으로써 내용 이해에 도움을 줄 수 있을 뿐만 아니라, 발표 내용에 신뢰성을 높일 수 있다.

④ **연구결과 제시** : 사실에 근거한 연구결과를 제시하여 줌으로써, 발표 내용에 대한 정당성을 높이고 청중의 설득에 용이하다.

⑤ **시청각자료 제시** : 동영상, 소리 등의 시각이나 청각자료를 사용함으로써 프레젠테이션이 자칫 지루해 지는 것을 막고, 신선함을 유지할 수 있다.

05 | 청중 분석

청중을 분석하는 것은 주제 선정에서 가장 중요한 부분이라는 것을 많은 사람들이 알고 있지만 실제로 크게 고려되지 않는 경우가 많다. 대부분 청중 분석을 대학생, 회사원 등 큰 분류로만 나누고 세부적으로 분석하지는 않는다. 하지만 같은 대학생이라 할지라도 성별, 학년, 전공 등에 따라서 관심사가 크게 다르다. 청중의 성별, 연령대, 전공, 직업, 관심사 등을 분석해서 메인 타겟을 설정한 후 메인 타겟의 공통점을 노트에 쭉 나열해 본다면 좋은 '키워드'를 얻을 수 있을 것이다.

프레젠테이션 자체의 구체적인 목적과 청중의 기대를 효과적으로 파악해서 프레젠테이션의 효과를 극대화시키기 위해서는 무엇보다도 철저한 청중 분석이 필요하다.

청중 분석을 위해 고려해야 할 사항은 청중의 연령, 교육수준, 프레젠테이션을 듣는 목적, 직업, 성별 등으로 이를 통해 청중에 대한 전반적인 이해와 배경지식을 확보하는 것이다. 이러한 과정을 거치지 않고 발표자만의 관점에서 프레젠테이션을 하게 되면 전달하려는 내용이 청중이 원하는 내용이 아닌 경우가 발생하여 프레젠테이션이 실패할 수도 있다. 그러므로 가능하다면 사전에 설문지나 인터뷰를 통한 청중 분석을 하여 청중의 기대와 요구사항을 파악하는 것이 좋다. 이를 프레젠테이션의 목적과 내용에 반영하여 발표자와 청중 모두가 만족할 수 있는 성공적인 프레젠테이션을 실시할 수 있어야 한다.

청중에 대한 분석과 함께 프레젠테이션 상황분석도 함께 이루어져야 한다. 예를 들어, 발표를 여러 명이 하는 경우 발표순서가 전반부인지 후반부인지 사전에 파악하여 발표하려는 내용과 전달방법 등을 상황에 맞게 조정함으로써 보다 효과적이고 성공적인 프레젠테이션을 이끌어 낼 수 있다.

청중 분석을 하기 위해 성격의 유형으로 나누어 살펴보고자 한다. 여기에서는 DISC 성격유형을 바탕으로 설명하겠다.

성격이란 개인의 천성적인 특성, 기질, 삶 전반에 걸쳐 나타나는 내적 에너지를 말하며, 유전적인 특성과 함께 어린 시절의 경험으로부터 형성된 개인의 고유한 내적 특성이다. 반면, 행동이란 겉으로 드러나는 개인의 외적 특성이기 때문에 행동은 반드시 성격과 일치하지 않을 수 있으며, 개인이 처한 환경에 따라 변할 수 있고 유동적일 수 있다(이창준, 2002).[10]

DISC 성격 유형은 일반적으로 사람들이 태어나서 성장하면서 일정한 행동 패턴을 가진다고 한다. 행동 패턴을 평가할 때는 2가지 구성개념이 적용된다. 첫 번째는 속도, 두 번째는 우선순위이다. 속도는 빠르고 느린 두 가지로 나뉘며 빠른 사람을 외향적, 느린 사람을 내향적이라고 한다. 우선순위는 업무와 관계로 나뉘며 업무는 일 중심, 관계는 사람 중심으로 본다.

사람의 기본적인 성격유형은 4가지로 나누어 볼 수 있다. 이러한 특징들이 복잡하게 뒤섞여서 개개인의 독특한 성격유형을 만들어내는 것이다. 그 4가지 유형은 마치 파이를 4등분한 조각과 같다. 물론 그 각각은 서로 연관되어 있으며 어떤 성격도 한 가지 특징만으로 규정하거나 영향을 미칠 수 없을 정도로 다양한 패턴을 구성한다.

(1) 외향형 – 내향형

성격의 조합을 이해하기 위해서 먼저 위, 아래 반을 뚝 잘라서 외향형과 내향형으로 나눠보면, 외향형은 빨리 움직이는 타입으로 행동이 빠르고 활동적이며 낙천적이다. 반면 내향형은 행동이 느리고 수동적이며 조심성이 많다. 물론 두 가지 성격 중에서 어느 것이 더 낫다고 말할 수는 없으며 그것은 단지 유형이 다르다는 사실만 보여줄 뿐이다.[11]

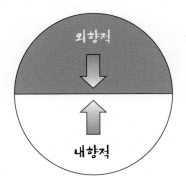

---

10) 김규봉, 〈DiSC 행동유형과 거래적·변혁적 리더십과의 관계 연구〉, 연세대학교 교육대학원 석사학위논문, 2006

11) 로버트 A.롬, 박옥 역, 《성격으로 알아보는 속시원한 대화법》, 나라, 2009

① 외향형(빠른 타입)

외향적인 사람들은 행동의 속도가 빠르다. 예를 들어, 물이 들어있는 컵을 보면 덥석 집어서 물을 마신다. 이것은 이 세상이 안전하다고 생각하기 때문에 빠르게 행동할 수 있는 것이다. 또한 외향적이며 빠른 타입의 사람들은 활동적인 것을 좋아한다. 예를 들어, 친구가 전화로 "야, 우리 ○○○에 같이 갈래?"라고 물으면 두말할 필요도 없이 즉시 "좋아!"라고 대답한다. 행선지가 마음에 들든 들지 않든 그것은 중요치 않다. 외향적인 사람들은 스스로 그것을 마음에 들도록 만들기 때문이다.

무엇보다 낙천적이며 긍정적인 이들은 석탄더미에서 다이아몬드를, 흙더미에서 황금을 찾아낼 줄 안다. 특히 여러 가지 모임에서 리더의 위치에 서게 되는데, 그 이유는 일 자체를 좋아해서가 아니라 다른 사람에게 일을 시키는 것을 좋아하기 때문이다. 또한 자신감이 넘치고 원기 왕성한 그들은 모든 것을 급하게 서두르는 경향이 있다.

TIPS

외향형의 특징
- 속도가 빠르다.
- 열정적이다.
- 적극적이다.
- 낙관적이다.

외향형 청중일 때 대응 방법
- 말의 속도를 다소 빠르게 한다.
- 머뭇거리는 것을 최대한 줄인다.
- 발표시간을 넘지 않는다.

② 내향형(느린 타입)

내향적인 사람들은 행동의 속도가 느리다. 예를 들면, 물건에 손을 댈 때 주의를 기울이고 조심스럽게 다가가서 손을 댈까말까 망설인다. 이것은 이 세상이 위험하다고 생각하기 때문에 주의를 기울이며 느리게 행동하는 것이다. 또한 내향적이고 느린 거북이형은 『이솝우화』에서처럼 처음에는 외향적이며 빠른 '토끼형'에게 뒤

처지지만, 나중에는 빨리 시작한 사람들을 제치고 결승선에 먼저 골인한다. 그 이유는 이들이 엄청난 인내심과 지구력을 지니고 있기 때문이다.

내향형은 조심성이 많아 지나치게 활동적인 일에 참여하는 것을 꺼린다. 또한 조급하게 서두르다 일을 그르치기보다는 장기적인 안목에서 상황을 살피는 경향이 강하다.

돌다리도 두드리고 건너는 이들의 성격은 비판적이거나 까다롭다는 비난을 사기도 하지만, 이러한 자질 덕분에 그들은 어떤 현상의 내면을 꿰뚫어보는 능력이 있다. 즉, 훌륭한 분별력을 지니고 있는 것이다.

눈에 띄지 않게 모든 일을 올바르고 확실하게 완수하는 내향형은 표면적으로 드러나는 관계를 좋아하지 않으며, 많은 친구를 사귀는 법이 없다. 그들에게 절친한 친구는 대개 한두 명뿐이다.

TIPS

내향형의 특징
- 속도가 느리다.
- 꼼꼼하다.
- 주의 깊다.
- 비판적이다.

내향형 청중일 때 대응 방법
- 말의 속도를 다소 천천히 한다.
- 설명할 때 대충 넘어가지 않는다.
- 오타가 없도록 각별히 주의한다.

(2) 업무지향형 – 인간지향형

이번에는 성격의 유형을 수직으로 잘라보면 업무지향형과 인간지향형으로 나뉘게 된다. 업무지향형은 계획을 세우거나 프로젝트를 진행하는 식의 일 자체를 즐긴다. 반면 인간지향형은 타인과 상호작용하는 것을 좋아한다. 그들은 일의 성취보다 주변 사람들의 기분에 더 많은 관심을 기울이는 것이다.

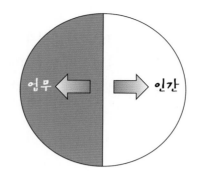

① 업무지향형

　업무지향형은 일의 결과에 따라 커다란 기쁨을 얻는다. 특히 자잘하게 신경 쓸 일이 많은 프로젝트나 세부적인 사항을 잘 챙겨야 하는 일에 업무지향적인 사람을 책임자로 앉히면 일이 일사천리로 진행된다. 그들은 처음부터 프로젝트의 끝을 내다볼 수 있는 탁월한 기획가들이다.

　한 가지 주의할 점은 지나치게 업무지향형으로 일을 추진하다가 종종 다른 사람의 감정을 상하게 만드는 일도 있다는 것이다. 물론 본의는 아니며 일을 실행하는 데 방해가 되는 타인의 감정을 잘 헤아리지 못할 뿐이다.

　이런 타입은 주어진 업무를 완수하는 데만 열중한다. 일을 성취하고 그것이 이루어진 모습을 지켜보는 것에서 기쁨을 느끼는 것이다.

TIPS

업무지향형의 특징
- 계획적이다.
- 감정을 잘 읽지 못한다.
- 성과가 중요하다.
- 비판적이다.

업무지향형 청중일 때 대응 방법
- 사실만을 전달하도록 한다.
- 논리적인 전개를 준비한다.
- 이득이 무엇인지 공략한다.

② 인간지향형

인간지향형은 대인관계에 상당히 관심이 높다. 돌보고 나누는 것에 열중하는 그들은 서로 터놓고 공감하며 대화를 많이 나누는 것을 좋아한다.

이들은 감수성이 풍부하고 타인의 감정을 잘 헤아리기 때문에 타인이 자신의 일을 어떻게 봐줄 것인지에 더 관심을 기울인다. 한마디로 말해 그들은 타인의 호감을 사고 싶은 욕구에서 일을 하는 것이다. 물론 그들은 다른 사람이 원하고 또한 필요로 하는지 알고 싶어 한다.

이런 타입은 자신이 일을 하는데 누군가가 지나가다가 말을 걸면 만사를 제쳐놓고 대화에 열중한다. 이들은 많은 사람들과 친분관계를 유지하는 것이 삶의 주요 목적이기 때문이다.

TIPS

인간지향형의 특징
- 감정 교류가 우선이다.
- 감성적인 표현을 좋아한다.
- 따뜻한 이미지이다.
- 함께하는 것이 중요하다.

인간지향형 청중일 때 대응 방법
- 데이터에 스토리를 입혀라.
- 시선을 많이 나누도록 한다.
- 감성적인 호소로 접근한다.

---

(3) 청중 타입의 조합

지금까지 살펴본 파이의 조각들을 종합해보면 네 가지 성격 유형이 나타난다.

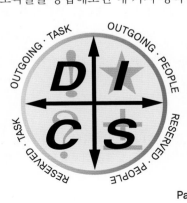

위의 그림에서 보듯이 파이는 'D, I, S, C'로 구분되고 있다. 여기서 D타입은 외향형과 업무지향형의 특성을, I타입은 외향형과 인간지향형, S타입은 내향형과 인간지향형 그리고 C타입은 내향형과 업무지향형의 특성을 가지고 있다.

D와 I타입은 활동성이 강하고 외향적인 공통점이 있지만 D타입은 업무지향적이라 일을 성취하고자 하는 욕망이 강한 반면, I타입은 인간지향적이라 남들에게 좋은 인상을 주기를 바란다. S와 C타입은 둘 다 내향적이지만 S타입은 인간지향적이라 사람들을 만족시키고자 하는 강한 욕망을 가지고 있는데 반해, C타입은 업무지향적이라 일의 완수에 초점을 맞춘다.

어쩌면 여러분은 '나는 이 네 가지 특징들을 모두 가지고 있는 것 같은데!' 라거나 '난 D, I, S, C를 조금씩 가지고 있어.' 라고 생각할지도 모른다. 그 생각은 옳다! 여러분의 성격은 그 네 가지 특징들이 각자에게 다르게 혼합되어 있다. 연구결과에 따르면 일반인의 80% 정도는 최소한 두 가지의 지배적인 성격 영역과, 그보다 영향력이 적은 성격 영역을 가지고 있다고 한다.

쉽게 말해 성격구조가 완전히 D타입이나 I타입 혹은 S타입이나 C타입으로만 이루어진 사람은 매우 드물다는 것이다. 대개 우리는 최소한 그 네 가지 중 두 가지 스타일의 조합을 지니고 있다는 것으로 생각하면 좋겠다.

① D타입(주도형)

D타입의 사람들은 자신에 대한 강한 의식을 갖고 있으며, 직선적이며, 일 중심적 성향을 갖고 있기에 다른 사람들의 의견이 자신에게 도움이 되지 않으면 방해물로 보기도 한다. 대체로 대화를 짧게 하고 직선적인 대화를 선호하며, 도전적인 행동 경향을 띠며, 결과를 얻기 위해 장애를 극복함으로 자신이 원하는 환경을 성취하는 경향이 있다(김영회 · 이경준, 2002; 임완숙, 2009).[12]

12) 김유경 · 김용범, 〈항공사 종사원의 심리적 임파워먼트와 서비스 행동 연구 : 성격(DISC)의 조절효과를 중심으로〉, 관광연구저널, 2012, 제26권 6호 137~155쪽

D타입은 성취지향적인 리더형으로 대단한 추진력과 실행력을 가지고 있다. 그들은 올라야 할 산, 진행해야 할 프로젝트, 성취할 만한 도전거리에서 인생의 의미를 찾는다. 자신이 주도권을 장악해야 한다고 생각하는 그들은 독단적으로 보이기 쉽다.

D타입의 강점으로는 강한 의지와 단호하고 독립적인 성향이다. 낙천적이기도 하지만 자신이 할 일에 대해 남에게 지시받는 것을 싫어한다.

D타입의 약점은 순간적으로 크게 화를 내거나 냉소적으로 변하는 것이다.

D타입의 비율은 일반인들 중 10% 정도가 이 타입에 해당한다고 한다.

D타입의 청중에게는

- D타입의 청중은 도전거리를 필요로 하므로 성과를 낼 수 있는 프로젝트를 좋아한다.
- 이들은 강요받기를 싫어하므로 스스로 선택할 수 있도록 이들에게 '~ 하십시오.', '~ 하는 게 좋습니다.' 등의 어투는 피하는 것이 좋다.
- 강한 추진력과 결단력을 지니고 있으므로 바로 실행할 수 있는 프로젝트면 좋다.
- 정서나 감정의 공감 능력은 다소 부족할 수 있으므로 지나친 친근감의 표현이나 과도한 감성 스피치는 피하는 것이 좋다.

② I타입(사교형)

I타입은 타인과 관계형성에 초점을 맞추고 있다. 타인을 신뢰하고 타인에 대하여 무조건적으로 수용할 수 있는 능력을 가지고 있으며, 애정 있고 사교적이며, 상대에 대한 이해심이 많다. 하지만 인정받고자 하는 욕구가 강하고, 사회적으로 거절될 것에 대한 두려움을 강하게 받아들이는 단점이 있다. 인간관계가 냉담해지거나, 일정이 빈틈없을 때, 분위기가 회의적이거나 부정적인 경우에 스트레스를 쉽게 받기에 감정적으로 격해지거나 조직화하는 데 어려움을 느낀다.[13]

I타입은 사교적이며 인간지향적이다. 그들은 낙천적이고 재미를 추구하며 다른 사람을 설득하는 능력이 있으며 간혹 허풍을 떨기도 한다. 또한 감수성이 예민하고

---

13) 김유경·김용범, 〈항공사 종사원의 심리적 임파워먼트와 서비스 행동 연구 : 성격(DISC)의 조절 효과를 중심으로〉, 관광연구저널, 2012, 제26권 6호 137~155쪽

사랑받고자 하는 강력한 욕구를 지니 고 있다. 이들은 친구나 인기를 잃는 걸 두려워한다.

I타입의 강점은 사람들에게 우호적이 다. 그들에겐 적이 별로 없다. 인정이 많기도 하지만 쉽게 이용당하기도 한 다. 말이 많아 어떤 주제에 대해서든

의견을 이야기한다. I타입의 약점으로는 사랑받기를 원하기 때문에 때로 비논리적 이기도 하다. 충동적이기도 하고, 장기적인 일은 힘들어하는 경향이 있다. 많은 변 화를 즐기고, 감정의 기복도 심한 편이다.

I타입은 일반인들 중 25~30% 정도가 이 타입에 해당한다고 한다.

③ S타입(안정형)

S타입은 업무를 완수하기 위해 타인과 평화와 안전을 유지하는 것을 중요하게 생 각하며 혼자 일하기보다는 그룹의 일원으로 업무를 수행하는 것을 더 선호하며 반 복적인 업무를 잘 다룬다(김영회 · 이경준, 2002). 또 이들은 가정의 안정을 매우 중시하며, 전통을 존중하며, 현 상태를 유지하고자 한다. 하지만, 갈등, 안정의 상 실, 그리고 변화에 대한 두려움을 크게 느끼며, 간혹 조직구성원과의 갈등과 같은 스트레스를 받으면 대립적인 상황을 회피하기 위해서 자신의 감정을 감추는 것과

같이 지나치게 양보하는 경향이 있다(임완숙, 2009).[14]

S타입은 내성적이면서 안정적인 것을 추구하며 인간지향적이다. 틀에 박힌 일을 지루하게 생각하지 않으며 안정감을 느낀다. 사람들과의 갈등을 싫어하며 늘 다른 사람을 먼저 배려하다보니 주변에 사람이 많다. 상냥하고 친절하기까지 하다. 이들이 가장 하기 힘들어하는 말은 '안돼' 라는 말이다. 수줍음이 많아 여러 사람이 모이는 자리에서 주목받기를 원치 않고 앞에 나서는 걸 싫어한다. 또한 감성적이기 때문에 머리보다는 가슴으로 생각하는 경향이 있다.

S타입의 강점은 안정적인 것을 좋아해서 변화무쌍한 업무상황보다는 일반적인 업무상황을 선호한다. 팀원으로 끝까지 맡은 업무를 처리하는 이들은 '함께할 때, 우리는 해낼 수 있다.' 는 정서를 지니고 있다.

S타입의 약점으로는 현상유지를 좋아하며 규칙을 따를 때 편안함을 느낀다. 따라서 이들의 환경이나 상황이 변할 때 힘들어하는 경향이 있다. 그래서 예상 가능한 상황을 선호한다. 우유부단하여 "점심으로 무엇을 먹을까?"라고 하면 "아무거나" 라고 대답한다.

S타입은 일반인들 중 30~35% 정도가 이 타입에 해당한다고 한다.

---

14) 김유경 · 김용범, 〈항공사 종사원의 심리적 임파워먼트와 서비스 행동 연구 : 성격(DISC)의 조절 효과를 중심으로〉, 관광연구저널, 2012, 제26권 6호 137~155쪽

- S타입은 봉사하는 삶을 선호하므로 수익을 남기는 사업보다 공익적인 사업을 좋아한다.
- 선택을 할 때 빠른 결정을 내리는 것을 힘들어하므로 빨리 결정하기를 바라는 것은 피하는 것이 좋다.
- 이들은 조화로운 분위기와 관계를 이끌어 내는 것을 좋아하기 때문에 겉으로 좋고 싫음을 표현하지 않는다는 것을 기억하라.

④ C타입(신중형)

C타입은 완벽주의형으로서 구조적이며 조직 내 질서를 선호하고, 과정보다는 결과물을 더욱 강조하며, 자연스러움보다는 체계를 선호한다(김영회 · 이경준, 2002). 하지만 이들은 업무와 관련하여 높은 기대치를 가지고 있기 때문에 자신의 업무성취에 매우 비판적이며, 상대로부터 받는 비판을 내면화하는 경향이 있다. 그리고 업무에 대한 욕구를 자신에게만 적용을 시키려하지 않고, 상대에게도 적용시키고자 하기 때문에 타인에게 상당히 비판적이다.[15]

C타입은 신중형으로 내성적이면서 업무지향적이다. 모든 일을 계획하고 그대로 일하는 사람들이다. 매우 조심성이 있고 주도면밀한 타입으로 핵심을 직시한다. 분석 능력이 뛰어나며 정확한 것을 좋아한다. 성실한 이들은 업무 전반적인 상황이 어떻게 진행되고 있는지 모두 알고 있다. 명확한 근거에 의한 확신이 매우 뚜렷하기 때문에 이들을 설득하기는 쉽지 않다. 특히 거의 틀리는 법이 없을 정도로 철저하게 분석한다.

---

15) 김유경 · 김용범, 〈항공사 종사원의 심리적 임파워먼트와 서비스 행동 연구 : 성격(DISC)의 조절 효과를 중심으로〉, 관광연구저널, 2012, 제26권 6호 137~155쪽

C타입의 강점은 매우 똑똑하고 지적이며 일에 대한 집중이 뛰어나다. 매우 분석적이므로 큰 프로젝트를 맡아 업무배분을 하는 것에도 뛰어난 역량을 보인다. 세부사항을 분석하는 데는 탁월하지만 업무에서 '큰 그림'을 보는 것은 다소 힘들 수 있다. 또한 이들은 깔끔을 떤다 싶을 정도로 모든 것을 정리해놓는 것을 좋아한다. C타입의 약점은 지극히 자기중심적이라는 것이다. 항상 자신이 옳다고 생각하기 때문에 융통성이 없다. 언제나 올바르게 되고자 하며, 부정적이고 비판적인 시각을 가지고 보기 때문에 충고하는 것이 익숙하다.

C타입은 일반인들 중 20~25% 정도가 이 타입에 해당한다고 한다.

C타입의 청중에게는   **TIPS**

- C타입은 아주 똑똑하기 때문에 이들은 질의응답 시간을 놓치지 않는다. 이들은 훌륭한 답변을 원한다. 반드시 수준 있는 내용으로 답변해야 한다.
- 틀리는 법이 거의 없다. 스스로 두 번 세 번 점검을 해서 틀린 것을 찾아낸다. 그만큼 완벽주의를 추구한다는 것을 염두해 두어야 한다.
- C타입은 내성적이고 업무지향적이며 비사교적이므로 이들을 설득하는 것은 쉽지 않다는 것을 고려하여 정확한 근거와 예리한 안목을 갖추고 접근하는 것이 필요하다.

지금까지 살펴본 것처럼 사람들은 성격유형에 따라 똑같은 말이라도 각기 다르게 받아들인다. 그만큼 청중의 성격은 복잡 다양하다. 청중을 잘 파악하는 만큼 그들을 설득하기도 수월하고 결과도 좋을 수 있다. 그렇기 때문에 성공적인 프레젠테이션을 위해서는 청중 분석을 정확히 해야 한다.

프레젠테이션! 초스피드 완성

Part III

백 마디 말보다 강력한 디자인

Part Ⅲ

백 마디 말보다 강력한 디자인

01 | 텍스트는 가독성을 고려

슬라이드를 작성하는 데 텍스트는 매우 중요한 역할을 한다. 먼저 텍스트의 크기가 중요하다. 요즘 디자인을 고려하여 텍스트 크기를 매우 작게 하는 경우가 많다. 하지만 PPT 화면에서 글씨가 작으면 어디를 말하는지 찾지 못할 때가 있다. 물론 유인물을 배포하여 참고해서 볼 수 있지만 발표자가 발표를 하는 이유는 유인물에 실린 내용 외에 추가적으로 설명을 하기 위해서라는 것을 기억해야 한다.

필자는 이런 경험이 있었다. PT를 하기 전 리허설을 하는 과정에서 한 임원분이 글씨가 작다고 지적을 하셔서 전체적으로 텍스트 크기를 키운 적이 있다. 글씨가 작다고 말씀하신 이유는 PT를 심사하시는 분들의 연령대가 높기 때문이었다. 실제 PT를 하러 갔더니 빔 프로젝터가 아닌 PDP로 진행되는 심사였다. 만약 글씨 크기를 크게 수정하지 않았다면 화면에서 글자가 잘 보이지 않는 상태에서 프레젠테이션을 했을 것이다. 그렇기 때문에 프레젠테이션을 하는 장소를 미리 확인하는 것도 필요하다. 가독성을 위한 PPT 제작에도 영향이 있지만 발표자가 서는 위치 혹은 이동 동선 등을 미리 파악해놓아야 실수 없이 발표를 마무리할 수 있기 때문이다.

이 텍스트는 60포인트입니다.

이 텍스트는 44포인트입니다.

이 텍스트는 32포인트입니다.

이 텍스트는 28포인트입니다.

이 텍스트는 22포인트입니다.

이 텍스트는 18포인트입니다.

이 텍스트는 14포인트입니다.

이 텍스트는 10포인트입니다.

가독성을 고려하면 제목은 44~48포인트 정도, 소제목은 28~32포인트 정도, 내용은 18~22포인트 정도가 좋다. 10포인트 정도이면 한글 파일에서는 일반적인 크기라고 생각되지만 파워포인트에서는 무척 작은 크기이므로 적어도 18포인트 이상은 사용하기를 권한다. 특히 슬라이드에 내용이 많이 들어가지 않는다면 글자 크기는 더 커질 수 있다. 예를 들어, 내용을 한 줄로 표현한다고 하면 소제목 정도의 크기로 들어가는 것이 좋다. 약 30포인트 내외 정도로 표현하면 내용이 강조되면서 잘 보이게 된다.

이번에는 폰트를 한 번 살펴보자. 파워포인트에 있는 폰트 중 어떤 것이 가장 가독성이 좋을까?

제목으로 많이 쓰이는 폰트는 HY견고딕, HY헤드라인M이다. HY폰트는 굵게 표시하지 않아도 굵게 보이므로 제목을 강조하기에 적당하다.

위에 사용한 폰트가 HY견고딕이며 포인트는 48이다.

그렇다면 일반 내용은 어떤 폰트가 좋을까?

한글 프로그램에서는 바탕, 굴림체를 많이 사용하지만 파워포인트에서는 맑은 고딕, 돋움체 등을 사용한다. 특히 명조계열을 피하는 이유는 빔프로젝트에서 봤을 때 생각보다 작게 보여 가독성이 떨어지기 때문이다.

일반적으로 본문 내용에서는 기울기 효과를 잘 사용하지 않는다. 강조를 하고 싶을 때에는 색깔을 다르게 하거나 굵게 표시를 해주는 것으로 표현하는 것이 좋다.

또한 한 슬라이드 내에 폰트를 여러 가지 섞어 쓰는 것은 자제하는 것이 좋다. 정리되지 않은 느낌을 주기 때문이다. 특히, 엽서체, 아트체, 휴먼체 등의 폰트는 피하는 것이 좋다. 글자 간격이 좁거나 휘어지는 필체들이기 때문에 가독성이 떨어진다.

폰트 중 지자체나 회사 및 기관에서 자체적으로 만든 폰트가 있는데, 이러한 폰트는 기본 글꼴에 등록되어 있는 것이 아니기 때문에 사용할 때에는 반드시 사용하는 컴퓨터 글꼴에 등록시켜야 글자가 깨지지 않고 출력이 가능하다. 되도록 글꼴을 만든 곳에 제안을 할 때나 특별한 이유가 있을 때만 사용하는 것이 좋다.

그렇다면 영문체는 어떤 것이 좋을까?

제목에는 Tahoma(B), 중제목에는 Arial, 본문 내용에는 Trebuchat이 좋다. 특히 영문을 사용할 때에는 주의해야 할 것이 있다. 모두 대문자로 표기하거나 이탤릭체로 표기하면 가독성이 현저히 떨어진다는 것이다.

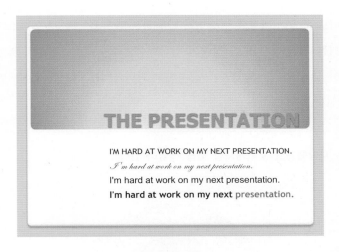

맨 위 제목의 폰트는 Tahoma, 두 번째는 Trebuchat, 세 번째는 ParkAvenus BT, 네 번째는 Arial, 다섯 번째는 Trebuchat이다. 위에서 보는 것처럼 모두 대문자로 표기하거나 유럽에서 쓰는 글꼴을 사용하면 가독성이 떨어지는 것을 볼 수 있다. 강조해 주고 싶을 때는 색깔을 바꾸어 표현해주면 좋다.

이번에는 그림과 글을 한 장의 슬라이드 안에 넣은 것을 보자. 슬라이드에 글이 많으면 가독성이 떨어진다. 화면은 단순하게 표현하고 그것에 대한 자세한 설명은 발표자가 하는 것이 좋다.

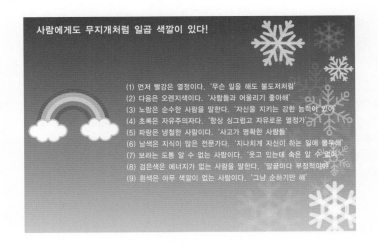

위의 슬라이드와 같이 발표자가 설명하고자 하는 내용을 그림과 함께 모두 표시하게 되면 프레젠터는 편할 수 있으나 청중의 입장에서는 눈에 잘 들어오지 않는다. 무지개 각각의 색깔이 갖는 의미는 발표자가 숙지하고 화면에서는 최소한의 의미만 전달할 수 있도록 해야 한다.

위의 슬라이드에서 볼 수 있듯이 핵심 문구만 텍스트로 표현하고, 발표자가 설명할 무지개의 그림은 크게 넣었다. 이를 접하는 청중들은 발표자가 말하고자 하는 핵심 주제가 무엇인지 쉽게 파악할 수 있고, 발표 내용에 더 집중할 수 있게 된다.

정렬의 사용   **TIPS**

- 왼쪽 정렬 : 보는 사람은 보통 왼쪽부터 읽기 때문에 시각을 고정시켜 주어 쉽고 빨리 읽을 수 있게 해 준다. 프레젠테이션 자료에서 가장 좋고 많이 사용하는 정렬이다.
- 오른쪽 정렬 : 텍스트의 양이 적을 때 또는 특별히 주의를 끌고 싶을 때 사용하는 정렬로 주의깊게 사용한다.
- 가운데 정렬 : 제목이나 부제목을 제시할 때 많이 사용한다.

02 | 색상, 질감은 가볍게

색상은 크게 슬라이드 배경 색상과 글자 색상, 이미지 색상 등의 3가지로 나누어 볼수 있다. 슬라이드 배경 색상은 일반적으로 흰색을 많이 사용한다. 가장 무난하면서 글자를 잘 인식하게 해준다. 슬라이드 배경 색상을 선택할 때는 한 가지 신경 쓸 부분이 있다. 청중에게 익숙한 색, 청중이 속한 단체와 관련이 있는 색을 선택하는 것이다. 특히, 수주PT의 경우 제안을 하는 업체는 발주처의 CI 색상이나 이미지를 고려하여 파워포인트를 만드는 것이 좋다. 그 이유는 조금 더 익숙한 느낌을 주기 위해서이다.

또한 모든 색에는 의미가 있기 때문에, 발표자가 좋아하는 색상을 선택하는 것이 아니라, 색이 가진 의미에 맞추어 선택해야 한다. 흔히 파란색은 신뢰감과 명확한 이미지 전달을 위해 가장 많이 사용되며, 초록색은 환경이나 에너지 등을 상징한다. 글씨 색깔에 있어서 배경이 밝으면 짙은 파란색이나 검정색, 회색 등을 사용하고, 배경이 어두운 경우라면 흰색이나 노란색 글씨를 사용한다. 세련된 느낌의 슬라이드 디자인을 원한다면, 메인 색상 2개 내외로 배경이나 이미지를 만들고, 글씨를 무채색으로 선택하면 된다.

예를 들어, 지자체에서 프레젠테이션을 한다고 하면 슬라이드 배경은 무슨 색이 좋을까? 공무원들은 파란색을 선호한다. 파란색은 보수의 의미를 담고 있다.

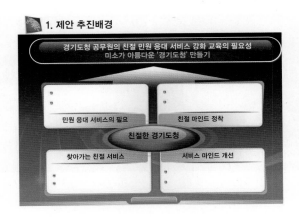

그렇다면 건강을 위한 내용의 발표라면 슬라이드 배경은 무슨 색이 좋을까?

빨간색이나 오렌지 계열의 강렬한 색채가 좋다. 즉, 슬라이드 배경 색상은 내용과도 관련이 있다고 볼 수 있다. 진보의 의미가 담겨 있다면 노란색, 휴식을 위한 내용이라면 녹색 등을 선택하면 잘 어울릴 수 있다.

예를 들어, 서울시교육청에 제안을 한다면 다음과 같은 슬라이드 배경을 사용할 수 있다.

또한 태양전지와 관련된 사업을 하는 회사에 제안을 하는 것이라면 아래와 같은 슬라이드 배경을 사용할 수 있다.[16]

16) PPT 재능기부 블로그 나눔의 미학(http://blog.naver.com/dark861007)

슬라이드 배경의 질감 중에서 무늬가 현란하게 들어가 있는 디자인은 좋지 않다. 왜냐하면 글자가 잘 보이지 않게 되어 가독성이 떨어지기 때문이다. 2010 파워포인트 내에 배경 디자인 중 무늬가 있는 것을 살펴보자.

위와 같은 배경은 줄무늬가 많이 들어가 있어 글자가 잘 보이지 않는다. 그러므로 슬라이드 배경은 무늬가 현란하지 않은 것을 선택해야 하며, 특히 글자가 들어가야 하는 부분에는 무늬가 없는 것을 선택하는 것이 좋다.

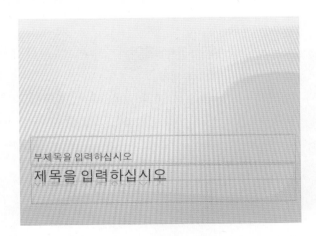

위의 슬라이드처럼 그라데이션이 있는 배경도 권하고 싶지 않다. 밝은 곳에서는 글자가 잘 보이지 않아 글자색을 선택하기 어렵고 가독성이 현저히 떨어진다.

03 | 애니메이션은 적당히

어떤 발표를 보면 온갖 애니메이션을 사용하고 거기에 사운드까지 넣어 매우 산만한 프레젠테이션을 볼 수 있다. 요즘에는 애니메이션에 사운드는 넣지 않는 것이 일반적이다. 애니메이션을 사용하는 이유는 단조로운 슬라이드에 활력을 불어넣기도 하고 강조를 하기 위해서이다.

애니메이션의 종류를 보면 나타내기, 강조하기, 끝내기, 이동경로 등으로 구성되어 있다. 이 중 나타내기는 질문을 하고 답을 보여주는 형식의 발표에서 즐겨 쓰인다. 또한 미리 말하지 않고 하나하나씩 보여줄 때도 나타내기 효과를 사용한다. 강조하기는 나타내기에 더해서 사용할 수 있는데 이미 나타난 글자 혹은 이미지에 강조하기 효과를 사용하여 그것만 더욱 도드라지게 하는 효과가 있다. 끝내기는 사라지게 하는 것으로 내용 설명이 끝난 후 마지막에 사용하는 효과이다.

일반적으로 많이 사용하는 효과로는 나타내기에서는 밝기 변화, 올라오기, 확대/축소 등이, 강조하기에서는 펄스, 밑줄 긋기 등이, 끝내기에서는 밝기 변화, 실선무늬 등이 있다.

이제 2010 파워포인트를 사용하여 부드러운 애니메이션을 한번 넣어보자.

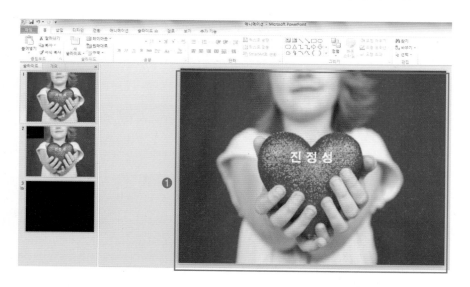

먼저 이미지 하나를 전체화면으로 넣는다.(❶)

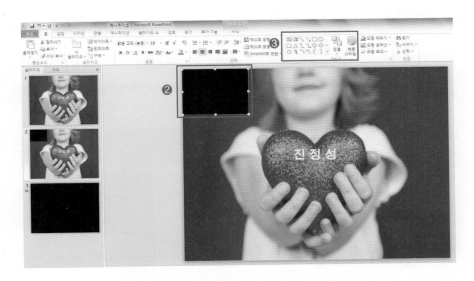

전체 화면을 16등분해서 검정색 네모 하나를 만든다.(❷) 이 네모를 쉽게 만드는 방법은 도형 모음에서 네모 모양을 선택하고 전체 화면을 빠른 스타일로 검정색을 선택(❸)하면 된다.

이 네모를 16개 만들어서 화면 전체를 채운다. 이때 네모를 비슷한 크기로 만들기 위해 눈금자를 선택해서 대략 16등분을 하고 네모 모양을 만드는 것이 좋다.

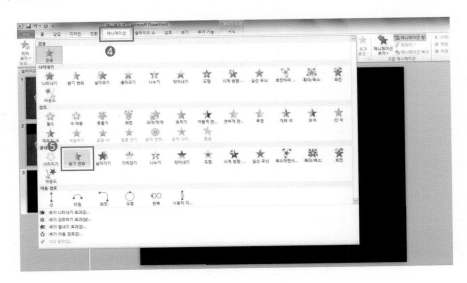

16개의 네모를 만들었으면 이번에는 애니메이션을 클릭하여 창을 띄우고(**④**) 16개 네모를 전체 선택하고 끝내기 효과에서 밝기 변화를 클릭(**⑤**)하여 효과를 준다.

애니메이션 끝내기 효과를 주고 난 후 이번에는 타이밍을 조절해야 한다. 첫 번째 네모부터 마우스 오른쪽 버튼을 누르고 타이밍을 선택(**⑥**)한다. 그리고 시작은 '이전 효과와 함께'를 누른다.(**⑦**) 지연은 0.1초부터 두 번째 네모는 0.2초, 세 번째 네모는 0.3초, 마지막 네모는 1.6초로 입력한다.(**⑧**)

모두 입력 후 슬라이드 쇼보기를 누르면 첫 번째 네모부터 부드럽게 애니메이션 효과가 나타나면서 자연스럽게 그림을 강조할 수 있다.

슬라이드 제작의 기본팁　　　　　　　　　　　　　　　　　　　　　　**TIPS**

- 한 슬라이드 내 텍스트는 7줄×7단어 내외로 사용
- 색채는 장식이 아니라 목적
- 1분 발표 시간에 1~2개의 슬라이드 준비
- 특수효과는 최소한으로
- 가장 뒤에서도 읽을 수 있도록 가독성 고려
- 글꼴 종류는 2가지 이하로

04 | 사운드 삽입하기

사운드는 음악 파일이나 녹음한 내용을 넣을 수 있다. 예를 들어, 영화에 대한 이야기를 할 때 사운드를 삽입하여 OST가 흐르는 가운데 발표를 할 수 있다.

사운드를 삽입할 때 반드시 주의해야 할 점이 있다. 사운드는 PPT가 저장되어 있는 폴더에 함께 담겨져 있어야 한다는 것이다. 집에 있는 컴퓨터 내에 저장되어 있는 음악을 이용한다면 USB로 옮겨서 PPT와 같은 폴더에 담겨야 다른 곳에서도 재생이 가능하다. 실수로 음악을 담지 않아 당황하는 경우가 종종 있다는 것을 꼭 기억하자.

음악을 삽입할 때는 소리 모양을 표시하기도 하고 안보이게 하기도 한다. 한번 해보자.

삽입에서 맨 오른쪽에 있는 오디오를 누르면(❶) 파일을 선택할 수 있다.

　　오디오 표시를 하고 싶지 않다면 전체 화면에서 옆으로 옮겨 놓으면 된다.(❷) 그리고
재생을 눌러보면 시작을 자동 실행으로 바꿀 수 있다. 그러면 화면을 넘겼을 때 바로 오
디오가 실행된다. 또한 '쇼 동안 숨기기'를 누르면 오디오 표시가 보이지 않는다.(❸)

05 | 영상 삽입하기

이번에는 영상을 삽입하는 방법을 알아보자. 텍스트만 많이 있는 PT는 지루하기 때문에 이미지나 영상을 삽입하여 분위기 전환을 시켜주는 것이 좋다. 영상을 삽입할 때는 사운드를 삽입할 때와 마찬가지로 영상이 PPT가 저장되어 있는 폴더에 함께 담겨져 있어야 한다는 것을 기억하자. USB 안에 한 폴더로 담지 않으면 영상이 재생되지 않아 발표 중 당황할 수 있다. 그러한 실수를 방지하기 위해서 프레젠테이션을 하기 전 반드시 영상을 재생시켜보고 잘 실행되는지 확인하는 것이 필요하다. 필자는 강의를 할 때 영상을 많이 사용한다. 그 이유는 필자가 재미있는 이야기를 할 때 직접 말로 하는 것보다 재미있는 영상을 보여주는 것이 더 효과적이고, 발음이나 제스처 등은 백 번 말하는 것보다 한 번 영상으로 보는 것이 도움이 되기 때문이다.

영상을 삽입할 때 또 한 가지 주의해야 할 점은 저작권에 저촉되지 않는 영상을 사용하는 것이다. 또한, 전체 분량의 영상을 삽입하는 것보다는 보여주고 싶은 부분의 영상만 짧게 편집해서 삽입하는 것이 좋다.

그럼 실제로 영상을 삽입해보자.

우선 진정성에 대한 주제로 이야기를 하다가 관련 영상을 삽입해서 보여주려고 한다. PPT를 열고 진정성에 대한 슬라이드 한 장을 먼저 만든 후, 두 번째 슬라이드에 영상을 삽입해 볼 것이다.

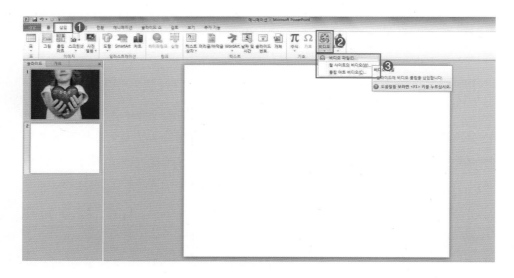

　메뉴바에 있는 삽입 탭(❶)에 가서 비디오를 클릭(❷)하면 비디오 파일과 웹 사이트 비디오, 클립 아트 비디오(❸) 항목이 나온다. 여기서 자신이 편집한 영상을 올리려면 비디오 파일을 선택하면 된다.

　웹 사이트에 있는 영상을 바로 보여주려면 반드시 확인해야 할 것이 있다. 발표하는 장소의 인터넷 환경이다. 무선 인터넷이 되는 곳이거나 유선으로 인터넷이 가능해야만 바로 웹 사이트로 연결이 가능하다. 이러한 설정을 미리 해놓지 않으면 사이트는 열리지 않게 되고, 그제서야 인터넷 연결 확인 등의 조치로 시간은 지연되며 청중은 흥미를 잃게 된다. 그런데 이러한 일이 생각보다 자주 발생한다. 그렇기 때문에 발표 시간보다 일찍 도착해서 꼭 확인해야 한다.

　먼저 편집된 비디오 파일을 올리는 경우를 보자. 비디오 파일을 클릭하고, 폴더에서 재생할 영상을 더블클릭해주면 자동적으로 PPT 안에 삽입이 된다.

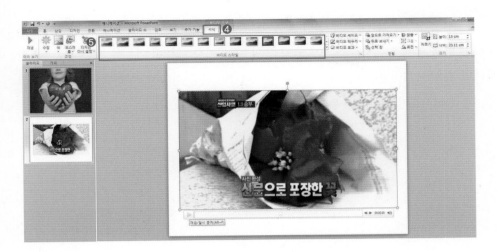

　관련 영상을 삽입하면 메뉴바에서 서식이 자동적으로 선택(❹)이 된다. 그때 나오는 것이 비디오 스타일(❺)이다. 여기서 이미지 파일처럼 테두리 등을 장식할 수 있다. 이 비디오 스타일은 꼭 선택하지 않아도 괜찮다.

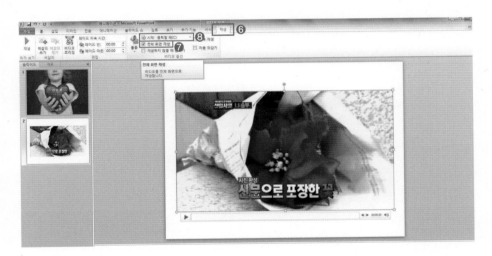

　중요한 것은 이것이다. 삽입한 후 메뉴바에서 재생탭을 클릭(❻)한다.

　그때 '전체 화면 재생'을 클릭(❼)하는 것이 좋다. 왜냐하면 영상이 PPT 파일 안에서만 보여지는 것이 아니라 전체 화면으로 재생이 되기 때문에 영상을 훨씬 더 어필할 수 있기 때문이다.

또한 '시작 : 클릭할 때'를 선택(❽)할 때는 꼭 알아두어야 할 것이 있다. 반드시 컴퓨터가 바로 옆에 있어서 마우스로 클릭을 할 수 있거나 클릭이 가능한 포인터를 사용할 때만 가능하다는 것이다. 그러한 상황이 아니라면 자동 실행을 선택하는 것이 좋다. 그러면 슬라이드가 넘어가는 동시에 영상이 재생된다.

06 | 그래프는 눈에 띄게

대표적인 그래프로는 세로 막대그래프, 가로 막대그래프, 원형 그래프, 꺾은선 그래프 등이 있다. 그중 원형 그래프는 100%를 기준으로 해서 각 항목의 비율을 퍼센트로 표시해주는 그래프이다. 12시 위치부터 시계 방향으로 큰 비율을 차지하는 항목부터 순서대로 보여주는 것이 가독성에 있어서 가장 좋다. 그래프를 삽입할 때는 차트를 먼저 선택하는데, 이때 원형 그래프를 선택해주고 엑셀 표가 나오면 일단 데이터들을 입력한 후 비율을 내림차순으로 정리해주면 훨씬 보기가 좋다.

먼저 원형 그래프부터 삽입해보자.

메뉴바에서 삽입을 선택(①)한 후 차트를 선택(②)한다. 여기서 원형 그래프를 선택(③)하고 종류를 고른다.

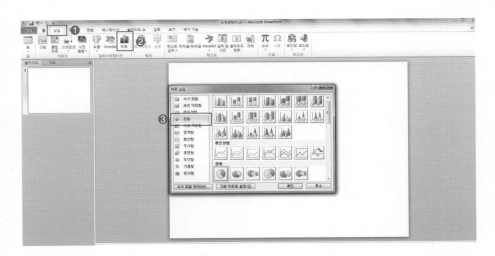

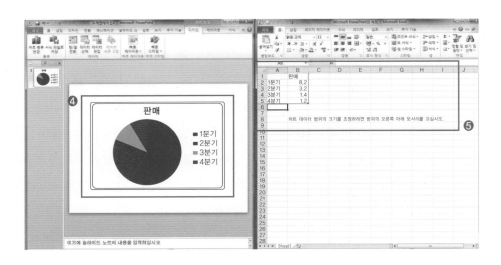

그래프를 선택하고 나면 위와 같이 임의의 데이터로 차트가 만들어져서 나온다.(④) 이와 함께 임의의 데이터가 적힌 엑셀 파일도 함께 열린다.(⑤) 이때 엑셀 파일에 각 항목의 이름과 비율을 입력한다.

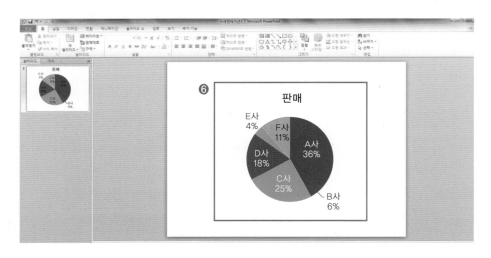

데이터를 입력하고 엑셀 파일을 닫으면 위와 같이 차트 표시가 된다.(⑥) 이렇게 표현이 되면 어떤 항목이 가장 많은 비율을 차지하고 있는지 한 눈에 들어오지 않는다.

따라서 다음과 같이 바꾸어 보자.

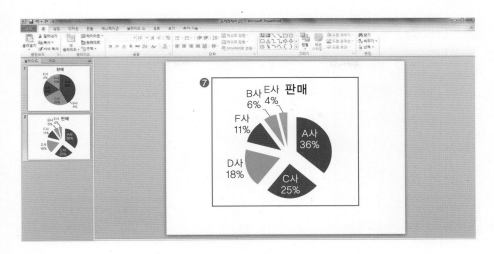

위에서 했던 방법을 이용하되 차트 종류를 변경한 후 데이터 입력을 하고 내림차순으로 정렬해주면 12시 방향에서 시계 방향으로 비율이 높은 순서대로 표현이 된다.(❼) 위의 그래프를 보면 어떤 항목이 가장 많은 비율을 차지하고 있는지 한 눈에 들어온다.

이번에는 원형 그래프처럼 자동으로 완성되는 것이 아닌 막대그래프를 만들어보도록 하자.

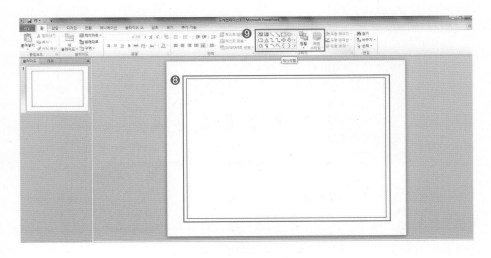

PPT 화면을 열고 홈메뉴에서 네모 상자 하나를 크게 만든다.(❽) 그리기 상자 안의 빠른 스타일에서 선택하면 간편하다.(❾)

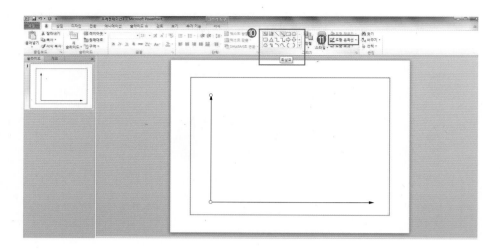

위에서처럼 역시 홈메뉴에서 도형 모음 중 화살표를 선택(⑩)해서 가로와 세로를 만든다. 그리고 도형 윤곽선에서 검정색으로 바꿔준다.(⑪)

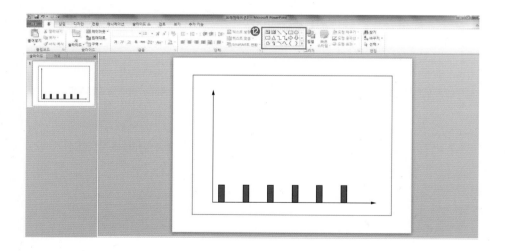

그 다음으로 또 한 번 홈메뉴의 도형 모음에서 직사각형 모양을 선택(⑫)해서 그래프를 만들어준다. 이때 손쉬운 방법은 Ctrl + D 를 누르면 똑같은 범위로 복사가 된다. 이 방법을 이용해서 직사각형 모양 6개를 입력한다.

위와 같이 만든 후 세로 화살표에 숫자를 입력해야 한다. 직사각형 모양을 복사한 것과 같이 10부터 70까지의 수치를 입력한다.⑬

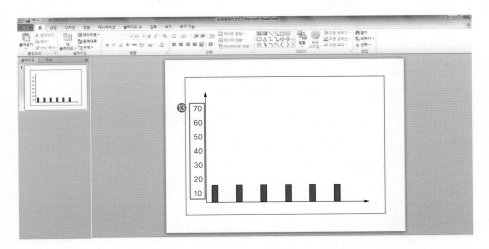

똑같은 크기로 막대그래프를 만들었으면 이제는 수치를 반영해주면 된다. 가장 높은 수치대로 배열할 수도 있고, 수치와 상관없이 배열할 수도 있다.

여기서는 수치와 상관없이 배열하는 것으로 해보자. 그리고 색깔을 각각의 막대마다 다르게 구분해준다.

그 후에는 각 항목의 명칭을 입력한다.⑭ 이것도 역시 Ctrl + D 로 복사를 해서 입력하면 된다.

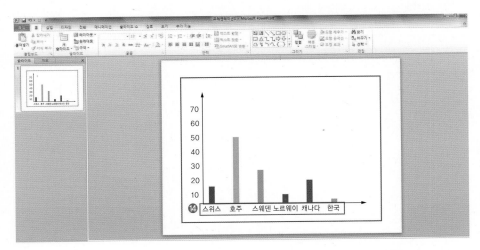

이제 마지막 단계이다. 이 그래프가 어떤 그래프를 나타내는 것인지 표현하는 제목을 입력하면 된다. 테두리 네모 상자를 우측 상단에 입력하고 제목을 적어주면 완성이다.(⑮)

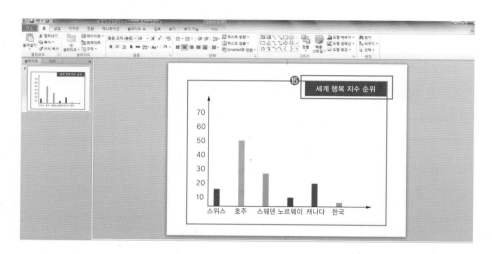

이렇게 막대그래프를 만들어 보았다. 만드는 방법이 매우 간단하지 않은가? 다른 종류의 그래프들도 어렵지 않게 만들 수 있으니 잘 활용하길 바란다.

효과적인 그래프의 사용

TIPS

- 막대그래프 : 막대의 길이가 값이나 양을 나타내므로, 그 크기의 정도를 쉽게 파악 가능
- 원그래프 : 전체와의 비율을 나타내는 경우에 사용되므로 한눈에 크기 비교가 가능
- 선그래프 : 시간 경과에 따른 변화의 추세를 나타낼 때 적합
- 그림그래프 : 막대, 원, 선이 아니라 사진, 삽화, 도형 등을 이용하여 실감나는 표현이 가능

07 | 이미지 선정하기

프레젠테이션에서 흥미를 유발하기 위한 좋은 방법 중 하나가 이미지를 활용하는 것이다. 이를 위해 우리는 청중의 시선을 끌 수 있는 이미지를 찾아보는 데 시간을 투자할 필요가 있다. 이미지를 찾는 방법은 웹 사이트에서 내가 찾는 이미지를 입력하고 검색해보는 방법이 있다.

이미지를 찾았으면 이미지에 마우스 커서를 놓고 오른쪽 버튼을 눌러서 다른 이름으로 저장을 하면 내 컴퓨터에 저장이 된다. 파워포인트 메뉴에서 삽입을 누르면 저장한 그림을 확인(❶)할 수 있다. 저장한 그림을 클릭하면 삽입이 완료된다.

이 방법보다 조금 더 수월한 방법이 있다. 바로 파워포인트 화면에서 스크린샷을 하는 것이다. 말 그대로 스크린에 있는 이미지를 그대로 캡쳐하는 방법이다. 삽입 메뉴에서 스크린샷을 클릭(❶)하면 화면 캡쳐(❷)가 보인다. 그것을 누르면 인터넷 화면으로 이동하면서 화면 전체 색깔이 달라진다. 그때 화면 전체를 선택할 수도 있고, 일부만 선택할 수도 있다. 선택하고 나면 바로 캡쳐가 되어 화면에 나타난다.

08 | 숫자 활용하기

우리는 프레젠테이션에서 글씨만 보기를 원하지 않는다. 이유는 간단하다. 지루하기 때문이다. 그래서 위에서 살펴본 것과 같이 오디오 및 영상, 이미지 등을 활용하는 것이다. 또 다른 하나가 바로 숫자이다. 막연하게 물가가 올랐다는 것보다는 지난 분기보다 몇 % 올랐는지 숫

자로 표현하면 더 이해하기 쉽다. 평소에 숫자를 활용해서 이야기하는 습관을 들이면 프레젠테이션을 할 때도 쉽게 응용이 가능하다. 위와 같이 숫자만을 표현하는 것으로 눈길을 끌 수 있다. 하루에 진행되는 프레젠테이션 숫자가 3,000만 건이라는 것을 표현한 것이다. 포인트를 66으로 해서 한가운데에 숫자로만 표현해도 눈에 띄고 궁금증을 유발시킬 수 있다.

예를 들면, 마트에서 반값 세일이라고 말하는 것보다 1+1 세일이라고 하면 더 많은 판매가 이루어진다고 한다. 또한 자동차 가격을 마법의 숫자 '9'로 끝나게 해서 조금 더

저렴한 느낌이 들도록 마케팅을 하기도 한다. 기업에서 컨소시엄 형태로 제안을 할 때 2개의 기업이 합쳐져서 4배의 효과를 가져올 수 있다는 의미로 왼쪽과 같이 표현할 수도 있다. 말로 하는 것보다 숫자로 표현하는 것이 청중에게 더 큰 울림을 줄 수 있다.

그림 기호		그래픽 기호			언어적 기호	
사진	삽화	형태적 기호	개념적 기호	독창적 기호	정의	명칭
					생각을 하고 언어를 사용하며 도구를 만들어 쓰고, 사회를 이루어 사는 동물	사람 인간

09 | 스마트아트(SmartArt) 활용하기

프레젠테이션을 위한 자료는 최대한 충분한 여유와 시간을 가지고 작성할수록 성공할 확률이 높아지는 것이 사실이다. 그러나 실제로는 최소의 시간을 가지고 발표를 위한 자료를 제작해야 하는 경우가 빈번히 발생한다. 이러한 경우에는 발표할 내용을 빨리 자료화하는 것이 중요한데, 내용을 담는 그릇이라고 할 수 있는 도형, 그림, 색 등을 하나하나 세세히 선택해서 작성할 시간이 없는 경우에 활용할 수 있도록 파워포인트에서는 '스마트아트(SmartArt)로 변환' 이라는 기능을 제공한다. 이 기능을 사용하면 매우 편리하다.

먼저 기본적으로 제공되는 레이아웃에서 다음과 같은 내용을 예로 작성해 보자.

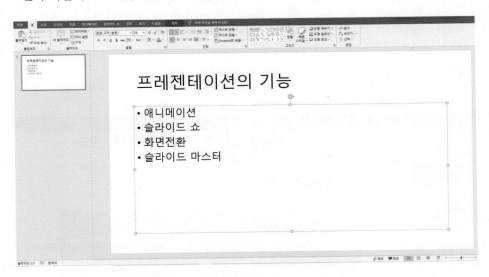

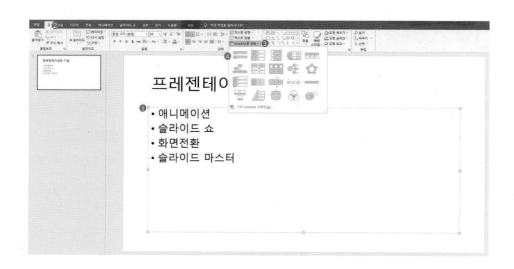

프레젠테이션 기능 네 가지를 스마트아트 기능을 활용하여 변환시킨다. 우선 변환시키고자 하는 텍스트를 선택(❶)하고, 상단 메뉴의 홈(❷)에서 'SmartArt로 변환'을 선택(❸)한다. 여기 스마트아트에서는 다양한 그래픽을 제공하고 있는데, 첫 번째 보이는 그래픽인 '세로 글머리기호 목록형'을 선택(❹)해본다.

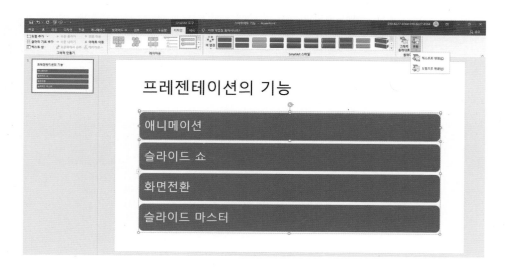

그래픽을 선택하면 위의 화면처럼 글씨가 도형에 둘러싸인 형태로 바뀌는데, 바뀌는 동시에 상단의 메뉴에서 '디자인' 탭이 활성화된다. 이때 위 화면에서 보이는 그래픽 외에 더 다양한 그래픽 레이아웃을 선택할 수도 있고, SmartArt 스타일에서 색과 도형의 모양도 변경할 수 있다. 또한 기본 그래픽을 처음부터 다시 선택하고 싶다면 '변환'에서 '텍스트로 변환'을 선택하여 다시 처음부터 고를 수도 있다.

- 애니메이션: 나타내기, 강조, 끝내기, 이동경로의 기능
- 슬라이드 쇼: 처음부터/현재 슬라이드부터 쇼 시작 선택
- 화면전환: 슬라이드 전환시 화면이 움직이는 효과
- 슬라이드 마스터: 슬라이드 레이아웃을 사용자가 수정할 수 있는 기능

- 애니메이션
- 나타내기, 강조, 끝내기, 이동경로의 기능
- 슬라이드 쇼
- 처음부터/현재 슬라이드부터 쇼 시작 선택
- 화면전환
- 슬라이드 전환시 화면이 움직이는 효과
- 슬라이드 마스터
- 슬라이드 레이아웃을 사용자가 수정할 수 있는 기능

두 번째로 목록의 설명이 추가된 형태의 텍스트를 스마트아트 변환 기능을 사용해서 변환시켜 보자. 흔히 키워드를 설명하기 위해서는 첫 번째와 같이 콜론(:)을 사용하지만, 스마트아트 변환 기능을 사용하기 위해서는 노란박스의 두 번째와 같이 텍스트를 한 수준의 목록형으로 우선 작성한다.

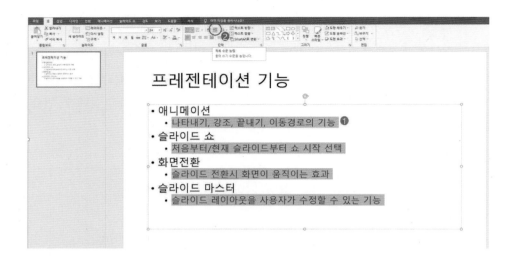

텍스트 중에 키워드를 설명하는 텍스트를 블록으로 선택하는데, Ctrl을 사용하면 모든 설명 내용을 한꺼번에 블록(❶)을 잡을 수 있다. 블록을 잡은 후, 상단 메뉴의 '서식'에서 '목록수준 늘림'을 선택(❷)한다.

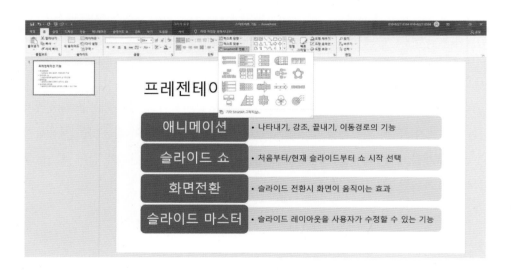

설명 내용의 목록이 한 수준으로 들어가 있는 상태에서 '스마트아트 변환'을 누르고 종류를 고른다. 위 화면은 두 번째에 있는 '세로블록 목록형'을 선택한 경우이다.

스마트아트 변환에서 제공하는 그래픽은 이외에도 사진이나 그림을 삽입할 수 있는 '세로그림 강조 목록형', '연속 그림 목록형' 등이 있으니, 선택하여 사용하면 좀 더 세련된 슬라이드를 빨리 제작할 수 있다.

프레젠테이션! 초스피드 완성

Part Ⅳ

청중의 마음을 움직이는 발표력

Part Ⅳ

청중의 마음을 움직이는 발표력

01 | 오프닝과 클로징

전문 프레젠터는 세 가지 특징을 가지고 있다. 첫 번째, 말하고자 하는 메시지의 핵심을 정확히 전달한다. 두 번째, 자신만의 독특한 기술이 있다. 세 번째, 차별화된 콘텐츠가 있다.

전문 프레젠터는 자신의 콘텐츠를 전달하는 실력을 갖춘 사람들이다. 그들은 자신의 전문 분야에서 많은 연구를 하며, 다양한 현장 경험을 갖고 있다. 또한, 자신만의 독특한 커뮤니케이션 스킬로 청중과 콘텐츠를 나눈다. 물론 쉽게 따라하지 못하는 기법들을 사용하는 프레젠터도 있지만 대부분 일반인도 충분히 노력하면 그들의 커뮤니케이션 스킬을 활용할 수 있고, 그들처럼 청중과 커뮤니케이션 할 수 있다. 어떤 프레젠터는 청중이 생생하게 보고 듣고 느끼게 하기도 하고, 어떤 프레젠터는 배우처럼 이야기하며 진행하기도 한다. 또 일방적으로 진행하지 않고 청중이 함께 참여할 수 있도록 하며 스토리텔링을 하기도 한다. 매우 담백하게 프레젠테이션을 하는 데도 눈길이 가는 사람이 있다.

전문 프레젠터들은 자신의 경험에서 아이디어를 찾아 이야기를 풀어나간다. 단순히 정보만 전달하려고 하는 것이 아니라 그 안에서 청중의 마음을 흔들고 결국 청중이 행동하도록 만든다.

전문 프레젠터들이 가장 신경 쓰는 부분 중에 하나가 바로 오프닝이다. 발표에서 오프닝은 붕어빵 속 팥과 같은 것이다. 그만큼 오프닝이 중요한데 우리는 오프닝을 어떻게 하는가? 너무나도 평범하다.

> "안녕하십니까? 오늘 발표를 맡은 OO회사의 OOO입니다.
> 발표할 기회를 주신 여러분께 감사의 말씀 드립니다.
> 그럼 오늘 주제를 말씀드리겠습니다."

저자가 강의를 시작할 때 오프닝으로 사용하는 방법 중 하나를 소개하면 다음과 같다. 그날 강의 주제는 직장인의 전화예절과 관련된 내용이었는데, 시중은행과 카드사 4~5곳의 ARS 번호에 전화를 걸어서 스피커를 통해 거기서 들리는 음성을 직접 들려주었다. 거기에는 남성 목소리, 여성 목소리, 기계음과 비슷한 딱딱한 목소리, 유명 연예인의 다정한 목소리 등등 다양한 소리가 났는데, 이를 통해 어떤 느낌을 받았는지 질문하는 것으로 강의를 시작하였다.

흔히 학생들은 교재에 의존한 일방적 설명 방식을 생각했겠지만, 각자의 느낌을 물어보고 서로 소통하는 모습으로 시작한 강의는 학생들의 관심을 이끄는 데 충분했다.

이처럼 우리가 준비해야 하는 발표의 오프닝은 청중이 예상하지 않은 것을 제공했을 때 성공할 수 있는 것이다. 즉, 오프닝은 의외성을 갖추었을 때 그 효과를 발휘할 수 있다.

우리를 다시 한 번 생각해보자. 무미건조하게 나와서 인사를 하고 주제를 말하기 시작할 때 이미 15초 정도의 시간이 흐른다. 여기서 우리가 생각해야 하는 것은 청중의 집중 시간이다. 청중이 성인이라고 했을 때 과연 얼마나 집중을 할 수 있느냐를 알면 우리가 어디에 어떤 내용을 배치해야 하는지 알 수 있다. 얼마 전 한 기사가 눈길을 끌어서 소개한다.

> ### "인간 집중력 지속 시간은 금붕어보다 짧아?"
>
> AP통신이 2012년에 실시한 조사 결과에 따르면 18~45세 성인의 집중력 지속 시간은 평균 8초로 금붕어의 평균 집중력 지속 시간은 9초에 미치지 못했다.
>
> 2013년 7월 4일 클릭제트닷컴(ClicZ.com)은 인간의 집중력 지속 시간이 금붕어보다 낮다는데 착안해 '신규 마케팅은 반드시 짧아야 하는가?(Is Short the New Marketing Must?)' 라는 기사를 게재했다.
>
> 인간이 금붕어보다 집중력이 낮다는 것은 매우 놀라운 일이지만, 기사에 따르면 놀랄 만한 일도 아니라고 한다. 왜냐하면 최근 트위터나 페이스북 등 짧고 간결한 콘텐츠를 다루는 소셜 미디어가 큰 인기를 끌고 있기 때문이다. 트위터의 경우에는 텍스트를 제한하고 있으며, 텀블러도 간단명료하고 짧은 코멘트가 일반적이다.[17]

위에서 살펴본 것과 같이 성인의 집중시간이 8초라는 결과는 매우 충격적이다. 일반적으로 성인의 집중 시간을 15분이라고 말하는 것과는 상당히 대조적이다. 여기서 우리가 눈여겨 보아야할 점은 우리의 오프닝을 어떻게 준비하는 가이다. 인사만 하는데 15초가 걸린다면 벌써 집중력이 떨어지고 있는 시점이다. 결국 집중 시간을 8초라고 생각한다면 계속해서 집중할 수 있도록 다양한 방법을 사용해서 집중력을 끌어 올려주어야 한다. 그래서 이미지나 동영상을 활용하는 것이다.

그렇다면 우리가 주제를 언급하기 이전에 오프닝으로 사용할 수 있는 소재가 어떤 것이 있을까를 고민해보아야 한다. 물론 주제와 연결 짓는 것이 필요하지만 우선 청중과 교감하기 위해서 누구나 느끼고, 누구나 알 수 있는 이야기로 풀어나가는 것이 필요하다.

각국의 대통령들이 만나는 자리에서 언제나 첫마디로 등장하는 것이 바로 날씨 이야기다. 그 이유는 날씨는 누구나 공통적으로 느낄 수 있어 편안하게 이야기를 시작할 수 있기 때문이다. 날씨를 오프닝으로 활용하는 또 하나의 이유를 들자면 사람들이 가장 관심 있는 뉴스 중에 날씨가 단연 선두이기 때문이다.

---

17) "인간 집중력 지속시간은 금붕어보다 짧아?", betanews, 2013/7/8

가장 관심도 높은 뉴스 분야는 날씨 > 사회 > 의료·건강 뉴스 순

국민들이 가장 관심을 가지고 있는 뉴스 분야는 흥미롭게도 날씨였다. 그 다음으로 사회, 의료·건강, 스포츠, 경제 순이었다. 2006년 조사에서도 이 5개 분야가 우선적으로 꼽혔다. 관심을 가진 분야에 대해 뉴스를 얻는 매체로는 전 분야에서 지상파 TV가 가장 우선시되었고, 다음은 신문이 아닌 포털 뉴스였다. 신문은 국내 정치와 경제, 국제, 통일·북한 관련 뉴스만 포털보다 높게 나타났다. 또한 2006년 조사에서는 5순위 안에 들었던 라디오 뉴스는 교통·도로 정보를 제외한 모든 순위에서 5순위 밖으로 밀려났다.[18]

실제 날씨 방송에서 오프닝은 기상캐스터들이 상당히 고민하며 매일매일의 날씨를 전한다. 필자도 기상캐스터 시절에 아침 날씨 방송을 하기 위해서 새벽 4시부터 부지런히 챙겨서 나오며 매일 반복하는 행동이 있었다. 바로 '하늘 보기'이다. 오늘 하늘은 어떤지 올려다보며 오프닝 멘트를 생각하곤 했다. 모두가 느끼는 그 느낌을 대변해주기 위해서 애쓰는 것이다. 그래서 오프닝으로 날씨를 활용하면 공감대를 쉽게 형성할 수 있다.

오프닝으로 사용할 수 있는 날씨 멘트 **TIPS**

- 벌써 바람결에 낙엽이 보슬보슬 날립니다. 가을의 발걸음이 빨라졌습니다. 부지런히 즐기셔야겠는데요. 오늘 가을을 즐기기에 더할 나위 없는 날씨가 펼쳐지겠습니다.
- 맑은 가을 하늘은 종종 안개라는 커튼을 달고 있습니다. 커튼을 열듯 오전 중에 안개가 걷힌 뒤에 맑고 밝은 하늘과 햇살이 드러나겠는데요.
- 눈부신 가을 해와 눈이 시린 가을 하늘의 조합이 환상적이겠습니다. 단, 아침 안개와 일교차는 주의를 하셔야겠습니다.
- 요즘 같은 날씨엔 시선을 높게 또 멀리 두셔도 괜찮겠습니다. 하늘은 높고 공기가 상당히 깨끗해서 가시거리는 멉니다. 서울의 시정이 20킬로미터까지 확보되는 상태구요.
- 손톱에 물을 들인 것처럼 나뭇잎 끝부분부터 울긋불긋해졌습니다. 변해가는 가을 풍경과 어울리는 파란 하늘이 오늘도 펼쳐지겠는데요. 맑고 가을 햇살이 눈부시겠습니다. 단, 아침에는 안개가 낀 곳들이 있으니까 주의를 하셔야겠고요. 일교차도 신경을 쓰셔야겠습니다.
- 대관령에 계시는 분들은 오늘 아침 시린 손에 하얀 입김을 부셨겠습니다. 오늘 대관령의 온도는 0.2도까지 떨어졌고요. 올 가을 첫 얼음이 관측됐습니다.

---

18) 정재민, 〈국민의 뉴스 소비 2010 : 뉴스 미디어 소비지형의 변화〉, 한국언론진흥재단, 2010

- 날씨 좋은 가을 주말은 아낌없이 쓰는 게 남는 겁니다. 여러 축제가 열리는 이번 주말 날씨 걱정 없이 딱 즐기시면 되겠는데요.
- 이번 주부터는 가을 햇살이 따갑기보다 따뜻하게 느껴지겠습니다. 지난주보다 기온이 조금 더 낮아져서 지금 대부분 15도 안팎으로 좀 더 두께가 있는 겉옷이 필요한데요. 낮에는 더운 느낌 대신 따사로운 느낌이 들겠습니다.
- 볕의 온기가 실감나는 요즘입니다. 낮 동안 볕이 내리쬐면 더운 느낌이 들고 그늘로 들어서면 서늘한 느낌이 들어 걷은 소매를 내리게 되는데요. 오늘은 어제보다 1~2도 정도 기온이 낮아지는 데다가 오후 햇볕은 구름 속에 자주 숨을 것으로 보여서 따뜻한 느낌이 약하겠습니다.
- 가을비는 가볍지만 옷에 무게를 더하면서 지나갑니다.
- 옷 잘못 입고 나오셨다가 어깨를 잔뜩 움츠린 분들이 보입니다. 오늘은 늦가을이나 초겨울 외투를 입으셔야 되는데요.
- 단풍이 설악산을 거의 다 내려왔고 억새는 머리를 풀어헤쳤습니다. 가을의 한복판으로 들어선 이번 주말 날씨도 한가을답겠는데요.
- 서울의 나무도 이제 초록 옷을 벗었습니다. 단풍이 물드는 풍경과 어울리는 하늘색이 오늘도 예상됩니다.[19]

이러한 날씨 멘트 뒤에는 청중에게 날씨를 어떻게 느꼈는지 물어보고 공감대를 형성할 수 있는 시간을 갖는다면 더 좋다.

실제로 수주 프레젠테이션에서 필자가 사용했던 오프닝을 한 번 살펴보자.

안녕하세요. 2013 OOO 문화행사를 새롭게 개척해 나갈 프레젠터 강지연입니다. 만나 뵙게 되서 반갑습니다.

올 겨울은 동장군이 일찍 찾아와서 무척 추운 날씨가 계속됐습니다. 그런데 오늘은 저희를 응원하듯이 날씨가 풀리면서 눈도 많이 녹은 모습입니다. 이 따뜻한 기운을 받아 제가 이 프레젠테이션을 잘 할 수 있을 것이란 생각이 듭니다.

이처럼 주말마다 추운 날씨일 때면 가족이나 연인이 놀러갈 수 있는 곳은 대부분 한계가 있는 것이 사실입니다. 게다가 물가도 올라 놀이공원이라도 가려고 하면 10만 원 이상 들기도 하지요. 이러한 문제를 OOO이 해결할 수 있을 것이라고 확신하며 지금부터 본격적으로 저희 제안을 시작하겠습니다.

---

19) 생명은 소중해님의 블로그(http://blog.yes24.com/kgs95)

저희는 Your Extreme Space! 국민들에게 최적의 여가 공간, 최고의 체험 공간, 최대의 문화 공간을 제공할 것입니다!
저희가 제안드릴 내용은 크게 4가지로 말씀드릴 수 있습니다.
먼저 저희만이 가지고 있는 타 회사와의 차별점, 구체적인 행사 구성, 홍보 방안, 운영계획까지 말씀드리겠습니다.

날씨와 자연스럽게 주제를 연결하는 것이 반드시 필요하다. 공감대를 형성하기 위해 날씨를 사용하는 것이지만 뜬금없는 이야기로 들리지 않도록 자연스럽게 주제와 연결하는 연습을 해보면 좋다.

이번에는 시사 뉴스를 활용해보는 방법을 한번 해보자. 방송이 사회에 끼치는 영향력이 커지면서 방송 뉴스를 진행하는 앵커는 더욱더 사람들의 관심을 받게 되고 앵커의 역할도 그 어느 때보다 중요해졌다. 시청자는 기자가 사건 보도를 하기 전에 기사를 소개하는 앵커의 말투와 표정으로 기사의 중요도와 소재의 심각성을 예감하고, 앵커의 "참으로 안타까운 일이 아닐 수 없습니다."와 같은 멘트를 통해 시청자들도 어느새 같이 안타까운 심정을 느끼게 된다. 이처럼 앵커 멘트를 작성할 때는 객관적으로 정확하게 전달하기 위해서 노력한다. 언어 외적인 부분으로 앵커로서 시청자들에게 온화함과 신뢰감, 확신에 찬 카리스마를 느끼게 하기 위해서도 최선을 다한다. 이러한 부분은 프레젠터와 비슷한 모습이다. 그렇다면 앵커 멘트를 한 번 보자.

앵커 멘트 1
세계 일류 도시를 지향하는 서울시. 시민의 안전도는 어느 정도일까?
일류 도시로 꼽히는 외국의 대도시와 비교했습니다.

앵커 멘트 2
크기나 인구로 따지면 세계에서도 손꼽히는 거대도시 서울이지만, 그 안에 사는 사람들은 얼마나 마음 편히 살고 있을까요? 서울 시민들의 생활 안전도를 OOO 기자가 외국 여러 대도시와 비교해 봤습니다.

기사의 여러 사항을 요약하는 것보다 그중 가장 중요하다고 생각하는 사항을 소개하는 것이 앵커 멘트 작성 지침의 핵심이다. 오프닝도 마찬가지로 핵심이 무엇인지 정확하게 파악한 후 그것을 알리는 것이 중요하다.

자, 그럼 이번에는 무거운 주제를 가지고 프레젠테이션을 할 때 어떤 오프닝을 하면 좋은지 알아보자.

'직장인 10명 중 7명, 장마 우울증 호소'
직장인의 68%가 장마철의 습도 및 일조량 등에 의해 우울장애를 느끼는 '장마 우울증'을 겪는 것으로 나타났다.

취업포털 커리어(http://www.career.co.kr, 대표 강석인)가 20, 30대 대학생과 직장인 1,085명을 대상으로 '장마 우울증'에 관한 설문조사를 실시한 결과, 전체의 68%가 장마 우울증을 겪는다고 응답했다.

장마 우울증이 끼치는 영향의 정도로는 ▷ '평소에 비해 약간 기분이 다운되는 정도' 라는 의견이 53%로 절반 이상이었지만 ▷ '작은 일에도 짜증이 늘어난다.' 가 21.8% ▷ '일상적인 생활과 업무(학업)관리를 할 수 없을 정도로 무기력감과 우울감을 느낀다.' 는 의견이 15.6%였다. 또한 ▷ '체력이 약해지고 몸무게가 늘어나는 등 신체적인 영향까지 동반한다.' 는 의견이 5.7%, ▷ '주변에서 알아차릴 수 있을 정도로 다른 때와 확연히 다르다.' 가 3.9%를 차지했다.

한편, 직장인들이 겪는 계절성 우울증은 '장마 우울증' 뿐만이 아니었다. 2030세대의 43%는 '봄을 탄다(봄 우울증).' 라고 응답했으며, 38%는 '가을을 탄다(가을 우울증).' 19%는 '겨울 우울증'을 겪는다고 응답했으며, 복수로 선택한 응답자가 많아 2030세대가 겪는 계절성 우울증의 심각성을 확인할 수 있었다.[20]

이러한 내용이 주제라고 한다면 오프닝부터 무척 무거워질 것이다. 이 내용 대신 가볍게 친밀감 형성을 하기 위한 이야기는 무엇이 있을까? 직장인 버킷리스트로 이야기를 풀어보면 어떨까?

---

[20] 직장인 장마 우울증, M이코노미 뉴스, 2013/7/3

안녕하세요. 이번 프로젝트의 PM을 맡은 강지연입니다.
만나 뵙게 되어 반갑습니다.

능률협회의 조사 자료에 의하면 대다수의 직장인들이 죽기 전에 꼭 하고 싶은 일은 '취미생활 갖기', '새로운 것에 도전하기', '혼자만의 시간 갖기', '여행 떠나기', '싫어하는 직장 동료와 친해지기', '외국어 공부하기', '가족을 위해 시간 내기' 등이었는데요.
대부분 그동안 시간이 없어서, 돈이 없어서 다음으로 미루어 왔던 일들을 꼭 하고 싶다고 답했습니다. 그중 1위로 꼽힌 것이 '1년 동안 아무런 걱정 없이 세계여행을 하는 것'이었습니다.
그만큼 우리는 지금 각박한 현재를 살아가고 있습니다. 그로 인해 직장인은 다양한 우울증이라는 이름으로 스트레스를 받고 있지요. 우리가 일을 행복하게 할 수 있다면 너무나 좋겠지만 많은 부담과 압박 등이 우리를 억누르고 있습니다. 이러한 요소들을 우리가 좀 더 자세히 알아보고 그것을 대처할 수 있는 방법도 알아보면 행복한 직장 생활을 하는 데 도움이 될 것이라고 생각합니다. 지금부터 저와 함께 알아보시죠.

지금까지 오프닝의 중요성과 작성 요령에 대해 살펴보았다. 오프닝을 이렇게 중요하다고 강조하는 이유에는 사람들의 기억에 대한 효과 때문이다.

누군가와 경합을 벌여야 하는 발표 시, 지원자가 여러 명 있다고 하면 여러분은 몇 번째로 나서겠는가? 이와 같은 상황에서 가장 효과적인 발표순서는 바로 처음과 끝이다. 이때 사회심리학 이론을 대입해보면 처음이 효과적인 경우를 초두 효과, 마지막이 효과적인 경우를 최신 효과라고 할 수 있다. 이 두 개념은 꼭 프레젠테이션이나 발표에만 해당한다기보다는 우리가 접하는 모든 대상에 대한 인상을 형성하는 과정에 영향을 미치는 것이니 넓은 관점에서 이해하는 것이 중요하다.

먼저 초두 효과(Primacy Effect)를 알아보자. 애시(Asch)라는 심리학자는 학생들에게 가상의 인물에 대한 성격을 묘사하는 형용사들을 나열하여 제시하고, 학생들이 그 인물에 대해 느끼는 인상이 무엇인지를 쓰게 하여 분석하였다. 한 조건에서는 형용사의 순서가 다음과 같았다.

김OO은 똑똑하고, 근면하며, 충동적이고, 비판적이고, 고집이 세며, 질투심이 강함.

다른 비교 조건에서는 똑같은 형용사들을 제시하는 순서만 바꿨다.

이OO은 질투심이 강하고, 고집이 세며, 비판적이고, 충동적이며, 근면하고, 똑똑함.

학생들은 긍정적인 형용사들이 먼저 제시되었을 때 상대방 인물에 대해 보다 호의적인 인상을 느끼는 것으로 나타났다. 이같이 먼저 제시된 정보가 나중에 제시된 정보보다 더 큰 영향력을 행사하는 것을 초두 효과라고 한다.

즉, 처음에 제시된 정보가 틀을 형성하고 이 맥락 속에서 우리는 나중에 제시된 정보를 해석하기 때문에 나중 정보가 지니는 의미가 달라지는 것이다. 어떤 사람이 '똑똑하다'고 들었는데 그가 이미 성실하고 정직하다는 것을 알았을 때와 그가 성실하지 못하다는 것을 알았을 때는 '똑똑하다'는 정보가 달리 해석되어 앞의 경우는 유능하고 믿음직하다는 인상이 형성되고, 뒤의 경우는 요령꾼, 사기꾼이란 인상이 형성되기 쉽다. 초두 효과는 시간적 여유가 없거나 판단의 중요성이 높지 않을 때 특히 잘 나타난다.

반대로 우리는 종종 처음보다 마지막에 들은 것을 더 생생히 기억하곤 한다. 이를 최신 효과(Recency Effect)라고 하는데, 초두 효과와는 정반대로 시간적으로 제시된 정보가 잘 기억되고 따라서 인상 형성에 큰 영향을 미칠 수 있는 것이 바로 최신 효과다. 최신 효과는 기억과 인지에 대한 연구에서 주로 논의되어 왔으며, 미국의 심리학자인 로버트 라나(Robert Lana)에 의해 제시된 개념이다. 최신 효과는 단어, 사물 등 많은 정보가 주어졌을 때 사람들이 가장 나중에 제시된 것을 제일 잘 기억하는 현상을 의미한다.[21]

---

21) 네이버 지식백과 : 최신효과, 두산백과

페티, 토말라, 호킨스, 웨그너(Petty, Tormala, Hawkins, & Wegener, 2001)의 연구는 메시지 구성 방식이 순서 효과에 영향을 줄 수 있음을 보여주었다. 같은 시각의 메시지들을 차례차례 연쇄적으로 함께 배치해 다른 시각의 메시지들과 명확히 구분되게 할 경우, 수용자들은 앞서 전달된 메시지들의 시각을 정리할 기회를 가질 수 있어 초두 효과를 보이게 된다는 것이다. 반면, 서로 다른 시각의 메시지들이 순서상으로 뒤엉켜 배치되면, 수용자들은 특정 시각의 메시지들을 정리할 기회를 갖지 못하게 되고, 결국 가장 나중에 전달된 메시지에 영향을 받게 된다는 것이다.[22]

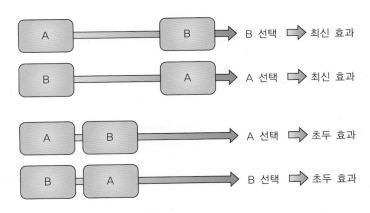

최신 효과는 면접에서도 그 효과를 발휘한다. 면접의 종류에 따라 다르겠지만, 여러 명의 지원자를 한꺼번에 면접하는 방식에서는 마지막에 말하는 면접자의 답변이 인상적인 경우에 좋은 점수를 받을 수 있다. 또한 면접을 마무리 짓는 멘트에서 면접관을 감동시킬 수 있다면 분명히 좋은 결과를 얻을 수 있을 것이다.

---

22) 최윤정, 〈방송 뉴스에서 신(scene)의 순서효과 및 비중효과 검증과 이미지-이슈의 조절기능에 대한 연구 : 정치인 관련 보도와 수용자 평가를 중심으로〉, 2008, 한국방송학보 통권 제22-3호 365~396쪽

최신 효과로 사용하면 좋은 주제

- 청중에게 친근하지 않은 주제
- 청중에게 중요하지 않은 주제
- 청중에게 어려운 주제
- 청중에게 중요한 주제(청중의 태도 변화 상승)

이러한 초두 효과와 최신 효과가 바로 프레젠테이션의 오프닝과 클로징이라고 비유할 수 있다. 오프닝의 중요성은 이미 알고 있다. 하지만 클로징의 중요성은 의외로 많은 사람들이 놓치고 있다. 오프닝에서 우리가 성의 없게 인사를 하고 주제로 바로 진입하는 것처럼 클로징에서도 마찬가지로 의미 없는 인사로 마무리하고 발표를 끝낸다. 예를 들어보면 다음과 같다.

> "지금까지 제 발표를 경청해주셔서 감사합니다.
> 이상으로 발표를 마치겠습니다.
> 감사합니다."

마지막까지 발표를 듣는 데 지루했던 청중들은 마지막까지 남는 것이 없다는 생각을 할 수도 있다. 그렇다면 클로징을 어떻게 작성하면 좋을지를 살펴보자. 오프닝만큼 중요한 것이 클로징이다. 마지막에 최신 효과를 활용해서 임팩트 있게 마무리하기 위해서는 핵심 메시지를 한 번 더 반복하는 것이 필요하다. 오프닝에서 했던 내용과 비슷하게 마지막에 한 번 더 해주는 것이다. 그래서 중간 내용은 생각이 안 나더라도 클로징을 듣고 핵심은 기억하게 하는 것이 중요하다. 위에서 예를 들었던 필자의 수주 프레젠테이션 당시 클로징을 담아본다.

> 저희는 Your Extreme Space! 국민들에게 최적의 여가 공간, 최고의 체험 공간, 최대의 문화 공간을 제공할 것을 약속드립니다.
> 누구나 부담 없이 찾고 재밌게 즐길 수 있는 문화 행사를 만들어갈 것입니다.
> 좀 더 새롭고 독창적인 기획들을 체계적으로 펼쳐나갈 것입니다.
> 2013 OOO 문화행사! 저희에게 맡겨주십시오!
> 이것으로 발표를 마치겠습니다. 지금까지 경청해주셔서 대단히 고맙습니다.

핵심 메시지를 제시할 때는 그에 맞는 이미지를 찾아 슬라이드에 넣어주는 것이 좋다. 시각적인 것과 청각적인 것이 합쳐지면 사람들의 기억에 더 오래 남을 수 있기 때문이다. 앞에서 예를 들었던 직장인 우울증과 같은 주제도 긍정적인 내용으로 마무리가 되어야 긍정적인 기억으로 남을 수 있다. 우울증에 대해서만 이야기하면 우울해질 뿐이다. 그럼 마무리를 한 번 해보자.

지금까지 여러분이 보신 것처럼 스트레스와 우울증은 우리도 모르게 찾아올 수 있습니다. 그것을 방치하면 우리는 전문가의 도움을 받아야할 수도 있고, 육체적인 병으로 나타날 수도 있습니다. 제가 제시해 드린 해결책을 바탕으로 우리가 평상시에 긍정적인 마인드로 행복한 직장 생활을 한다면 이러한 우울증은 문제가 되지 않을 것입니다. 직장 생활 중 작은 것에서 행복을 찾아보시면 어떨까요? 동료와 나누는 아침인사, 점심식사 후 커피 한 잔, 동료들과의 대화 등 사소한 행복이 모이면 하루가 행복할 것입니다.
그럼 여러분들의 버킷 리스트에 행복한 직장 생활 안에서 이룰 수 있는 무언가가 담기길 희망하며 제 발표를 마치겠습니다.
지금까지 경청해주셔서 대단히 고맙습니다.

02 | 공감대 형성을 위한 질문

공감대를 형성하기 가장 좋은 시간은 오프닝이다. 즉, 오프닝에서 공감대를 형성할 수 있는 질문을 함으로써 청중과 함께 느끼고 있다는 것을 표현할 수 있다. 이때는 반드시 열린 질문이 아니어도 괜찮다. 닫힌 질문을 통해 같이 느끼고 있다는 것만 인식하게 해도 좋다.

예를 들어, 기온이 35도까지 올라가는 한여름의 땡볕 더위인 날이 프레젠테이션 당일이라고 할 때 "오늘 날씨가 정말 너무 덥죠?"라고 하며 청중을 바라보면 모두 수긍하는 대답이나 혹은 비언어적인 표현을 이끌어 낼 수 있다. 오프닝뿐만 아니라 본론 부분에서도 지루하다 싶으면 질문을 할 수 있다. 예를 들면 "요즘 OO 영화 보셨나요?"라고 질문하여 주제와 연결시키는 것도 하나의 방법이다.

설명을 장황하게 하는 것보다는 질문을 통해 공감대를 형성하고 집중시키는 일거양득의 효과를 가지고 올 수 있다.

우리의 제품이나 구성이 매우 좋다는 설명을 늘어놓는 방식은 일방적인 전달이다. 반면에 질문은 쌍방향 커뮤니케이션이다. 청중은 이런 쌍방향 소통이 이루어질 때 마음이 움직이고 반응한다.

지금까지 자신의 프레젠테이션이 처음부터 끝까지 모두 평서문으로 구성되지 않았나? 일방적으로 전달하면서 청중의 마음이 움직이기를 바라지는 않았나? 생각해 볼 필요가 있다.

최근 "나는 누구일까요?"라는 질문 한마디를 던지는 한 대기업 그룹의 광고가 있다. 나 중심의 사회인 요즘 나에 대한 관심을 자연스럽게 불러일으키고 나의 존재 자체에 대한 생각을 할 수 있게 만들기도 한다. 나에 대해 각자 생각해볼 수 있는 광고가 아닐까?

질문기법은 아직까지 많이 사용하지 않고 있다. 집중시킬 수 있다는 것을 알면서도 청중이 반응을 해주지 않으면 무안할까 두려워 쉽게 시도하지 못한다. 하지만 긴 설명으로 짧은 집중시간을 놓치는 것보다는 시도해 보고 좋은 반응을 이끌어 낼 수 있는 것이 더 좋지 않을까?

요즘은 강의를 하면서 점점 사람들에게 참여식 강의가 인기라는 것을 느낀다. 일방적으로 전달만 했던 티칭식 강의에서 청중이 서로 의견을 나누고, 결과물을 함께 만들어 내면서 스스로 깨우쳐가는 방식의 강의를 선호한다. 그것이 바로 코칭식 강의라는 생각이 든다. 강사는 조력자의 역할을 하며 도와주는 역할을 하고 주인공은 청중이 되는 것이다. 이것은 프레젠테이션 현장에서도 마찬가지이다. 일방적으로 전달하는 것이 아닌 서로 주고받을 수 있는 프레젠테이션이 훨씬 자연스럽고 분위기가 좋다. 주고받는 도구로 질문을 사용해 보라.

특히, 프레젠테이션은 일방향 커뮤니케이션이 되기 쉽다. 프레젠터는 능동적이지만 청중은 수동적이다. 이럴 때 질문을 던진다면 청중은 무심한 상태에서 참여자의 형태로 관심을 보이게 된다.

현재 하고 있는 프레젠테이션이 청중과 상호작용하고 있는가? 내가 뽑아낸 핵심이 듣는 청중에게도 그들이 듣고 싶어 하는 것인가? 청중이 함께 할 수 있는 메시지를 만들기 위해 질문을 활용해 보자.

▌ORID 기법

질문을 잘 하는 방법으로 ORID 기법을 소개하려고 한다. 예를 들어, 프레젠테이션에 대해 논리적으로 분석하고 따지기 전에 순수하게 프레젠테이션 내용을 관찰하고 (Objective), 프레젠테이션을 보고 들었을 때 각자의 마음에 느껴지는 감정에 귀 기울여 보고(Reflective), 이 발표가 무엇을 이야기하려고 했는지, 나한테 주는 시사점이 무엇일지 생각해 본다(Interpretive). 그러고 나면 최종적으로 그 발표를 통해 자신만의 결론을 내릴 수 있게 된다는(Decisional) 것이 바로 ORID 기법이다.

(1) 프레젠테이션을 보면서 무엇을 관찰하였는지 질문으로 만든다.

- 기억에 남는 장면은 무엇인가요?
- 더 명료하게 하기 위해 하고 싶은 질문은 무엇인가요?
- 관심을 끈 단어나 문구는 무엇인가요?

(2) 프레젠테이션을 보면서 마음에 느껴지는 감정이 무엇인지 질문으로 만든다.

- 가장 흥미로웠던 것은 무엇인가요?
- 가장 염려되는 것은 무엇인가요?
- 어떤 이미지가 떠오르나요?

(3) 프레젠테이션을 보면서 나한테 주는 의미는 무엇인지 질문으로 만든다.

- 이 발표가 주는 의미는 무엇인가요?
- 이 발표가 어떤 가치를 가지나요?
- 이 발표를 통해 얻을 수 있는 것은 무엇인가요?

(4) 최종적으로 그 프레젠테이션을 통해 내가 내릴 수 있는 결론이 무엇인지 질문으로 만든다.

- 이 발표를 통해 결정한 것은 무엇인가요?
- 앞으로 해야 할 일은 무엇인가요?
- 어떤 결정을 내릴 수 있나요?

03 | 호감 가는 목소리

우리가 생각하는 호감 가는 목소리는 어떤 목소리를 말하는 것일까? 흔히 연예인 중에 목소리가 좋은 연예인 하면 남자는 이선균, 김명민, 한석규 등을 말하고, 여자는 양희은, 김희애, 채시라 등을 꼽는다. 이들 목소리의 공통점은 중저음이며 울림을 가지고 있다는 것이다.

호감 가는 목소리 하면 아나운서 목소리도 흔히 떠올린다. 또박또박 정확한 발음에 역시 중저음의 톤을 가지고 있다. 그렇다면 프레젠터에게 요구되는 목소리는 어떤 것일까?

청중은 5분이든 10분이든 발표를 듣는 동안 편안하게 들을 수 있기를 바란다. 톤이 너무 높거나 목이 잠겨 소리를 잘 들을 수 없거나 아기 목소리처럼 들리거나 갈라지는 소리가 나는 등의 목소리는 꺼리게 된다.

즉, 매력적이고 호감 가는 목소리는 풍부한 성량과 깨끗하고 맑은 음색을 지닌 것이라 할 수 있다. 성량은 목소리가 크거나 작은 정도를 이야기하는 것으로 풍부한 성량이란 시원시원한 소리를 말할 수 있다. 음색은 소리의 높낮이를 말하는 것으로 진동방법에 따라 음이 갖는 감각적 성질에는 차이를 보인다. 맑은 음색은 소리가 걸리지 않고 또렷하게 나오는 높낮이를 말하는 것이다. 좋은 목소리는 성량이 풍부하고 맑으면서 공명에 의한 울림이 잘 이루어지는 것이기 때문에 성량과 음색이 좋은 목소리를 결정하는데 가장 큰 비중을 차지한다고 한다.

사람의 목소리는 선천적으로 타고난 것이라고 생각하는 사람들이 많다. 그래서 절대 바꿀 수 없다고 생각하기도 하지만 약 30~40% 정도는 바뀔 수 있다. 보이스 트레이닝을 통해 훈련을 한다면 보다 좋은 목소리로 바꿀 수 있다.

목소리란 목구멍에서 나는 소리로 성대에서 공명을 통해 나오는 떨림에 의한 소리이다. 목소리는 최근 사람을 처음 만났을 때 그 사람을 판단하는 조건 중에 하나로 크게 자리 잡고 있다. 특히, 면접 상황에서도 목소리의 비중이 커지고 있기 때문에 이에 대한 관심이 높아지고 있다. 목소리는 성격까지도 대변하는 정도로 매우 영향력이 큰 의사소통 수단으로 볼 수 있다.

미국의 사회심리학자 Mehrabian(1971)은 대화하는 사람들을 관찰한 결과, 상대방에 대한 인상이나 호감을 결정하는 데 있어 목소리가 차지하는 비중이 38%, 표정과 태도 등 신체적 표현 방법이 55%를 각각 차지하지만, 메시지의 내용은 단지 7%의 비중만을 차지하는 것을 발견하였다. 다른 요소보다 목소리가 인상이나 호감을 결정하는 데 있어서 가장 중요한 부분을 차지하고 있다는 것을 말해준다.

목소리는 이뿐만 아니라 많은 기능을 수행하는데, 예를 들면 목소리에 그 사람의 기분과 감정상태가 그대로 있기 때문에 상대방의 목소리를 듣고 그 사람이 기분이 좋은지 나쁜지를 알 수 있다. 또한 목소리는 감정 상태를 표현하는 동시에 몸 상태의 바로미터 역할을 한다(안철민, 2009).

이처럼 일상생활에서 매일 사용하는 우리의 목소리는 일생동안 끊임없이 감정을 표현할 뿐만 아니라 말을 만들어 다른 사람들과 의사소통을 할 때 매우 중요한 수단이 된다.[23)]

듣기가 좋은 목소리의 요인으로는 건강한 소리, 맑은 소리, 밝은 소리 등이 꼽힌다 (Murray, 1944). 물론 좋은 목소리에 대한 기준은 누가 듣느냐에 따라, 또한 어떤 환경에서 말을 하는가에 따라 다르게 나타날 수 있다.

이와 비슷하게 최병학(1997)은 듣기에 좋은 목소리를 부담감 없이 들을 수 있고 호감이 가는 목소리라고 정의했다. 또 좋은 목소리를 6가지로 분류했는데, 선천적으로 타고난 목소리, 건강한 목소리, 톤(Tone : 음조, 음높이가 정확하고 순순한 정도)이 낮으면서 떨림이 없는 목소리, 생각이 있는 목소리, 자신감 있고 당당하며 씩씩하게 내는 목소리, 밝은 목소리가 그 분류이다.

한편, Heinz(2004)는 목소리는 명함과 같다고 했다. 기어들어가는 작은 목소리, 또박또박 들리지 않는 발음의 문제, 음절을 끝까지 내지 않거나, 말끝이 갈라지거나, 엉겨붙은 목소리, 지나치게 높은 목소리, 불안하게 떨리는 목소리, 쩌렁쩌렁 울리는 목소리

---

23) 권순복, 〈선행연구 분석을 통한 매력적인 목소리의 특성 연구〉, 한국언어치료학회, 2009, 105~122쪽

등은 화자의 전달력을 떨어뜨린다고 주장하였다. 또한 너무 낮고 단조로운 목소리는 지루하며, 따라서 이상적인 목소리는 강하면서 명쾌한 목소리, 즉 역동성이 있는 목소리라고 했다. 또 Heinz는 이런 역동적인 목소리로 표현하기 위해서는 말의 시작과 끝 부분을 강조하듯이 강한 어조로 말하는 것이 좋다고 밝혔다. 어조에 변화를 주고 말끝을 흐려서도 안 되며, 또박또박 발음을 하고 문장의 끝은 높여서 말해야 하는 것이 바람직하다고 하였다.[24]

목소리가 만들어지는 과정을 풀피리를 불어 소리를 내는 것과 비교해볼 수 있다. 양손의 엄지손가락과 검지손가락으로 풀잎을 잡고 입으로 불면 풀잎이 떨면서 소리가 나온다. 이때 나오는 풀피리 소리는 가늘고 높은 소리가 난다. 이와 같이 사람의 목소리는 허파로부터 기도를 통해 밖으로 나오는 공기의 압력을 받아 성문에 힘이 가해져서 성대가 진동하게 됨으로써 생겨난다. 이러한 소리는 성대를 중심으로 그 주변의 울림을 받아 밖으로 나오게 되는데 입 안에 연구개를 위로 올리면 공명이 좀 더 잘 일어나며 입술을 통해 빠져나오는 것이 바로 우리가 듣는 목소리이다.

위에서 살펴본 것과 같이 목소리는 외모와 함께 첫인상을 좌우하는 주요 변수다. 목소리를 통해 카리스마가 드러나기도 하고 타인을 설득하는 힘도 생긴다. 조선 시대에는 느리고 낮은 음으로 늘어지는 목소리를 가져야 양반다운 것으로 인식됐다고 한다. 미국인은 약간 높은 음의 영국 악센트를 선호한다. 북한에서는 전투적인 기백이 강하고 선동적인 목소리로 방송하도록 방송원들을 교육하고 있다.

좋은 목소리는 선천적인 자질도 중요하지만 후천적으로 만들어지기도 한다.

발성의 요점   **TIPS**

- 전신의 힘을 빼고 머리를 전후좌우 여러 방향으로 돌리면서 어깨와 목의 긴장을 푼다.
- 혀를 내밀거나 입안에서 돌리는 혀 운동을 주기적으로 한다.
- '아' 하는 큰 한숨을 쉰 뒤 가장 낮은 소리에서 글을 읽는 연습을 한다.

---

24) 박란희·이시훈, 〈목소리 구성 요소의 커뮤니케이션 효과에 관한 연구〉, 한국소통학회, 2009, 293~327쪽

- 공기 공급은 목이 아니라 배에서 한다는 느낌이 들도록 복식 호흡을 한다.
- 몸의 어떤 부위건 스트레스를 피하고 편안한 자세에서 발성해야 한다.
- 가성대(false cords)의 가성(feigned voice)이 아닌 진성대(true cords)의 지성(地聲, natural voice)을 사용해 발성한다.
- 비음이 섞이지 않는 말을 골라 코를 막고 비음을 내지 않도록 연습한다.
- 금연하고 물을 자주 마셔서 적당한 습도를 유지해야 한다.
- 감기 중에는 목소리 사용을 자제하고, 잔기침도 가능하면 피한다.

목소리 구성 요소에서 발음과 목소리의 크기를 다룬 Ehninger(1978)는 발음과 목소리의 크기를 묶어 "알아듣게 말하기"로 정의하였다. 이는 듣는 사람이 목소리의 크기와 발음 때문에 메시지의 이중적 해석을 하지 않도록 쉽게 이해할 수 있어야 하는 정확성을 나타내고 있다. 프레젠터가 말하고자 하는 말의 뜻을 제대로 전달하려면 '발음'이 정확해야 하며, 아무리 내용이 좋다고 해도 '발음'이 부정확하면 의미 전달이 제대로 될 수 없다.

발음은 의사 전달에서 매우 중요한 요소이다. 말의 의미를 제대로 전달하려면 발음이 정확해야 한다. 발음 훈련은 대부분 단전에 힘을 주고 '아, 에, 이, 오, 우'를 외치거나 '가, 갸, 거, 겨, 고, 교, 구, 규' 표를 인용해 조음 훈련을 한다. 또는 발음하기 어려운 의미 없는 단어들의 조합을 매끄럽게 읽어내기 위한 훈련에 치중한다.

정확하고 분명한 발음은 프레젠터가 갖춰야 할 기본이다. 표준 발음의 단모음에 대한 연습은 모음사각도를 보면서 하는 것이 좋다. 그리고 자음과 모음을 동시에 연습하기 위해서는 '가갸표'를 좌우, 상하 등으로 연습하는 것이 좋다. 발음과 관련해서는 다음 절에서 좀 더 자세히 다루기로 한다.

▌발음훈련의 실습

① 지시도에 의한 연습

㉠ 모음과 자음을 연습하자. 모음은 정확한 입모양이 생명, 자음은 혀를 제대로 움직이는 것이 중요하다. 가능한 입을 크게 벌리고 배에서 나오는 복성으로 소리를 내고 목에 너무 힘을 주어 무리가 가지 않게 한다.

ⓒ 소리는 되도록 내뱉도록 한다. 한 글자 한 글자 공처럼 던진다는 느낌으로 해 보면 좋다.

ⓒ 위에서 아래로, 대각선으로 옆으로 등 다양하게 발음 연습을 한다.

ⓒ 고발성으로 딱딱 끊어서 속도를 일정하게 천천히 발음한다.

ⓜ 받침을 다양하게 넣어 연습해 본다.

예 갈 걀 걸 결 골 꼴 굴 귤 글 길
　강 걍 겅 경 공 꼴 궁 귱 긍 깅

모음 자음	ㅏ	ㅑ	ㅓ	ㅕ	ㅗ	ㅛ	ㅜ	ㅠ	ㅡ	ㅣ
ㄱ	가	갸	거	겨	고	교	구	규	그	기
ㄴ	나	냐	너	녀	노	뇨	누	뉴	느	니
ㄷ	다	댜	더	뎌	도	됴	두	듀	드	디
ㄹ	라	랴	러	려	로	료	루	류	르	리
ㅁ	마	먀	머	며	모	묘	무	뮤	므	미
ㅂ	바	뱌	버	벼	보	뵤	부	뷰	브	비
ㅅ	사	샤	서	셔	소	쇼	수	슈	스	시
ㅇ	아	야	어	여	오	요	우	유	으	이
ㅈ	자	쟈	저	져	조	죠	주	쥬	즈	지
ㅊ	차	챠	처	쳐	초	쵸	추	츄	츠	치
ㅋ	카	캬	커	켜	코	쿄	쿠	큐	크	키
ㅌ	타	탸	터	텨	토	툐	투	튜	트	티
ㅍ	파	퍄	퍼	펴	포	표	푸	퓨	프	피
ㅎ	하	햐	허	혀	호	효	후	휴	흐	히

〈가갸표〉

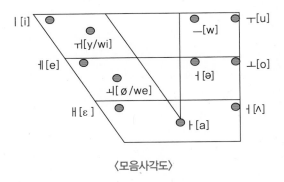

〈모음사각도〉

앞에서 살펴본 바와 같이, 목소리란 성대에서 공명을 통해 나오는 떨림에 의한 소리이며 좋은 목소리란 건강한 신체에서 나오는 자연스럽고 성량과 음색이 좋은 목소리, 공명이 잘되고 듣기에 좋은 목소리라고 정의 내릴 수 있다.

목소리 훈련에 앞서 바른 자세는 인위적인 힘이 들어가지 않고 이완된 상태이다. 이때 편안하고 자연스러운 목소리를 내도록 한다. 상체를 길고 넓게 펴주어 심폐기능을 자유롭게 해주고 호흡을 편안하게 할 수 있는 조건을 만들어 준다. 긴장완화와 편안한 소리를 위해 가벼운 운동이나 스트레칭을 습관화해야 한다.

신체 훈련을 통한 바른 자세와 긴장의 이완을 위해 우선으로 행해야 하는 훈련법으로 척추, 목, 어깨 등 신체의 굵직한 부분의 이완 훈련을 한 후에 반드시 얼굴, 혀, 입술, 턱의 이완까지 풀어주어야 한다. 입술과 턱의 이완은 보다 정확한 발음을 구사하는 데 도움을 준다.

감정에 따른 호흡의 변화가 목소리의 톤이나 속도, 리듬이나 억양, 목소리의 크기, 공명 상태 등에 직접적인 영향을 미쳐 운율을 만들어 낸다. 따라서 목소리의 원리를 이해하고 이완된 상태에서 자신의 색을 분명하게 가지기 위한 감정 표현 이전에 목소리의 기본 요소와 구성 요소를 갖추고 활용할 수 있어야 한다.

04 | 정확한 발음

정확한 발음을 위해 국립국어원 표준어 규정에 따른 표준 발음법을 토대로 기술하려고 한다. 흔히 헷갈리거나 어려워하는 발음들을 위주로 정리하였다.

(1) 표준 발음법 총칙

표준 발음법은 표준어의 실제 발음을 따르되, 국어의 전통성과 합리성을 고려하여 정함을 원칙으로 한다. 표준어의 발음법에 대한 대원칙을 정한 것이다.

표준어의 실제 발음에 따라 표준 발음법을 정한다는 것은 표준어의 규정과 직접적인 관련을 가진다. 표준어 사정 원칙 제1장 제1항에서 "표준어는 교양 있는 사람들이 두루 쓰는 현대 서울말로 정함을 원칙으로 한다."라고 규정하고 있다. 이에 따라 표준 발음법은 교양 있는 사람들이 두루 쓰는 현대 서울말의 발음을 표준어의 실제 발음으로 여기고서 일단 이를 따르도록 원칙을 정한 것이다. 예컨대 '값[價]'에 대하여 '값, 값만, 값이, 값을, 값에' 등은 [갑, 감만, 갑씨, 갑쓸, 갑쎄] 등으로 서울말에서 발음되는데, 바로 이러한 실제 발음에 따라 표준 발음을 정한다는 것이다. 또 하나의 예를 보면, 겹받침 'ㄺ'의 발음은 체언의 경우 '닭이[달기], 닭을[달글]' 등과 같이 모음 앞에서 본음대로 'ㄺ'을 모두 발음하지만 '닭도[닥또], 닭과[닥꽈]' 등과 같은 자음 앞에서는 'ㄹ'을 탈락시키면서 'ㄱ'만을 발음하는데, 용언의 경우에는 환경에 따라 'ㄺ' 중에서 발음되는 자음을 달리한다.

(2) 자음과 모음

19개의 자음을 아래와 같이 배열한 것은 일반적인 한글 자모의 순서에 국어사전에서의 자모 순서를 고려한 것이다.

> ㄱ(기역) ㄲ(쌍기역) ㄴ(니은) ㄷ(디귿) ㄸ(쌍디귿) ㄹ(리을) ㅁ(미음) ㅂ(비읍) ㅃ(쌍비읍)
> ㅅ(시옷) ㅆ(쌍시옷) ㅇ(이응) ㅈ(지읒) ㅉ(쌍지읒) ㅊ(치읓) ㅋ(키읔) ㅌ(티읕) ㅍ(피읖) ㅎ(히읗)

19개 자음의 발음을 위하여 전체적으로 분류하면 다음과 같다.

구 분	입술소리	허끝소리	구개음	연구개음	목청소리
예사소리	ㅂ	ㄷ, ㅅ	ㅈ	ㄱ	ㅎ
거센소리	ㅍ	ㅌ	ㅊ	ㅋ	
된소리	ㅃ	ㄸ, ㅆ	ㅉ	ㄲ	
비 음	ㅁ	ㄴ		ㅇ	
유 음		ㄹ			

아래는 표준어의 단모음(單母音)과 이중 모음을 전부 보인 것이다. 이의 배열 순서도 자음의 경우와 마찬가지로 일반적인 한글 자모의 순서와 국어사전에서의 자모 순서를 함께 고려한 것이다.

> ㅏ ㅐ ㅑ ㅒ ㅓ ㅔ ㅖ ㅗ ㅘ
> ㅙ ㅚ ㅛ ㅜ ㅝ ㅞ ㅟ ㅠ ㅡ ㅢ ㅣ

여기서 우리가 어려워하는 발음 중의 하나가 '의' 발음이다. '의' 단어의 발음은 첫음절은 [ㅢ]로, 첫음절 이외의 '의'는 [ㅣ]로, 조사 '의'는 [ㅔ]로 발음함도 허용한다.

> 의사[의사], 의원[의원], 의자[의자]
> 주의[주의/주이], 협의[혀븨/혀비], 강의[강ː의/강ː이]
> 우리의[우리의/우리에], 나의[나의/나에], 성의의[성의의/성이에]

'의' 발음이 많이 들어 있는 '민주주의의 의의와 우리의 희망'이라는 말을 소리 나는 대로 적어보자.

> 민주주의의 의의와 우리의 희망
> [민주주이에 으이와 우리에 히망]

(3) 음의 길이

모음의 장단을 구별하여 발음하되, 단어의 첫음절에서만 긴소리가 나타나는 것을 원칙으로 한다.

(1) 눈보라[눈:보라]   말씨[말:씨]   밤나무[밤:나무]
     많다[만:타]   멀리[멀:리]   벌리다[벌:리다]

(2) 첫눈[천눈]   참말[참말]   쌍동밤[쌍동밤]
     수많이[수:마니]   눈멀대[눈멀다]   떠벌리다[떠벌리다]

용언의 단음절 어간에 어미 '-아/-어'가 결합되어 한 음절로 축약되는 경우에도 긴소리로 발음한다.

보아 → 봐[봐:]   되어 → 돼[돼:]

두어 → 둬[둬:]   하여 → 해[해:]

다만, '오아 → 와, 지어 → 져, 찌어 → 쪄, 치어 → 쳐' 등은 긴소리로 발음하지 않는다.

(4) 받침의 발음

받침 'ㄲ, ㅋ', 'ㅅ, ㅆ, ㅈ, ㅊ, ㅌ', 'ㅍ'은 어말 또는 자음 앞에서 각각 대표음 [ㄱ, ㄷ, ㅂ]으로 발음한다.

닦다[닥따]	키읔[키윽]	키읔과[키윽꽈]	옷[옫]
웃대[욷:따]	있다[읻따]	젖[젇]	빚다[빋따]
꽃[꼳]	쫓다[쫃따]	솥[솓]	뱉다[밷:따]
앞[압]	덮다[덥따]		

겹받침 'ㄳ', 'ㄵ', 'ㄼ, ㄽ, ㄾ', 'ㅄ'은 어말 또는 자음 앞에서 각각 [ㄱ, ㄴ, ㄹ, ㅂ]으로 발음한다.

넋[넉]	넋과[넉꽈]	앉다[안따]
여덟[여덜]	넓다[널따]	외곬[외골]
핥다[할따]	값[갑]	없다[업:따]

다만, '밟-'은 자음 앞에서 [밥]으로 발음하고, '넓-'은 다음과 같은 경우에 [넙]으로 발음한다.

---

(1) 밟다[밥:따]　　　밟소[밥:쏘]　　　밟지[밥:찌]
　　밟는[밥:는 → 밤:는]　밟게[밥:께]　　　밟고[밥:꼬]

(2) 넓-죽하다[넙쭈카다]　넓-둥글다[넙뚱글다]

두 개의 자음으로 된 겹받침 가운데, 어말 위치에서 또는 자음으로 시작된 조사나 어미 앞에서 'ㄳ'은 [ㄱ]으로, 'ㄵ'은 [ㄴ]으로 발음되고, 'ㄼ, ㄽ, ㄾ'은 [ㄹ]로 발음되며, 'ㅄ'은 [ㅂ]으로 발음됨을 규정한 것이다. 겹받침에서 둘째 받침이 탈락하는 경우이다.

몫[목]　　　　몫도[목또]　　　몫까지[목까지]　　　얹다[언따]

얹지[언찌]　　　얹고[언꼬]　　　얇다[얄:따]　　　얇지[얄:찌]

얇고[얄:꼬]　　　훑다[훌따]　　　훑지[훌찌]　　　훑고[훌꼬]

'ㄽ'은 '한 곬으로[한골쓰로], 외곬으로[외골쓰로]'와 같은 경우에 쓰인다.

받침 'ㄼ'은 일반적으로 '여덟[여덜], 엷고[열:꼬]'와 같이 [ㄹ]로 발음하는데, '밟다'만은 '밟다[밥:따], 밟지[밥:찌], 밟게[밥:께]' 등과 같이 [ㅂ]으로 발음되는 예외적인 것이다. 따라서 '밟는'도 [밤:는]으로 발음하는 것이 표준 발음이 되고, [발:른]은 표준 발음법에 어긋난 발음이 된다.

'넓다'의 경우에도 [ㄹ]로 발음하여야 하나, 다만 파생어나 합성어의 경우에 '넓'으로 표기된 것은 [넙]으로 발음한다. '넓적하다[넙쩌카다], 넓죽하다[넙쭈카다], 넓둥글다[넙뚱글다]' 등이 그 예들이다. [ㄹ]로 발음되는 경우에는 아예 '널따랗다, 널찍하다, 짤따랗다, 짤막하다, 얄따랗다, 얄찍하다, 얄팍하다' 등과 같이 표기하도록 한글 맞춤법 제21항에서 규정하고 있다.

제11항과 함께 제12항에서 보인 겹받침의 발음에 대한 규정은 결국은 자음 앞에서 겹받침의 어느 하나를 취하는가 하는 데에 대한 것인데, 현대의 우리말에서는 세 개의 자음을 이어서 모두 발음할 수가 없고 두 개까지만 발음할 수 있는 구조상의 제약에 따름

을 각각 규정한 것이다. 자음 앞에서의 겹받침의 발음은 세대에 따라 또는 방언에 따라 상당한 차이를 보이기 때문에 이상의 표준 발음법에 특히 유의하여야 한다.

겹받침 'ㄺ, ㄻ, ㄿ'은 어말 또는 자음 앞에서 각각 [ㄱ, ㅁ, ㅂ]으로 발음한다.

닭[닥]	흙과[흑꽈]	맑다[막따]	늙지[늑찌]
삶[삼ː]	젊다[점ː따]	읊고[읍꼬]	읊다[읍따]

다만, 용언의 어간 말음 'ㄺ'은 'ㄱ' 앞에서 [ㄹ]로 발음한다.

맑게[말께]	묽고[물꼬]	얽거나[얼꺼나]

발음 낭독 자료

TIPS

오늘밤은[오늘빠믄] 강원도와 제ː주도에 소나기가 오겠고/
주말인[주마린] 내일은 맑다가[막따가] 흐려지겠으며[흐려지겓쓰며]/
강원도 영동과 경ː상북도에는 소나기가 오겠습니다./

낮 최ː고 기온[낟췌ː고기오는]은 2ː4ː도에서 2ː8도로
오늘과 비슷하겠습니다[비스타겓씀니다]./

바다의 물결은[바다에물껴른] 전 해ː상에서 조금 높게 일ː겠습니다[놉께일ː겓씀니다]./

일요일인[이료이린] 모ː레는 전국이[전구기] 대ː체로 맑겠습니다[말껟씀니다]./

홑받침이나 쌍받침이 모음으로 시작된 조사나 어미, 접미사와 결합되는 경우에는, 제 음가대로 뒤 음절 첫소리로 옮겨 발음한다.

깎아[까까]	옷이[오시]	있어[이써]	낮이[나지]
꽂아[꼬자]	꽃을[꼬츨]	쫓아[쪼차]	밭에[바테]
앞으로[아프로]	덮이다[더피다]		

이 규정은 받침을 다음 음절의 첫소리로 옮겨서 발음하는 연음(連音)을 뜻하는 것인데, 홑받침의 경우다.

부엌이[부어키]	낮을[나츨]	밭의[바틔]	무릎에[무르페]
꺾어[꺼꺼]	쫓을[쪼츨]	같은[가튼]	짚으면[지프면]
섞여[서껴]	높여[노펴]		

겹받침이 모음으로 시작된 조사나 어미, 접미사와 결합되는 경우에는, 뒤의 것만을 뒤 음절 첫소리로 옮겨 발음한다(이 경우, 'ㅅ'은 된소리로 발음함).

넋이[넉씨]	앉아[안자]	닭을[달글]
젊어[절머]	곬이[골씨]	핥아[할타]
읊어[을퍼]	값을[갑쓸]	없어[업:써]

이 항도 연음에 대한 규정인데, 겹받침의 경우이다.

닭이[달기]	여덟을[여덜블]	삶에[살:메]
읽어[일거]	밟을[발블]	옮은[올믄]

말하자면 첫째 받침은 그대로 받침의 소리로 발음하되 둘째 받침은 다음 음절의 첫소리로 옮겨 발음한다. 예컨대 '닭이[달기], 통닭을[통달글]' 과 같은 것이다. 이때 연음되는 받침의 소리는 본음대로 발음함이 원칙이지만 예외가 있다(앓아[아라], 끊어[끄너], 훑이다[훌치다]). 그리고 겹받침 'ㄳ, ㄽ, ㅄ'의 경우에는 'ㅅ'을 연음하되 된소리 [ㅆ]으로 발음한다.

한글 자모의 이름은 그 받침소리를 연음하되, 'ㄷ, ㅈ, ㅊ, ㅋ, ㅌ, ㅍ, ㅎ'의 경우에는 특별히 다음과 같이 발음한다. 한글 자모의 이름에 대한 발음 규정이다. 한글 자모의 이름은 첫소리와 끝소리 둘을 모두 보이기 위한 방식으로 붙인 것이어서 원칙적으로는 모음 앞에서 '디귿이[디그디], 디귿을[디그들]' 등과 같이 발음하여야 하나, 실제 발음에서는 [디그시], [디그슬] 등과 같아 이 현실 발음을 반영시켜 규정화한 것이다. '꽃이[꼬시], 밤낮으로[밤나스로], 솥은[소슨], 무릎을[무르블], 부엌에[부어게]' 등은 표준 발음으로 인정하지 않은 점에서 보면 이 규정은 예외적인 것이 된다. 따라서 한글 자모의 이름에 대한 발음은 맞춤법과 크게 차이가 생기게 되었고, 나아가서 그 이름을 붙인 근본 정신에도 벗어나게 되었다. 전통성과 합리성에 어긋나면서 실제 발음만을 따른 결과다.

디귿이[디그시]	디귿을[디그슬]	디귿에[디그세]
지읒이[지으시]	지읒을[지으슬]	지읒에[지으세]
치읓이[치으시]	치읓을[치으슬]	치읓에[치으세]
키읔이[키으기]	키읔을[키으글]	키읔에[키으게]
티읕이[티으시]	티읕을[티으슬]	티읕에[티으세]
피읖이[피으비]	피읖을[피으블]	피읖에[피으베]
히읗이[히으시]	히읗을[히으슬]	히읗에[히으세]

(5) 음의 동화

받침 '¬(ㄲ, ㅋ, ㄳ, ㄺ), ㄷ(ㅅ, ㅆ, ㅈ, ㅊ, ㅌ, ㅎ), ㅂ(ㅍ, ㄼ, ㄿ, ㅄ)'은 'ㄴ, ㅁ' 앞에서 [ㅇ, ㄴ, ㅁ]으로 발음한다.

먹는[멍는]	국물[궁물]	깎는[깡는]
키읔만[키응만]	몫몫이[몽목씨]	긁는[긍는]
흙만[흥만]	닫는[단는]	짓는[진ː는]
옷맵시[온맵씨]	있는[인는]	맞는[만는]
젖멍울[전멍울]	쫓는[쫀는]	꽃망울[꼰망울]
붙는[분는]	놓는[논는]	잡는[잠는]
밥물[밤물]	앞마당[암마당]	밟는[밤ː는]
읊는[음는]	없는[엄ː는]	값매다[감매다]

'ㄴ, ㅁ' 등의 비음 앞에서 받침의 소리 [ㄱ, ㄷ, ㅂ]이 각각 [ㅇ, ㄴ, ㅁ]으로 동화되어 발음됨을 규정한 것이다. 예컨대 '값만, 없는'은 우선 'ㅅ'을 탈락시키고서 'ㅁ, ㄴ'에 의하여 'ㅂ'이 [ㅁ]으로 역행 동화되어 [감만], [엄ː는]으로 발음된다. [ㄷ]으로 발음되는 'ㅅ, ㅆ, ㅈ, ㅊ, ㄷ, ㅌ' 받침은 'ㄴ, ㅁ' 앞에서 모두 [ㄴ]으로 발음된다.

받침 'ㅁ, ㅇ' 뒤에 연결되는 'ㄹ'은 [ㄴ]으로 발음한다.

담력[담:녁]	침략[침:냑]	강릉[강능]
항로[항:노]	대통령[대:통녕]	

'ㄴ'은 'ㄹ'의 앞이나 뒤에서 [ㄹ]로 발음한다.

(1) 난로[날:로]　　　　신라[실라]　　　　천리[철리]
　　광한루[광:할루]　　대관령[대:괄령]

(2) 칼날[칼랄]　　　　　물난리[물랄리]
　　줄넘기[줄럼끼]　　　할는지[할른지]

다만, 다음과 같은 단어들은 'ㄹ'을 [ㄴ]으로 발음한다.

의견란[의:견난]	임진란[임:진난]	생산량[생산냥]
결단력[결딴녁]	공권력[공꿘녁]	동원령[동:원녕]
상견례[상견녜]	횡단로[횡단노]	이원론[이:원논]
입원료[이붠뇨]	구근류[구근뉴]	

위에서 지적한 이외의 자음동화는 인정하지 않는다.

'신문'을 때로는 역행 동화된 [심문]으로 발음하는 경우가 있는데, 이러한 위치 동화를 표준 발음법에서는 허용하지 않는다는 규정이다. '옷감'을 [온깜, 옥깜, 오깜]으로 발음하기도 하고, '걷습니다'를 [걷:씀니다, 거:씀니다]로 발음하기도 하며, '꽃밭'도 [꼰빧, 꼽빧, 꼬빧]으로 발음하기도 하지만, [온깜], [걷:씀니다], [꼰빧]만을 표준 발음으로 인정하는 것이다. 자음 앞에서 발음되는 받침에 대한 규정(특히 제9항)을 중시한 것이며, 수의적으로 역행 동화된 발음은 표준 발음으로 인정하지 않는 것이다.

감기[감:기](×[강:기])	옷감[옫깜](×[옥깜])
있고[읻꼬](×[익꼬])	꽃길[꼳낄](×[꼭낄])
젖먹이[전머기](×[점머기])	문법[문뻡](×[뭄뻡])
꽃밭[꼳빧](×[꼽빧])	

(6) 경음화

받침 'ㄱ(ㄲ, ㅋ, ㄳ, ㄺ), ㄷ(ㅅ, ㅆ, ㅈ, ㅊ, ㅌ), ㅂ(ㅍ, ㄼ, ㄿ, ㅄ)' 뒤에 연결되는 'ㄱ, ㄷ, ㅂ, ㅅ, ㅈ'은 된소리로 발음한다.

국밥[국빱]	깎다[깍따]	넋받이[넉빠지]
삯돈[삭똔]	닭장[닥짱]	칡범[칙뻠]
뻗대다[뻗때다]	옷고름[옫꼬름]	있던[읻떤]
꽂고[꼳꼬]	꽃다발[꼳따발]	낯설다[낟썰다]
밭갈이[받까리]	솥전[솓쩐]	곱돌[곱똘]
덮개[덥깨]	옆집[엽찝]	넓죽하다[넙쭈카다]
읊조리다[읍쪼리다]	값지다[갑찌다]	

[ㄱ, ㄷ, ㅂ]으로 발음되는 받침 'ㄱ(ㄲ, ㅋ, ㄳ, ㄺ), ㄷ(ㅅ, ㅆ, ㅈ, ㅊ, ㅌ), ㅂ(ㅍ, ㄼ, ㄿ, ㅄ)' 뒤에서 'ㄱ, ㄷ, ㅂ, ㅅ, ㅈ'은 된소리인 [ㄲ, ㄸ, ㅃ, ㅆ, ㅉ]으로 각각 발음되는 된소리되기를 규정한 것이다. 한 단어 안에서나 체언의 곡용 및 용언의 활용에서나 위의 환경에서는 예외 없이 된소리로 발음한다.

어간 받침 'ㄼ, ㄾ' 뒤에 결합하는 어미의 첫소리 'ㄱ, ㄷ, ㅅ, ㅈ'은 된소리로 발음한다.

자음 앞에서 [ㄹ]로 발음되는 겹받침 'ㄼ, ㄾ' 다음에서도 뒤에 연결되는 자음을 된소리로 발음한다는 규정이다. 이는 용언 어간에 한정되는 규정인데, 체언의 경우에는 '여덟도[여덜도], 여덟과[여덜과], 여덟보다[여덜보다]' 처럼 된소리로 발음되지 않기 때문이다.

넓게[널게]	핥다[할따]
훑소[훌쏘]	떫지[떨ː찌]

한자어에서 'ㄹ' 받침 뒤에 연결되는 'ㄷ, ㅅ, ㅈ'은 된소리로 발음한다.

갈등[갈뜽]	발동[발똥]	절도[절또]
말살[말쌀]	불소[불쏘](弗素)	일시[일씨]
갈증[갈쯩]	물질[물찔]	발전[발쩐]
몰상식[몰쌍식]	불세출[불쎄출]	

(7) 음의 첨가

합성어 및 파생어에서 앞 단어나 접두사의 끝이 자음이고 뒤 단어나 접미사의 첫음절이 '이, 야, 여, 요, 유'인 경우에는, 'ㄴ'음을 첨가하여 [니, 냐, 녀, 뇨, 뉴]로 발음한다.

솜-이불[솜:니불]	홑-이불[혼니불]	막-일[망닐]
삯-일[상닐]	맨-입[맨닙]	꽃-잎[꼰닙]
내복-약[내:봉냑]	한-여름[한녀름]	남존-여비[남존녀비]
신-여성[신녀성]	색-연필[생년필]	직행-열차[지캥녈차]
늑막-염[능망념]	콩-엿[콩녇]	담-요[담:뇨]
눈-요기[눈뇨기]	영업-용[영엄뇽]	식용-유[사공뉴]
국민-윤리[궁민뉼리]	밤-윷[밤:뉻]	

한자어, 합성어 및 접두 파생어에서 앞 단어나 접두사가 자음으로 끝나고 뒤 단어의 첫음절이 '이, 야, 여, 요, 유'인 경우에 'ㄴ'을 첨가해 발음함을 규정하고 있다. 따라서 앞 요소의 받침은 첨가된 'ㄴ' 때문에 비음으로 발음된다. 예컨대 '짓이기다'는 'ㄴ'이 첨가되어 '짓-니기다'와 같이 되고 다시 [ㄴ] 앞에서 '짓'은 [진]이 되어 결국 [진니기다]로 발음하게 된다. '남존여비'는 'ㄴ'이 첨가되고 'ㄴ'에 의한 역행 동화가 더 이상 불필요하여 [남존녀비]로 발음한다.

다만, 어떤 단어들은 위와 같이 'ㄴ'을 첨가하여 발음하기도 하지만 표기대로 'ㄴ'첨가 없이 발음하기도 한다. '검열[검:녈/거:멸]' 같은 것이 그것인데, 특히 '이죽이죽, 야금야금, 욜랑욜랑' 등이 그러하다.

그러나 '이기죽이기죽'은 'ㄴ'의 첨가 없이 발음하고, '야옹야옹[야옹냐옹]'은 'ㄴ'을 첨가하여 발음한다. 따라서 'ㄴ'이 첨가된 경우에는 사전에서 그 발음을 표시하여야 한다.

'ㄹ' 받침 뒤에서 첨가되는 'ㄴ'은 [ㄹ]로 동화시켜 발음한다. 예컨대 '수원역'에서는 'ㄴ'을 첨가하여 [수원녁]으로 발음되지만 '서울역'에서는 [ㄹ]로 동화되어 [서울력]으로 발음한다. 만일 이러한 소리의 첨가가 없을 때는 자연히 앞의 자음을 연음하여 발음한다.

절약[저략]	월요일[워료일]
목요일[모교일]	금요일[그묘일]

사이시옷이 붙은 단어는 다음과 같이 발음한다.

사이시옷이 표기된 경우의 발음에 대한 규정이다. 이 발음 규정을 정함에는 논란이 극히 심하였다. 예컨대 '냇가'의 발음을 [낻ː까]로 할 것인가, [내ː까]로 할 것인가의 문제, '깃발'의 경우 [긷빨]로 할 것인가, [기빨]로 할 것인가 하는 문제였다. [기빨]은 [긷빨] → [깁빨] → [기빨]과 같은 과정을 거친 것이어서 원칙적으로는 [긷빨]을 표준 발음으로 정하는 것이 합리적이지만, 실제 발음을 고려하여 [기빨]과 [긷빨] 모두를 표준 발음으로 허용하게 하였다. [깁빨]은 제21항의 규정에 따라 표준 발음으로 허용하지 않는다.

냇가[내ː까/낻ː까]	샛길[새ː낄/샏ː낄]	빨랫돌[빨래똘/빨랟똘]
콧등[코뜽/콛뜽]	깃발[기빨/긷빨]	대팻밥[대ː패빱/대ː팯빱]
햇살[해쌀/핻쌀]	뱃속[배쏙/밷쏙]	뱃전[배쩐/밷쩐]
고갯짓[고개찓/고갣찓]		

'ㄴ, ㅁ' 같은 비음 앞에 사이시옷이 들어간 경우에는 'ㅅ → ㄷ → ㄴ'의 과정에 따라 사이시옷을 [ㄴ]으로 발음한다. 즉, '콧날'은 [콛날] → [콘날]의 과정에 따라 [콘날]로 발음된다. '뱃머리'의 경우에는 [밴머리]가 표준 발음이 되고 위치 동화까지 일어난 [뱀머리]는 제21항의 규정에 따라 표준 발음으로 인정하지 않는다.

사이시옷 뒤에 '이' 또는 '야, 여, 요, 유' 등이 결합하는 경우에는 'ㄴ'이 첨가되기 때문에 사이시옷은 자연히 [ㄴ]으로 발음된다.[25]

지금까지 표준 발음법을 살펴보았다. 발음 연습을 할 때는 반드시 거울을 보며 입모양을 확인하는 것이 필요하다. 입모양에 따라 발음이 달라질 수 있으므로 아래 그림을 보고 정확한 입모양을 연습하면 도움이 될 것이다.

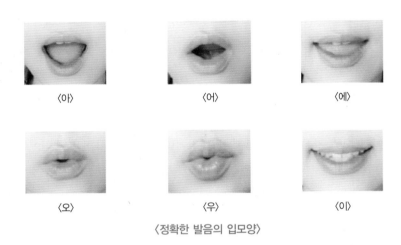

⟨아⟩   ⟨어⟩   ⟨에⟩

⟨오⟩   ⟨우⟩   ⟨이⟩

⟨정확한 발음의 입모양⟩

25) 표준어 규정, 국립국어원

05 | 자신감 있는 자세 및 제스처

자세는 사람의 인상을 결정짓는 데 중요한 역할을 한다. 프레젠터가 발표를 하기 위해 앞에 섰을 때 양다리의 길이가 서로 달라 발을 저는 모양을 하고 있다고 생각해 보자. 발표를 듣는 내내 청중은 불편한 마음을 가질 수 있다. 양다리에 똑같이 힘을 주고 바르게 선다면 훨씬 좋은 인상을 줄 수 있다. 그렇다면 청중은 내용에 더욱 집중할 수 있지 않을까?

또 한 가지 예를 들면 뒷짐을 지는 자세를 하고 발표를 한다면 아무리 우리나라에서 양반의 자세라고 하더라도 보는 청중은 거만하고, 강압적인 자세로 볼 수 있다. 이 자세는 주로 남성들에게 많이 나오는데 이유를 들어보면 손이 어색해서 뒷짐을 진다고 많이 이야기한다.

그렇다면 어색한 손을 어떻게 하면 자연스럽게 할 수 있을까? 해답은 간단하다. 오른손잡이의 경우 왼손을 손바닥이 하늘을 향하도록 해서 배꼽이나 벨트에 놓고 포인터를 든 오른손을 그 위에 올려놓으면 된다. 그러면 가만히 있어야 하는 왼손이 어색하지 않게 자리를 잡을 수 있다. 아래 사진에서 손을 유심히 보면 알 수 있다.

어깨가 숙여지는 구부정한 자세는 소극적인 인상을 심어주게 되고, 포인터를 오른손에 쥐었을 때 왼손이 어색해서 오른손 팔목을 잡는 경우가 많다. 이 자세 역시 겸손함보

다는 어깨를 움츠리는 자세가 되어 자신감이 없어 보이게 된다. 특히, 한 손이 다른 쪽 손목을 잡거나 팔을 잡는 등의 자세는 팔짱을 낀 것과 마찬가지의 느낌으로 청중과 거리감을 두는 느낌을 줄 수 있어 피하는 것이 좋다.

되도록 청중에게 열린 자세로 다가가는 것이 좋으므로 차렷 자세를 취하거나 위에서 소개한 것과 같이 포인터를 배꼽에 두는 자세를 취하는 것이 좋다.

제스처를 사용하면 더욱 청중과 가까워질 수 있다. 제스처는 감정에 힘을 실어 주고 말하는 내용의 의미를 명확하게 해주며, 특정 단어나 구절을 강조하는 기능을 하고, 청중의 집중도를 높여 주는 역할을 한다.

손동작은 발표자의 단순한 멋과 즐거움을 위해 필요한 요소가 아니다. 결코 선택적인 요소가 아니다. 전달과 발표가 진행되는 곳이라면 항상 있어야 하는 것이 손동작이다. 이 제스처는 마치 달리기 선수의 팔 동작과 같은 의미를 갖는다. 만약 마라톤 선수가 팔을 사용하지 않고 달리기를 한다면 불편함이 무척 클 것이다. 팔 동작은 몸이 균형을 잡고 신속한 동작을 취하면서 달리기 속도를 높이는 데 필수 요소이기 때문이다.

달리기에서 팔동작의 역할은 프레젠테이션에서 손동작의 역할과 다르지 않다. 손동작의 역할을 몇 가지 살펴보면 첫째, 손동작은 프레젠터의 긴장을 해소하는 데 매우 유용한 수단이다. 프레젠터는 항상 발표 초기에 긴장을 한다. 개인의 정도 차가 있겠지만 누구나 그러하다. 이때 손을 움직이면서 말하면 몸의 긴장이 쉽게 해소된다. 둘째, 발표자가 음성을 다양하게 변화할 수 있도록 도움을 준다. 말의 속도, 강약, 장단, 완급을 조절할 때 손동작을 이용하면 매우 편리하다. 셋째, 손동작은 프레젠터가 준비한 내용에 좀 더 빠르게 몰입하도록 돕는다. 발표를 성공하려면 발표자가 빠른 시간 안에 메시지에 몰입해야 하는데 손동작은 프레젠터의 집중과 몰입을 촉진한다. 넷째, 손동작은 발표자와 청중 모두를 즐겁게 한다. 발표자는 손동작을 통해 몸의 에너지를 활발하게 표출할 수 있고 청중 역시 발표자의 활기찬 손동작을 보는 것은 즐거운 일이다.[26]

우리나라 사람들은 제스처를 구사하는 것을 매우 어색해한다. 하지만 외국 사람들이 말하는 것을 보면 손을 쉬지 않고 표현한다. 자신이 말하는 내용을 강조하고 더 잘 설명하기 위해서 제스처를 사용하는 것이다.

국회의원들의 연설도 많이 변화하고 있다. 연단에서 제스처를 사용하는 모습을 많이 볼 수 있으며 강의 형태의 연설에서는 더욱 자연스럽게 표현된다.

제스처는 자연스럽게 하는 것이 가장 중요하다. 프레젠터 스스로 낯설어하는 것이 아니라 연습을 통해 몸에 익숙하도록 하는 것이 필요하다.

드라마에서 연기자들의 연기를 보면 도움이 된다. 어떤 연기자는 시청자에게 자신의 연기를 잘 전달하기 위해 손동작에 유난히 공을 많이 들인다고도 한다. 실제로 연기를 보면 그 캐릭터를 잘 표현하는 데 제스처만큼 좋은 것이 없다.

---

26) 오경균, 〈프레젠테이션 능력향상을 위한 효과적인 지도방안 연구 : 비언어적 커뮤니케이션을 중심으로〉, 목원대학교 언론광고홍보대학원 석사학위논문, 2010

자신이 하고 싶은 말을 계속 연습하듯이 제스처도 함께 연습하는 노력이 필요하다. 좋은 음성만큼이나 중요한 제스처를 활용해보자.

① 제스처는 자연스러워야 한다.

일부러 꾸미는 제스처는 인위적이어서 어색해 보이고 아무래도 경직되어 보여서 청중의 마음을 사로잡는 데는 실패할 수가 있다. 훌륭한 프레젠터일수록 제스처는 매우 부드럽고 능수능란하게 해내게 된다.

② 제스처는 여러 가지 변화의 동작이 필요하다.

한 가지 동작만 되풀이하는 제스처는 변화가 없어서 청중을 싫증이 나게 한다. 그래서 청중이 관심을 갖도록 하려면 여러 가지 형태의 제스처를 보여주는 것이 좋다.

③ 제스처는 내용과 일치되는 동작으로 표현해야 한다.

내용에 걸맞지 않은 제스처는 웃음거리가 될 수도 있다. 가령 방향을 제시하는 내용인데 엉뚱하게 다른 표현을 하고 있다면 안 하느니만 못한 것이 된다. 그러므로 프레젠터는 내용을 암기하면서 이 부분에서는 제스처를 이렇게 하고, 저 부분에서는 제스처를 저렇게 한다는 리허설을 통해 제스처를 반드시 익혀야만 내용과의 일치성을 이루어 낼 수 있다.

④ 목이나 고개를 너무 흔들지 않도록 유의해야 한다.

목을 갸우뚱하게 있거나 고개를 위아래로 반복해서 흔드는 것은 좋지 않다. 특히 손을 만지작거린다거나 액세서리를 만지는 행위는 하지 않는 것이 좋다. 청중이 보기에는 발표자가 매우 불안해하고 초조한 듯 보이기 때문이다.

06 | 자연스러운 미소, 표정, 시선

얼굴 표정은 마음속에 품은 감정이나 정서 등의 심리 상태가 겉으로 드러나는 모습으로 사람의 인상을 결정하는 중요한 요소라고 할 수 있다. 또한 개인의 감정이 가장 솔직하게 드러나는 것이 표정이며 상대방이 가장 빨리 감정을 알아챌 수 있는 요소이기도 하다.

다른 비언어적인 것보다 더욱 세심하게 신경써야 하는 것이 표정인데 쉽지 않다. 거울을 보고 발음을 연습했던 것처럼 표정도 자주 거울을 보며 자신의 표정을 살피는 노력이 필요하다.

실제로 필자가 강의를 하다보면 자신의 표정이 어떤지 모르고 있는 사람들이 무척 많다. 표정 연습을 지속적으로 하다보면 프레젠테이션을 할 때도 청중의 표정을 쉽게 읽을 수 있어 프레젠터에게 도움이 될 수 있다. 청중이 다소 지루해보이는 표정을 짓는다면 속도를 좀 더 빨리한다든지 유머를 사용하여 분위기를 전환시키는 것이 필요하다. 반대로 미소짓는 표정이라면 좀 더 상세한 설명으로 계속해서 주목을 끌 수도 있다.

청중의 표정이 보이는 만큼 발표자의 표정 역시 청중에게 큰 영향을 줄 수 있다.

처음 발표장에 들어가는 순간부터 표정은 매우 중요하다. 청중은 들어서는 순간부터 발표자의 표정을 살피고 있을 것이기 때문이다.

눈맞춤은 상대방을 존중하는 의미이기도 하고 프레젠터의 당당하고 자신감있는 모습을 보여주는 비언어적인 요소이기도 하다. 우리나라 사람들은 제스처만큼이나 눈맞춤을 어려워한다. 우리나라의 문화상 어릴 때 어른과 눈을 맞추려고 하면 "어디 눈을 똑바로 뜨고 어른을 보니?"라며 어른을 공경하지 않는 것처럼 여기며 눈을 맞추면 버릇이 없는 아이로 비추어지기도 했다. 서양의 문화처럼 눈을 맞추며 의사를 전달하는 것이 익숙하지 않은 것이다.

발표를 할 때 청중 한명 한명을 살피며 눈을 맞추면 청중은 자신에게 이야기를 하는 것처럼 느끼기 때문에 편안함과 친숙함을 갖게 된다. 청중의 눈을 더 많이 응시하는 사람이 호의적이고, 친근하며 신뢰가 가고, 단호하며 유능한 사람으로 받아들여진다는 연구도 있다.

바르고 아름다운 표정과 미소는 프레젠터의 좋은 이미지 형성에 큰 역할을 한다. 프레젠테이션에서는 첫눈에 보이는 프레젠터의 이미지, 그리고 자세 및 태도, 표정 등 전체적인 이미지가 상당히 중요하다. 이 때문에 프레젠터는 몸에 밴 좋은 습관과 매너를 익히는 것이 반드시 필요하다.

평상시의 자신의 태도가 긴장된 상태에서 언제 어떻게 나올지 모르기 때문에 평소 자세 등을 교정할 필요가 있다. 이러한 행동이나 표정이 준비되지 않는다면 실제 프레젠테이션 시에 좋은 결과를 얻기는 어려울 것이다. 세련되고 깔끔한 기본적인 매너를 갖추고 발표를 하는 것이 필요하다.

신뢰감 있는 프레젠터로 비추어지기 위해서는 자연스럽고 부드러운 표정이 기본이다. 표정에는 눈과 입, 눈썹, 턱 등이 영향을 미친다.

〈정면〉　　　　　　　〈아래〉　　　　　　　〈위〉

눈은 눈동자가 위로 가거나 아래로 향하는 것은 피해야 한다. 흔히 무언가를 생각할 때 무의식적으로 천장을 보거나 바닥을 보는 경우가 있는데 이것은 청중이 볼 때 좋지 않은 이미지를 심어줄 수 있다. 생각할 때도 청중과 눈을 마주치면서 떠올리는 것이 좋다. 이를 연습하기 위해서는 한 곳을 바라보며 말하는 연습을 한다. 다른 곳으로 시선이 가지 않는 연습이 되었다면 주변 사람들에게 도움을 요청해서 청중의 역할을 하도록 하고 자신의 눈빛이 다른 곳을 향하지는 않는지 모니터를 받을 필요가 있다. 천장 및 바닥이 아니더라도 청중 옆 공간, 즉 허공을 보는 사람들도 많으므로 청중은 자신을 응시하지 않은 것으로 생각하기 쉽다. 그래서 눈을 맞추는 느낌이 들었는지 반드시 피드백을 받는 것이 좋다.

또한, 시선 처리를 할 때는 눈동자가 한쪽으로 모이거나 곁눈질을 하는 것처럼 보여서는 안 된다. 청중을 따뜻한 눈빛으로 바라보는 것이 필요하다. 이를 위해 '나는 여러분에게 진정성 있게 어필하고 있어요!' 라는 느낌으로 청중을 바라보아야 한다. 그러려면 눈동자는 항상 중앙에 위치하도록 하고, 밑으로 내려 보는 느낌을 들지 않도록 턱을 당기는 것이 좋다.

이러한 진정성 있는 시선처리로 청중을 집중시키기 위해서는 청중 한 사람 한 사람과 모두 교감하고 있음을 나타내 주는 것이 필요하다. 이를 위해서는 시선을 어느 한 곳만을 바라보는 것이 아니라, 청중에게 골고루 시선을 주는 방법을 사용한다. 그러한 방법으로 시계방향으로 3시 방향, 6시 방향, 9시 방향, 12시 방향으로 천천히 시선을 옮기고 다시 반대방향으로 자연스럽게 시선을 옮겨가는 방법을 사용하면, 청중의 입장에서는 프레젠터가 자신을 인식하고 관심을 주고 있음으로 느끼게 된다.

입은 가장 눈에 많이 들어오는 곳이다. 미소와 연결되기 때문이다. 미소를 지을 때는 입의 양쪽 꼬리가 같게 올라가는 모양이 되어야 한다. 우리나라 사람들은 미소 짓는 것을 상당히 어려워한다. 특히 말하면서 미소 짓는 것은 더더욱 그렇다. 모르는 사람을 보면 아는 척하지 않고, 아는 사람을 보아도 먼저 다가가서 웃으며 인사를 건네는 모습은 쉽게 찾아보기가 어렵다. 그만큼 미소 짓는 것에 익숙하지 않다. 그러므로 일부러 미소 짓는 연습을 해야 한다. 입꼬리를 '개구리 뒷다리' 하면서 양쪽으로 올린다. 그때 거울을 보며 자신의 입꼬리가 같게 올라가는지 확인하는 것이 필요하다. 윗니가 살짝 보이는 것도 좋으며 입을 가볍게 다물고 미소를 짓는 것도 좋다.

미소를 지을 때 한쪽 입꼬리가 올라가는 표정은 억지로 웃거나 비웃는 듯한 인상을 주므로 피하는 것이 좋으며 눈은 가만히 있고 입만 웃는 경우는 가식적인 미소로 비추어질 수 있다. 그러므로 웃을 때는 항상 입이 웃는 만큼 눈도 함께 웃는 것이 좋다.

입과 눈이 함께 웃기 위해서는 눈썹을 움직이는 연습을 하는 것이 도움된다. 눈썹을 위로 올리는 연습을 하면 긍정적인 느낌을 표현할 수 있다. 손가락을 수평으로 눈썹에 대고 눈썹만 위로 올렸다 내렸다 하는 연습을 하면 입이 웃을 때 눈도 함께 웃는 연습이 된다.

미국 조지타운대학교 연구팀은 대학생 93명을 대상으로 얼굴이 담긴 사진들을 보여줬다. 그리고 사진 속에 담긴 얼굴만을 보고 상대방의 성향을 파악하도록 했다.

각 사진에는 백인남성 2명, 백인여성 2명, 동양인 남성 2명, 동양인 여성(일본 국적) 2명 등 총 8명의 얼굴이 담겨 있다. 연구팀은 실험참가자 중 절반에게는 무표정한 얼굴이 담긴 사진을 제공했고, 나머지 절반에게는 웃는 얼굴이 담긴 사진을 나눠줬다.

실험 결과, 무표정한 사진을 본 학생들이 웃는 얼굴을 본 학생들보다 성별과 인종 때문에 형성되는 편견의 영향을 크게 받았다. 가령 백인 남성보다는 백인 여성에게 '친절함'에 대한 높은 점수를 매겼고, 일본 여성보다는 백인 여성에게 외향적이라는 평을 내린 것이다. 그런데 미소를 짓고 있는 얼굴이 담긴 사진을 본 학생들은 성별과 인종에 따른 이 같은 차이가 훨씬 약하게 나타났다.

미소가 성별이나 인종 때문에 생기는 고정관념을 깨트리는 힘을 발휘한다는 게 연구팀의 설명이었다.[27]

웃는 얼굴을 만드는 연습 **TIPS**

1. 처음에는 뺨 근육을 무리하게 움직이지 말고, 평범하고 부드러운 표정을 지어본다. 그리고 호흡을 가다듬고 시작한다.
2. 눈썹을 위로 올려본다. 눈썹 올리는 동작을 3회 반복한다. 웃는 얼굴을 위해서는 눈 주위 근육이 함께 움직여야 한다.
3. 눈도 함께 웃기 위해서 윙크를 한쪽씩 번갈아가며 3회 반복한다.
4. 볼을 한쪽씩 빵빵하게 하기를 3회 반복한다. 그 후 '오' 입 모양을 만들며 앞으로 쭉 뺀다. 그리고 입 안 가득 공기를 머금는다.
5. 양쪽 검지를 입술 끝쪽에 대고 천천히 위를 올린다. '개구리 뒷다리'를 외치며 '리'에서 멈추고 10초 동안 유지한다.
6. 마지막으로 얼굴 전체 근육을 손바닥으로 마사지하며 이완시킨다.

미국의 심리학자 '폴 에크만'은 인간의 웃음 가운데 특정한 근육이 움직이는 미소만이 인간이 행복을 느끼는 '진짜 미소'라는 것을 밝혀냈다. 에크만은 광대뼈 근처와 눈꼬리 근처의 얼굴 표정을 결정짓는 근육을 발견해낸 뒤센을 기려 '뒤센 미소'라 명명하였다.

'기욤 뒤센'은 신체의 근육을 지도화하고, 인위적인 미소는 입 주위의 근육만 사용하는 반면 영혼의 기쁨을 표현하는 진실된 미소는 눈 주위의 안륜근까지 사용한다는 사실

27) 미소의 힘...사회성 뛰어난 사람으로 인식, 코메디닷컴, 2016

을 발견했다. 전문가들은 사진을 보고 얼굴 근육의 움직임으로 진짜 좋아서 웃는 얼굴과 가짜로 웃는 얼굴을 구별할 수 있다.

하커와 켈트너의 30년간의 면밀한 추적 연구조사를 살펴보면 1958년과 1960년에 캘리포니아 오클랜드에 있는 밀즈 칼리지 졸업생 141명의 졸업앨범 속 사진을 가지고 연구했다. 이들은 27세, 43세, 52세가 되는 해에 30년간 이 학생들을 추적 조사를 해보니 그 결과 졸업앨범 속에 진짜 우러나와서 웃는 모습, 즉 뒤셴 미소 집단의 주인공들이 훨씬 더 건강하였으며 병원에 간 횟수도 적었고 생존율도 높았다. 결혼생활에 대해서도 훨씬 높은 만족도를 보였으며, 이혼율도 더 낮았다. 평균 소득 수준 역시 뒤셴 미소 집단이 훨씬 더 높았다.[28]

뒤셴 미소란?   **TIPS**

- 입술 끝이 위로 당겨진다.
- 눈가에 주름이 잡힌다.
- 두 뺨의 상반부가 들어 올라간다.

---

28) 김주환, 《회복탄력성》, 위즈덤하우스, 2011

07 | 상황에 맞는 옷차림

프레젠터의 옷차림은 남녀를 불문하고 화려하거나 튀는 디자인보다는 무늬가 없는 무난한 디자인, 강렬한 색상보다는 무채색 계열 색상의 정장을 입는 것이 좋다.

의상은 프레젠테이션의 목적과 내용, 발표 장소를 고려해야 한다. 최근에는 남성과 여성 모두 남색 의상을 선호한다. 검은색과 흰색이 조화를 이루는 것도 무난하다. 단, 옅은 회색 정장은 자칫 약하고 개성 없는 인상을 줄 수도 있다.

남성은 타이나 셔츠로, 여성은 브로치나 블라우스로 포인트를 줄 수 있다. 남성은 화려한 액세서리나 문신 등은 피하는 것이 좋으며 여성은 너무 화려한 매니큐어보다는 깔끔한 손톱 손질을 하는 것이 좋다. 의상도 남녀 모두 화려하거나 특이한 무늬는 피하는 것이 좋다. 의상은 무엇보다도 신뢰감을 줄 수 있어야 한다.

헤어스타일은 머리형이나 머리 형태를 말한다. 도주연(1991)은 헤어스타일 형태에 따른 이미지 형성에 관한 연구 분석을 통해 직모는 순수함·자연스러움·청순함을, 곱슬머리는 촌스러움·성숙함을, 짧은 머리는 도시적·남성적임을, 중간 머리는 촌스러움·평범함을, 긴 머리는 여성스러움·부드러움을, 앞머리를 내민 머리는 자연스러운 이미지를 갖는다는 것을 발견했다.[29]

---

29) 오경균, 〈프레젠테이션 능력향상을 위한 효과적인 지도방안 연구 : 비언어적 커뮤니케이션을 중심으로〉, 목원대학교 언론광고홍보대학원 석사학위논문, 2010

08 | 신뢰감 형성

필자는 프레젠테이션 강의를 하면서 교육생들에게 꼭 묻는 말이 있다. 왜 프레젠테이션을 잘하고 싶냐는 것이다. 한 교육생은 회사에서 인정받고 싶어서라고 답했다. 그래서 다시 왜 인정받고 싶은지 물었다. 그랬더니 승진을 빨리하고 싶다고 했다. 그래서 또 승진을 왜 빨리하고 싶냐고 물었다. 그 교육생은 연봉을 많이 받고 싶다고 했고, 필자는 다시 연봉을 왜 많이 받고 싶냐고 물었다. 연봉을 많이 받으면 맛있는 것도 먹고, 여행도 많이 다니고, 사고 싶은 것도 사서 좋다고 했다. 마지막으로 그렇게 하면 무엇이 좋으냐고 물었다. 결국, 자신의 행복을 위해서라고 답했다.

여러분은 어떠한가? 프레젠테이션을 잘하고 싶은 이유에는 여러 가지가 있을 것이다. 성취, 인정, 명예, 금전 등 다양한 이유가 있지만 결국은 자신의 행복을 위해서이다. 나의 행복을 위해서 프레젠테이션을 잘하고 싶다고 생각하면 어떠한가? 마음이 좀 편해지지 않는가?

우리는 프레젠테이션을 할 때 양어깨에 많은 짐을 얹고 앞에 선다. 회사의 사활이 달리기도 하고, 회사 이미지가 걸려있기도 하다. 다양한 무게들은 결국 부담감으로 자리잡고 그 부담감으로 발표는 나의 준비대로 움직이지 않는 경우가 많다.

최근의 심리학계에서는 인간의 행복을 구성하는 요소, 즉 긍정적 정서와 강점에 대해 연구하고 그런 요소들을 증가시키는 방법을 알려주는 데 주된 관심을 갖는 새로운 학문적 경향이 확산되고 있다. 즉, 인간의 긍정적인 특성을 계발하고 극대화함으로써 자신과 사회의 건강한 발달을 이룰 수 있다고 생각하는 데서 출발한 '긍정심리학'이 바로 그것이다(Seligman & Csikszentmihalyi, 2000).[30]

여기서 말하는 강점은 바로 개인의 잠재된 재능이다. 필자는 VIA 강점검사를 통해 용기라는 강점이 제1강점이라는 것을 알았다. 이 용기 강점을 활용해서 프레젠테이션을

---

30) 조지연, 〈긍정심리기반 강점 중심 코칭 프로그램이 대학생들의 자기효능감, 진로의사결정 및 진로결정수준에 미치는 영향〉, 광운대학교 교육대학원 석사학위논문, 2012

할 때 자신감을 갖는다. 또, 사랑이라는 제2강점을 통해 청중과 소통하고 나의 진정한 마음을 표현하려고 노력한다. 이처럼 내가 가지고 있는 강점을 잘 발휘하는 것도 스스로 신뢰감을 높이는 방법이다.

우리는 프레젠테이션을 통해 수주에 성공하고, 회사 이미지를 긍정적으로 전하고, 제품을 알리는 등 행복한 미래를 이야기한다. 그러나 정작 프레젠테이션을 하는 사람들은 긴장감을 감출 수가 없다. 흔히 무대공포증으로 불리는 불안감은 발표를 앞두고 무섭고 두려운 감정으로 다가온다. 이러한 불안감으로 인해 과도한 땀, 뻣뻣한 자세, 떨리는 목소리, 머뭇거림, 빠른 속도, 긴장된 목소리, 불안한 눈 맞춤, 불필요한 몸의 움직임, 안절부절 못하는 모습과 같은 언어적·비언어적 행동이 드러난다.

이처럼 불안감은 프레젠테이션 능력과 기술의 향상을 저해하여 결과적으로 부정적인 결과를 형성한다. 그래서 나를 믿고 스스로 신뢰하는 것이 필요하다.

긍정심리학을 바탕으로 해서 스스로 신뢰감을 높이기 위한 몇 가지 활동들을 소개하려고 한다. 이 활동들을 꾸준히 함으로써 긍정적인 마음을 갖게 되고 그것이 밝은 표정과 밝은 언어로 표현될 것이다.

(1) 감사노트 쓰기

남에게 신뢰를 줄 수 있으려면 먼저 자신에 대한 믿음이 확고해야 한다. 즉, 나 자신에 대한 믿음인 자아존중감이 높은 사람이 남에게도 신뢰감을 줄 수 있는 프레젠테이션을 할 수 있는 것이다. 이러한 자아존중감을 높이는 실천적 방법으로 감사노트 쓰는 것을 권장한다.

감사노트는 하루 동안에 무엇을 했는지 돌아보고 스스로 자신의 행동이나 생각과 주변에서 일어났던 사건이나 일에 감사할 내용을 적어보는 실천적 활동이다. 매우 사소한 일이었더라도 상관없다. 일이나 사건의 크기가 중요한 것이 아니라, 그것을 해석하는 나만의 방식이 중요하다. 예를 들면 퇴근길에 난데없는 소나기가 내렸을 경우에 남들처럼 퇴근길이 불편하여 불평한 것이 아니라 긴 가뭄으로 힘들어하는 농촌에는 기쁨이 될 것이라 생각하였다면, 이것은 감사할 일이다. 다른 사람의 입장을 고려할 수 있는 넉넉한 마음을 가졌다는 사실에 스스로를 대견히 여기며 감사하는 것이다.

감사노트 쓰기 활동을 장기간 실천한다면, 그저 스쳐 지나가버릴 수 있었던 사건들에 의미를 부여하고 자신에게 감사하는 힘이 길러지므로 스스로의 자신감을 형성하는 데 도움이 된다. 또한 감사노트를 읽어내려 가면서 앞으로 닥칠 일에 대해서도 긍정적으로 사고할 수 있는 힘이 형성될 수 있다.

한편, 이러한 감사노트 쓰기는 프레젠테이션에서 다양한 에피소드를 제시해 줄 수 있다. 자신이 직접 경험한 이야기는 전달과정에서 매우 진지하고 생생하게 느껴지므로 청중에게 감동을 선사할 수 있다. 프레젠테이션의 목적은 정보의 전달이지만 청중에게 오래 기억되는 부분은 감동적인 이야기이다. 따라서 자신의 이야기를 담은 감사노트는 프레젠테이션을 위한 소중한 자료가 될 수 있다.

(2) 음미하기

음미란 기쁨에 대해 느끼고, 그것을 지속하기 위한 차분한 시도이다.

프레젠테이션을 할 때 준비가 제대로 이루어졌을 때와 이루어지지 않았을 때를 떠올려보면 우리는 그 당시 어떤 감정을 느꼈는가?

미래에 대한 일들을 긍정적으로 예측하기, 순간을 기쁘게 생각하기, 성공 과거를 회상하기 등을 통해 기쁨을 느낄 수 있다. 음미하는 것이 습관화된 사람들은 그렇지 않은 이들에 비해 실제로 더 행복하고 삶에 더 만족감을 느끼며 더 낙천적이고 덜 우울해한다.

① **다른 사람들과 공유하기** : 당신과 같은 경험을 가진 누군가를 찾아보자. 그럴 수 없다면 다른 사람들에게 그 순간이 얼마나 가치 있었는지 말해본다.

② **추억 만들기** : 그 일에 대해 또는 그 사건에 관련된 물건에 대해 마음속으로 사진을 찍어보자. 후에 다른 이와 함께 이 일에 대해 회상해본다.

③ **집중하기** : 그 경험에 대한 특정한 부분에 대해서만 집중해보자. 다른 것은 버린다.

④ **몰두** : 자신을 스스로 기쁨에 완전히 빠져들게 하고 다른 문제에 대해서는 생각하지 않는다.

정말 어려운 것은 재촉에 떠밀려 한 번 하고 마는 것이 아니라 음미하는 것을 습관화하는 것이다. 기쁨을 쌓아 놓지만 말고 즉시 경험해보자. 한 번에 하나씩 해보고 각각의 것을 그 자체로서 즐기는 것이다.[31]

(3) 자신의 인생그래프 그리기

태어나서부터 지금까지의 인생을 돌아보며 나의 인생그래프를 그려본다. 그래프 형식은 자유롭게 한다. 예를 들면, 나이를 가로축으로, 만족도를 세로축으로 해서 그려보면 언제가 가장 만족하고 언제가 가장 불만족한지 한눈에 볼 수 있고, 이것을 그리면서 나의 인생 전체를 돌아보는 기회가 되어 매우 뜻깊은 작업이다.

인생그래프를 그려보면서 어린 시절의 에피소드, 학창시절의 생생한 기억들을 되새겨보고 그것을 프레젠테이션에서 어떻게 스토리텔링할 수 있을지 고민해본다. 발표를 할 때 가장 좋은 것은 나의 에피소드를 활용하는 것이다. 내 인생의 에피소드를 최대한 발굴하여 프레젠테이션에 활용해 보자.

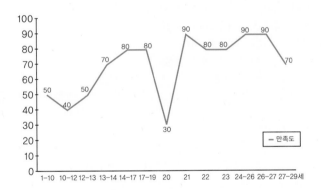

---

31) 크리스토퍼 피터슨, 문용린, 김인자 외 1명 역, 《긍정심리학 프라이머》, 물푸레, 2010

(4) 언제, 어떻게 선택할지를 연습하기

언제, 어떻게 선택해야 하는지를 배워야 할 필요가 있다.

단순한 것에서 더 복잡한 것에 이르기까지 당신이 최근에 결정을 내린 몇 가지를 떠올려 보자. 각각을 결정하는 데 얼마나 많은 시간과 조사와 염려를 쏟았는가? 그리고 각 결정에 있어 현재 얼마나 만족하고 있는가? 결정을 하는 과정에서 당신이 시간을 얼마나 가치 있게 여기는가에 대해 의미하는 바가 무엇인가?

이것은 나의 가치를 어디에 두느냐에 따라 달라질 수 있다. 즉, 프레젠테이션을 할 때도 나의 가치가 성취인지, 안전인지에 따라 결과는 매우 달라질 수 있다.

10개의 가치목록　　　　　　　　　　　　　　　　　　**TIPS**

- **성취** : 사회적인 기준과 일치하여 능력의 발휘를 통한 개인적 성공 예 포부
- **박애** : 직접적인 사회관계 속에서 다른 사람들의 복지를 유지, 향상시키는 것 예 봉사
- **순응** : 사회의 기준과 기대에 반하는 행동의 제지 예 공손함
- **쾌락주의** : 개인의 만족과 기쁨 예 음식, 성, 여가시간에의 즐거움
- **권력** : 사회적 지위, 명성, 권세 그리고 다른 사람을 다루는 능력 예 부
- **안전** : 안전, 조화 그리고 사회의 안전성 예 법과 질서
- **자기 주도** : 독립적인 사고와 행동 예 자유
- **자극** : 흥미, 신기함, 삶에서의 도전 예 다양성
- **전통** : 문화나 종교적 관습에의 존중과 수용 예 종교적 헌신
- **보편성** : 이해, 감사 그리고 인류와 자연의 보호 예 사회적 정의 평등, 환경보호론

---

(5) 습관 바꾸기

연습을 시행하는 목적은 당신이 건강에 유익한 습관을 몸으로 체득하도록 실질적인 변화를 일으키는 것이다.

아주 사소한 것부터 습관을 바꾸어 보는 것이 더 쉽고 효과적이다. 이러한 과정들을 통해 당신은 자신의 진보를 기록하고 즐겨나갈 수 있게 된다. 당신은 희망을 품고 당신이 원하는 습관을 얻기 위한 실질적인 연습을 해 나가길 원할 것이다.

습관을 고치기 전까지 1~2주일간 일지를 기록해보는 것은 좋은 방법이다. 이것은 습관 때문에 생긴 결과들을 통제할 수 있도록 도와준다.

변화는 시작보다 유지가 어렵다. 습관의 변화가 삶의 스타일로 자리매김되지 않으면 결코 성공하지 못한다. 어떻게 습관을 고쳐야 할지를 생각하고자 한다면 변화를 지속시키는 방법에 대해서 많은 주의를 기울여야 한다.[32]

습관을 바꾸는 방법의 과정　　　　　　　　　　　　　　**TIPS**

- **계획** : 변화의 중요성에 대한 생각이 이루어지는 시작 단계
- **준비** : 변화의 어려움을 고려하고 목표 수립이 이루어지는 진행 단계
- **행동 단계** : 적절한 보상과 처벌을 구상함으로써 실질적인 변화를 시작하는 단계
- **유지 단계** : 원래의 나쁜 단계로 퇴보하는 것을 저지하는 단계

---

32) 크리스토퍼 피터슨, 문용린, 김인자 외 1명 역, 《긍정심리학 프라이머》, 물푸레, 2010

09 | 보조장치의 확인

발표 준비를 할 때 반드시 해야 하는 것 중에 하나가 바로 기술적인 부분을 체크하는 것이다. 발표하는 장소에 갔을 때 가장 당황스러운 것이 자료가 보이지 않거나 영상이 재생되지 않는 등의 문제가 발생하는 경우이다. 발표장의 기술적인 부분이 예상하는 상황과 다른 경우가 있기 때문에 기술적인 부분을 미리 체크하는 것이 꼭 필요하다.

먼저 빔프로젝트 위치와 스크린의 위치를 확인해야 한다. 빔프로젝트가 가운데 있는 곳도 있지만 양옆으로 두 개의 스크린이 있는 곳도 있다. 또한, 스크린이 상당히 위에 설치되어 있어 손으로 포인팅을 하기가 어려운 경우도 있기 때문에 스크린도 꼼꼼히 확인해야 한다.

필자는 수주 PT를 할 때 스크린 앞에 바로 책상이 있어 이동이 불가능한 경우도 있었다. 동선 이동과 손으로 포인팅을 하는 것까지 모두 생각했는데 발표장의 여건상 이동이 불가능할 수도 있다. 또한, 연설대의 위치 혹은 컴퓨터의 위치에 따라 한쪽에 고정해서 서야 하는 경우도 있다. 자신이 서는 위치에 따라 내가 보는 방향이 달라지므로 체크해야 한다. 스크린을 바라보고 오른쪽에 서야 한다면 오른손으로 포인팅을 해야 하며 그때는 포인터를 오른손에 들고 있다가 왼손으로 바꾸어 쥐는 동작이 필요하므로 연습이 필요하다.

반대로 스크린을 바라보고 왼쪽에 서야 한다면 왼손으로 포인팅을 하므로 포인터를 옮길 필요가 없어 좀 더 자연스럽게 제스처를 할 수 있다.

이번에는 영상자료를 확인하는 것이 필요하다. 필자는 강의 시 영상자료를 많이 활용하는데 영상 때문에 당황한 적이 적지 않았다. 본인의 노트북이 아닌 발표장에 있는 컴퓨터나 노트북을 이용할 경우 나의 노트북과 동일한 세팅이 되어 있지 않아 파워포인트 버전이 다르거나 영상 파일 코덱이 설치되지 않은 경우 등 매우 여러 가지 상황이 생길 수 있다. 수주 PT의 경우 대부분 발표장에 설치된 노트북을 이용해야 하는 경우가 많으므로 버전을 여러 가지로 나누어 저장하는 것이 안전하다.

특히 영상자료는 버전이 다를 경우 재생이 되지 않기 때문에 반드시 하나하나 모두 점검해봐야 한다. 한번은 재생되어서 시작했다가 뒤에 있는 영상이 재생되지 않아 낭패를 본 적도 있다. 모든 영상을 확인하는 것을 잊지 말아야 한다.

영상을 확인하면서 동시에 체크해야 하는 것이 스피커다. 스피커 연결이 제대로 되는지, 음량의 조절을 통해 적당한 볼륨으로 맞추어 놓는 것이 필요하다. 특히 영상마다 음량을 동일하게 맞추는 것이 좋지만 쉽지 않기 때문에 음량 체크를 할 때는 가장 소리가 적은 영상을 기준으로 맞추는 것이 좋다.

이번에는 마이크를 확인해야 한다. 마이크는 사용하기도 하고 하지 않기도 한다. 예를 들어, 10명 내외의 청중이 있는 발표장이라면 마이크 사용은 하지 않을 것이다. 20명 이상의 청중이 있다면 마이크 사용을 고려해볼 필요가 있으며 40명 이상의 청중이라면 마이크를 사용하는 것이 좋다. 그러나 마이크는 소리가 울리기 때문에 집중도가 떨어질 수 있다는 것을 고려해야 한다. 그래서 필자는 40명 정도까지는 마이크를 사용하지 않고 육성으로 하기도 한다. 그런 경우 청중들이 더 집중해서 이야기에 귀를 기울인다.

핸드 마이크의 경우 한쪽 손으로 들고 해야 하므로 한 손에는 마이크, 한 손에는 포인터를 들어야 한다. 이러한 경우에는 큐카드의 사용은 어렵다.

마이크는 사용하기 전에 반드시 체크가 필요하다. 소리가 너무 크지는 않은지 확인하고, 입 가까이 대어야 소리가 나는 마이크도 있기 때문에 오프닝 정도는 연습해보는 것이 좋다.

프레젠테이션! 초스피드 완성

Part V
최종점검을 위한 리허설

Part V

최종점검을 위한 리허설

01 | 발표 불안감 해소

"막이 오를 때마다 관객들에게 어떻게 작품이 받아들여질지 항상 두려워하면서 마음을 졸입니다. 그래서 매번 많은 고민을 하고, 수없이 수정한 끝에 무대에 올리지요. (관객에 대한) 두려움이 승화돼 작품의 보편성을 낳게 되는 것 같습니다."[33]

영국이 인정한 셰익스피어의 거장이자 일본이 낳은 세계적인 거장 연출가로 꼽히는 니나가와 유키오가 2014년 우리나라를 방문한 기자간담회에서 세계적인 거장이 된 비결에 대해 이같이 소개한 바 있다. 또한, 절대로 떨지 않을 것 같은 카리스마 넘치는 가수 패티김 씨도 무대에서 많이 떨었다는 기사를 본 적이 있다. "긴장이 너무 심해서 심장마비로 죽을 것 같다. 어떤 때에는 공연장에 약간의 지진이 와서 관객 분들이 집으로 돌아가셨으면 좋겠다는 생각도 했었다."라는 내용의 기사였다.

즉, 낯선 사람들 앞에서 말하는 것에 대한 어려움과 불안은 모든 사람이 공통적으로 겪는 현상이라는 것이다. 여유롭고 당당해 보이는 사람들도 속으로는 떨고 있다. 남들도 나와 똑같이 공포감이나 두려움을 느끼지만, 그 느낌을 가진 채로 말을 해 나가게 되는 것이다. 그러니 우선은 '나만 두려움에 떨고 있나?' 라며 고민하지 말고 누구나 나와 똑같다는 생각을 하자. 그러면 마음이 한결 편안해진다. 이 사실만으로도 마음의 위안이 될 수 있다. 또한, 떨림을 극복하려면 먼저 떨림의 이유가 무엇인지부터 생각해 봐야

한다. 자신감의 결여인지, 완벽해야겠다는 욕심인지, 아니면 발표 경험이 부족해서인지 분석한 뒤 그에 따른 극복 방안을 모색해 본다. 떨리는 원인을 알아야 제대로 대처하고 고칠 수 있다.

(1) 발표 불안의 원인

발표 불안의 원인은 크게 정신적인 측면, 기술적인 측면, 육체적인 측면으로 구분할 수 있다.

① 정신적인 측면

ㄱ 공포심 : 미국의 사상가였던 랄프 에머슨은 "공포감은 이 세상의 어떤 것보다도 수많은 사람을 패배로 몰아넣는다."라고 말한 바 있다. 여기서 말하는 공포감은 대개 일정 이상의 시선에서 느껴지는 공포심을 말한다. 많은 사람들의 시선이 나에게 모일 때 위축되고 압박감을 느끼는 것은 당연하다는 이야기일 것이다. 하지만 발표가 시작되면 곧 사람들의 시선이 내가 아니라 발표의 주제로 옮겨가게 된다.

ㄴ 열등감 : 사람은 누구나 자신의 존재를 매우 소중히 여긴다. 무심코 본인과 닮은 이성을 좋아하는 것도 '세상의 중심은 바로 자신'이라는 무의식 때문이라는 것이다. 그래서 우리는 자아가 상처받는 것을 두려워한다. 하지만 타인의 평가는 종종 우리를 끌어올리기도 하고 무너뜨리기도 한다. 그런 점에서 두려움은 자신을 보호하는 방어 수단으로서 언제나 최악의 상황에 초점이 맞춰져 있다. 즉, '내가 과연 이들에게 말할 자격이 있을까?', '사람들이 나를 어떻게 평가할 것인가?', '내 단점을 누가 알아내면 어쩌지?', '나는 분명 실패할거야. 무엇을 말해야 할지 모르겠어.'라는 생각들이다.

ㄷ 정서 불안(트라우마) : 과거에 말하기에 얽힌 어떤 사건으로 인해 충격을 받았거나 놀림을 받은 경우가 대표적이다. 예를 들면, 중학교 때 친구들 앞에서 국어책을 소리 내어 읽었는데 많이 더듬는다고 놀림을 당한 경우, 또는 친구들이 "넌 너무 질문이 많아, 그래서 수업시간에 집중이 안 돼."라는 말을 들은 뒤 질문과 발표를 회피한 경우 등이 이에 해당된다.

② 기술적인 측면

발표 불안을 느끼는 기술적인 측면으로는, 논리적이고 이성적으로 말하는 습관이 부족하거나 평소 이야기의 화제가 부족한 경우, 프레젠테이션에 대한 연습이 부족한 경우를 들 수 있다. 기술적인 측면은 훈련과 반복으로 충분히 나아질 수 있다. 특히, 주변인의 모니터링을 받으면 더욱 효과적이다.

㉠ 논리적이고 이성적으로 말하는 습관이 부족한 경우

- 논리적인 면을 기르기 위해서는 수식어를 줄인다. 말이 장황한 사람들은 대부분 주어나 목적어를 꾸며주는 수식어를 많이 사용하는 경향이 있다. 수식어를 줄이고 주어나 목적어를 재빠르게 제시하자.

- 핵심을 먼저 전달하고 깔끔하게 끝낸다. 말이 길어지는 사람의 경우 앞에서 설명한 이야기를 뒤에서 다시금 설명하는 경향이 있다. 두괄식으로 핵심을 앞에 두고 빨리 결론을 낸다.

- 문장을 짧고 간결하게 구성한다. 말을 할 때 3~4가지의 이야기가 한 문장으로 계속 이어지는 경우가 있다. 이럴 때 논리적이라는 평가를 받기 어렵다. 문장을 짧게 구성하면 발표 내용이 논리적이라는 생각이 청중에게 전달되고 청중의 이해도가 높아진다. 광고 카피, 라디오 광고, 책의 목차, 제목 등을 보면서 아이디어를 떠올리고 따라해 보자.

ⓛ 이야기의 화제가 부족한 경우

- 화제가 부족하다는 것은 그만큼 세상에 대한 관심이 부족하다는 이야기이다. 자신의 분야, 흥미 있는 분야에만 집중하다 보니 화제가 부족해지기 십상이다. 세상에 대한 관심을 가져야 한다. 요즘 시대에는 본인의 분야에서 깊이를 갖추고 나아가 세상 전반에 대한 지식과 통찰력을 갖춘 사람이 리더로 추앙받는다. 본인의 일만 잘 한다고 인정받는 과거와는 많은 차이가 생겨나고 있고 인간관계와 통찰력, 판단력 등의 요소가 더욱더 중요해지고 있다. 이러한 시대의 흐름에 발맞추어 신문, 방송, 다양한 분야의 책과 잡지, 소셜 네트워크 등 다양한 방면에 관심을 가질 필요가 있다.

ⓒ 프레젠테이션에 대한 연습이 부족한 경우

- 우리나라의 교육이 강의식, 주입식으로 이루어지다 보니 스스로 무언가를 해내거나 주체가 된다는 것이 익숙하지 않다. 특히, 발표의 기회가 적다보니 더욱 발표에 대한 두려움을 느끼게 되는 것이 사실이다. 하지만 발표 실력은 실제 발표를 경험한 횟수와 비례하여 늘어나게 돼 있다. 일종의 습관인 것이다. 그러니 발표할 기회가 생길 때마다 적극적으로 나서서 기회를 잡자. 그리고 연습을 많이 하자.

- 대부분의 사람은 준비를 제대로 못한 경우 떨게 된다. 편안한 상태로 말하다가 갑자기 떨리기도 한다. 이럴 때 솔직하게 "떨린다."라고 입 밖으로 이야기하는 순간 긴장감이 훨씬 완화된다.

- 청중에게 질문을 던지는 것도 유용하다. 이 경우 청중의 흐트러진 관심을 모을 수 있고, 답변자가 대답하는 동안 마음을 가다듬을 수 있다.

- '했습니다.' 등의 딱딱한 말투를 '했어요.' 등으로 부드럽게 바꿔도, 발표가 아니라 일상의 대화처럼 느껴져 마음이 편안해진다.

③ 육체적인 측면

감기, 몸살, 과도한 음주, 회식 등 몸의 컨디션이 좋지 않은 경우 발표에 악영향을 미친다. 그렇기 때문에 발표 전날 모임을 잡지 않는 것이 좋다. 숙면을 취하고 편한 마음으로 잠자리에 들어야 한다. 성대를 보호하기 위해 목에 가벼운 스카프나 수건을 두르고 자면 좋다. 또한, 발표 당일 과식을 하지 않도록 조심한다.

(2) 발표 불안 시 신체에 나타나는 증상

말하기 불안을 극복하는 데는 '자신의 말하기 불안을 이해하고 분석하고 받아들이는 것'만 한 것이 없다. 말하기 불안으로 인한 육체적 증상을 살펴보자.

> 화끈거리는 얼굴, 얼굴 붉어짐, 거북한 속, 땀으로 젖은 손바닥, 바싹바싹 마르는 입술, 머릿속이 텅 빈 느낌, 가쁜 호흡, 손 떨림, 입 주위나 눈의 경련, 심장 박동 수 증가, 어지럼증, 목소리가 갈라지거나 목이 메어 소리가 잘 나오지 않음, 머릿속이 백지처럼 하얘지는 현상, 입 마름, 안절부절못함, 눈을 맞추지 못하고 말하는 속도가 빨라지는 것 등

이렇게 신체적 변화가 일어난다는 것은 낯선 환경과 낯선 사람에 대한 불안과 긴장 때문이다. 잠시 긴장과 불안에 대해 생각해 보자. 긴장은 '마음을 조이고 정신을 바짝 차림', 불안은 '마음이 편하지 않고 조마조마함'을 뜻한다. 이런 신체적 변화는 당연한 것이다. 사람은 본능적으로 낯선 환경과 낯선 사람 앞에서 아드레날린이 분비되면서 떨리고 긴장하기 때문이다. 아무런 신체적 변화가 없다는 것은 자신의 발표내용과 결과에 대한 기대가 없다는 의미일 수도 있다. 그러니 적당한 긴장과 불안감을 인정하자. 신체적 변화를 받아들이고 그 원인에 대해 생각해보자. 내가 무엇을 두려워하고 있는 것인가에 대해서 말이다. 덧붙이자면, 가능한 명확하게 두려움을 분석해야 한다. 그래야만 본질을 찾아 문제를 해결할 수 있다.

(3) 발표 시 두려움을 극복하는 방법

① 자기 자신을 믿어라.

"자신감은 곧 공포에서 해방되는 것이다."

위 문장은 자기 관리론으로 유명한 미국의 작가인 데일 카네기의 명언이다. 나를 믿자. 나보다 많이 알고 있는 사람은 없다고 생각하자. 이 주제에 대한 준비를 내

가 했기 때문에 이 주제에 대해서는 전문가라는 생각을 하자. 내가 내 주제에 대한 확신이 없다면 듣는 청중이 내 이야기에 귀를 기울이고 공감할 수 없다. 잘 될 것이라고 믿자. 또한, 마인드컨트롤을 통해 발표가 긍정적인 방향으로 나아가도록 유도해야 한다. 앞으로 전진하기 위해서는 이 산을 넘어야 한다. 어차피 넘을 산이라면 피하지 말자. 나를 옆에 벗어놓고 무아지경으로 상황에 전념하자. 자신감은 타고나는 것이 아니라 길러지는 것이다.

② 긴장을 통제하자.

"정상적인 인간은 모두 긴장하기 마련이고, 긴장하는 것은 인간의 본능이다."

연단에 서기 전 긴장감과 아드레날린이 우리를 자극한다. 그것을 긍정적으로 승화시킬 수 있다면 훌륭한 자극제이지만, 때로는 아드레날린과 흥분이 두려움과 긴장을 증폭시키고 부정적인 방향으로 나아가 발표를 실패로 이끌 수도 있다. 여기서 중요한 것은 바보같이 나만 떨리는 것이 아니라는 것이다. 떨리는 것은 당연하고 본능인 것이다. 그러니 두려움을 정상적인 현상으로 받아들여야 한다. 두렵다고 해서 회피만 하다 보면 시간이 아무리 흘러도 긴장감을 없앨 수 없다. 두려움은 세상에서 가장 자연스러운 것이다.

긴장을 통제하는 방법   **TIPS**

1. 말하기 전 잠시 쉼을 가지고 호흡을 고르며 '내가 왜 떨어야 하지? 준비 많이 했잖아. 별거 아니야, 잘 될 거야.'라고 자기를 격려해 보자. 떨릴수록 쉼을 많이 가지는 것이 중요하다. 긴장하면 말이 빨라지게 된다. 특히 문장과 문장 사이를 쉬지 못하면 호흡이 가빠지고 긴장의 악순환이 반복된다.
2. 연기라 할지라도 자신감 있는 태도를 취하자. 다리가 부들부들 떨려도 가슴을 쭉 펴고 큰 걸음 폭으로 천천히, 그리고 당당히 걸어서 연단에 나서자. 앞에 나서기 전 '자신감의 외투'를 입는다고 생각해 보자.
3. 청중 앞에 서자마자 곧바로 이야기를 꺼내지 않는다. 왜냐하면 이 순간이 긴장의 최고점에 도달해 있는 때여서 숨을 돌려야 하기 때문이다. 속으로 '하나, 둘, 셋'을 센 다음 천천히 인사를 하고 발표를 시작하자.

③ 상황을 통제하자.

"모든 사람은 아직 '뇌관'(능력)이 발견되지 않은 폭탄이다."

광고인 박웅현의 말이다. 그는 "모든 사람들이 뇌관이 있다는 사실을 모르고 있을 뿐, 천천히 찾아나가면 된다."라고 말한 바 있다. 빙산의 일각이라는 말처럼 우리의 무의식(혹은 잠재의식)이 아직 수면 바깥으로 온전히 나오지 못한 것이다.

인간이란 참으로 불가사의한 존재이다. 불이 났을 때 자기보다 무거운 사람을 들쳐 업고 나오거나, 엄마가 아기를 위해 달리기 선수처럼 빠르게 달려 구하는 등 놀라운 능력을 갖고 있다. 이러한 잠재의식을 더 키워내고 컨트롤하기 위해서는 잠재의식에 긍정적인 암시를 주는 것이 필요하다. 사람이 목표를 세우는 것은 의식을 사용하지만 목표를 실행하는 데 필요한 행동과 습관을 통제하는 것은 잠재의식이다. 마음을 배에 비유할 때, 의식이 항로를 통제하고 명령을 내리는 선장이라면 잠재의식은 갑판이나 기관실에서 일하는 선원들이다. 선장이 아무리 중요한 일을 한다 하더라도 배를 움직이게 하는 것은 선원들이다.

무의식 훈련방법 **TIPS**

1. 바라는 목표를 의식적으로 선택하고 그 결과를 상상하며 해낼 수 있다고 믿으며 지속적으로 생각한다.
2. 이 생각과 믿음을 습관과 행동이 뿌리내리고 있는 무의식에 각인시킨다.

무의식 훈련방법을 프레젠테이션에 직접적으로 적용해 보자. 첫째, 주변 상황에 적응할 수 있도록 사람들과 대화하면서 자연스럽게 상황에 대한 대처 준비를 한다. 즉, 발표하는 장소의 크기, 청중의 성향, 분위기를 미리 파악해 불안한 요소를 줄이고 다양한 상황을 미리 예측해보는 것이다. 둘째, 발표하는 모든 자료에 대한 철저한 준비와 Q&A를 미리 작성해놓는 것이다. 물론 청중이 당신이 준비한 부분에 대해 질문을 하지 않을 수도 있다. 하지만 당신은 그러한 부분까지 미리 다 준

비했기 때문에 편안한 마음으로 발표를 진행할 수 있다. 당신이 상황을 통제할 수 있다고 상상하며 성취 가능성을 의식적으로 믿고 무의식에 새기자. 의식과 무의식의 힘이 상호 작용할 때 프레젠테이션 발표도 성공적으로 끝날 것이다.

④ 연습한 방법대로 충분히 훈련하자.

머릿속으로 준비하는 것만으로는 발표에 대한 긴장감을 완전히 몰아내기란 어렵다고 봐야 한다. 그렇기 때문에 이해하기 쉽게 문장을 만들어서 직접 소리를 내며 연습해야 한다. 이때 구어체로 문장을 만들어 이야기하듯이 연습하는 것이 중요하다. Practice, Practice, Practice! 전 평창올림픽 유치위원회 대변인 나승연이 프레젠테이션 강의를 할 때마다 입버릇처럼 강조하는 말이다. 그는 하나의 프레젠테이션을 적어도 100번은 반복할 만큼 '연습이 완벽을 낳는다. Practice makes perfect' 라는 원칙을 철저히 지키는 프로이다. 그러면서도 어떻게 하면 내 앞의 청중과 즐겁게 대화를 나눌까를 고민한다고 한다.

'야구의 신' 으로 불리우는 김성근 감독도 한 방송 프로그램에서 이런 이야기를 했다. "야구는 간단한 거예요. '알고 있다' 고 하면 되지 않는 거예요. '알고 있다' 가 아니라 '할 수 있다' 가 돼야 해요. '할 수 있다' 로 변하는 방법은 연습뿐이에요." 하나를 알더라도 철저히 연습해서 '할 수 있는 것' 으로 만들어 놓은 선수만이 실전 경기에 출전할 수 있다는 말이다.

쉽게 할 수 있는 연습방법 **TIPS**

- 가족이나 친구 앞에서 예행연습을 한다.
- 직접 녹음해서 들어 본다. 실제로 이야기하게 될 장소의 규모나 청중의 수를 이미지로 그리면서 몇 번씩 소리를 내어 연습해 보자.
- 연습을 거듭하면 단순히 주어진 원고를 읽는 게 아니라 자신만의 원고를 갖게 될 것이다. 자신의 발표에 스스로 집중하고 몰입하면서 자연스러운 제스처까지 사용해 본다. 그러면 발표에 대한 자신감이 생겨 실전에서 청중을 바라보며 말할 수 있게 된다.

⑤ 근육 이완 운동을 자주 하자.

인간의 발성기관은 근육으로 이루어져 있다. 경직되고 긴장된 상태에서는 좋은 소리가 나올 수 없다. 발표를 하기 전에 몸을 풀어주면 근육이 이완되고 긴장이 완화되어 더 좋은 소리를 낼 수 있다. 성악가들이 노래를 부르기 전 가볍게 제자리 뛰기를 하는 것은 바로 이러한 이유 때문이다. 긴장되는 순간일수록 가만히 앉아 있지 말고 몸의 근육을 가볍게 풀어주는 것이 필요하다. 분명한 발음이 올바른 내용 전달에 매우 중요한 역할을 하기 때문이다. 분명한 발음을 위해서는 먼저 혀와 아래턱의 움직임이 부드러워야 한다. 사람들이 좋은 발음을 위해서 입을 크게 벌리라고 하는데 이는 아래턱을 아래로 자연스럽게 많이 내리라는 말이기도 하다.

또한, 혀와 턱의 운동을 해야 한다. 씹는 운동은 일종의 극기훈련식 발음법이라 할 수 있다. 발음법에서는 가능한 발음하기에 가장 어려운 조건을 만들어 이를 극복하고 입에서 인후까지의 발성 및 발음에 적절한 근육의 상호 협동작용을 원활하게 하는 데 기본 목적이 있다.

㉠ 혀 운동

- 혀를 입 밖으로 길게 내어 뺐다가 집어넣는 운동을 반복하여 혀의 활동성과 부드러움을 유지시킨다.
- 혀를 10초 이상 쭉 내밀고 있는다.
- 혀로 입안 구석구석을 훑어준다.
- '아라라라라' 발음을 하면서 혀를 굴린다.
- '오로로로로' 발음을 하면서 혀를 굴린다.
- 시계소리 '똑딱똑딱'을 혀로 소리 내어 본다.

㉡ 턱 운동

- 아래턱을 상하좌우로 움직인다.
- 입을 크게 벌리면서 턱의 활동성과 부드러움을 유지시킨다.
- 흔히들 말할 때 입을 크게 벌리라고 하는데, 이 말은 턱을 아래로 내리라는 말이다. 턱을 아래로 내려서 입 안 공간을 많이 확보하면 소리가 명확해지고

소리의 깊이가 생긴다. 그러니 입을 크게 벌릴 수 있도록 자주 연습하자. 그러다보면 뇌에 신호가 전달되어 우리가 의식하지 않더라도 입을 크게 벌릴 수 있을 것이다.

ⓒ 입술 운동

- 입술을 앞으로 내밀었다가 옆으로 잡아당긴다. 항상 부드러움과 윤기를 잃지 않도록 적셔둔다.
- '비비디 바비디 부'와 같은 문구를 빠르게 반복한다.

ⓐ 씹는 운동[34]

- 우선 비스킷 한 개를 입에 넣고 되도록 입의 운동을 크게 하며 혀를 많이 움직이고 소리를 내면서 씹는다. 몇 초 동안 모음의 소리를 낸다.
- 비스킷을 씹으면서 1~10까지의 숫자를 소리 내며 센다. 그리고 신문이나 짧은 문장을 읽는데 이때 침이 고이면 삼켜 버린다. 비스킷이 모두 녹아버리면 삼켜 버리고 다시 새로운 비스킷으로 시작한다.
- 이상의 방법을 한 번에 5분 정도로 하루 몇 번씩 일주일을 계속한다.
- 2주째는 비스킷을 반쪽으로 나누어 같은 방법으로 연습한다.
- 3주째는 반의 반쪽으로 연습한다.
- 4주째는 비스킷을 사용하지 않고 상상으로만 씹으면서 연습한다. 이 방법은 목에 힘이 들어가는 사람이나 성대 결절이 있는 사람이 훈련을 하면 성대 근육이 점점 부드러워지며 발성과 발음을 하기에 편해진다. 발성과 발음에 이상을 느끼는 사람이 실행해 보면 효과를 볼 것이다.

ⓜ 스트레칭 체조

신체나 손발은 언어 선택과는 달리 비교적 자유롭게 움직일 수 있으므로 가능한 한 스트레칭을 통해 긴장을 풀도록 한다. 손목의 힘을 빼고 풀어 준다. 어깨와 등을 똑바로 하고 앉은 다음 배를 당긴다. 어깨와 목에 힘을 빼고, 천천히

---

34) 최낙천, ≪마이크 앞에 서는 길≫, 삼하출판사, 1992

좌우로 그리고 아래위로 돌린다.

ⓑ 긴장을 풀기 위한 복식 호흡

복식 호흡은 정신을 집중해서 배로 하는 호흡이다. 한 번 호흡할 때마다 대개 20초나 25초 정도로 한다. 5초나 10초는 너무 짧아 마음을 안정시킬 수 없다. 이때 중요한 것은 머릿속을 서서히 비우는 것이다. 정신을 한 곳에 통일시키는 연습을 통해 집중력을 높일 수 있고 마음을 평온하게 다스릴 수 있다.

- 전신에 힘을 빼고 의자에 깊숙이 앉아 척추를 바로 세운다. 턱을 5~10도 정도 안쪽으로 끌어당기고 지그시 눈을 감는다.
- 몸의 무게 중심은 엉덩이와 양 무릎이 그리는 삼각형의 중앙에 위치하도록 하고 양손을 깍지 낀 다음 배 위에 올려놓는다.
- 뱃속의 공기를 전부 뱉어낸 다음 배가 불룩해질 때까지 코로 천천히 숨을 들이마신다.
- 배가 불룩해졌을 때 한 번 더 들이마신다. 숨을 들이마실 때 어깨가 올라가면 안 된다. 어깨와 가슴은 가만히 있는 상태에서 배가 부풀어 올라야 한다.
- 숨을 잠시 멈춘다. 숨을 최대한 들이마신 상태에서 1초 정도 숨을 멈추면 호흡법을 연습하는 데 도움이 된다.
- 숨을 뱉어 배를 완전히 수축시킨다. 입을 벌려 '후~~' 하고 소리를 내듯 숨을 뱉어도 된다. 최대한 길게 내뱉는다는 생각으로 호흡한다. 뱃가죽이 등에 착 달라붙을 정도로 배를 푹 들어가게 하면서 전부 내뱉어 버린다.
- 긴장된다는 생각이 들면 이 복식 호흡을 조용히 7~8회 반복한다.

ⓢ 108배와 뇌체조

최연소 국제변호사로 알려진 손빈희 씨의 이야기를 참고하자. 그는 "공부를 1시간해도 집중을 해야 한다."며 "대학교에 가기 전 매일 108배를 했고 마음이 심란할 때는 심호흡과 뇌호흡을 했다."고 한다. "뇌호흡법은 코로 숨을 들이마실 때 천천히 들이마시고 잠시 동안 숨을 참고 있으면 단전이 있는 데까지 숨이 들어가는 것처럼 느껴진다. 그때 다시 코로 천천히 숨을 내뱉는다. 눈을 편안하게 감은 상태에서 이 방법을 반복한다. 하루 5분에서 10분 정도 하면 마음이 편안해진다. 또 왼손은 배에 대고 위아래로 문지르고 오른손은 주먹을 쥐고 배를 두드리는 체조를 하루 10분씩 했다."라고 자신이 수행했던 집중력 강화 훈련을 공개한 바 있다. 불안감을 줄이고 집중력을 높이기 위한 좋은 방법 중 하나이다.

02 | 편안한 마음가짐

"나는 40년 동안 연습한 것을 자기는 거저먹으려고 하네요. 안 떨리는 방법은 없어요. 잘하려고 하기 때문에 떨려요. 잘할 생각이 없으면 하나도 안 떨려요. 사람이라는 건 누구든지 다 잘하고 싶기 때문에 떨리는 건 당연해요. 면접 보러 갈 때 억지로 보러 가면 하나도 안 떨려요. 물어보면 대충 대답해 버린다 생각하면 안 떨려요. 면접 봐서 합격해야 되겠다고 생각했을 땐 안 떨릴 방법이 없어요. 이 회사에 미련을 갖지 마세요. 꼭 합격되어야 된다고 생각하지 마세요. 중요하다고 생각해서 덜덜 떨어서 면접 떨어지면 죽을 거예요? 아니잖아요. 그러면 또 다른 회사에 가야 될 거잖아요. 시험에 목을 매달기 때문에 100% 떨려요. 연습 삼아 임하면 좀 덜 떨려요. 너무 목을 매달지 마라 이런 얘기예요. 이렇게 생각하면 좋은데요. 시험이나 면접 보러 갈 때 '이번에 꼭 되어야 된다.' 그런 생각하니까 떨릴 수밖에 없어요. 그러니까 '나는 앞으로 10번째 가는 곳이 직장이다.'라고 정해놓고 '지금부터 9번째 회사까지는 연습이다.' 이렇게 생각하세요. 9번쯤 면접 연습하면 잘할 수 있겠죠? 자기는 연습 없이 단박에 합격하려고 해요. 그런 마음으로 임하다가 중간에 5,6번째에 재수 없이 합격이 되면 그냥 가면 되고요."

우리에게 삶의 위안과 희망을 주는 법정스님의 말이다. 결국 마음먹기에 따라 발표에 대한 준비와 결과가 달라진다.

(1) 마음을 가볍게 하는 7가지 준비방법

① 말하는 방법은 완벽하지 않아도 된다.

대체로 완벽주의자인 사람은 생각만큼 성과가 오르지 않는 경향이 있다. 한 번이라도 실수를 하게 되면 마이너스 측면에만 주의를 집중시키게 되고 결국 잘하던 것까지 실수하게 되기 때문이다.

사람은 완벽한 존재가 아니다. 말을 하다가 실수할 수도 있고 중요한 것을 빼먹을 수도 있다. 이렇게 불완전한 존재가 인간이다. 타인 앞에서 완벽하게 말하는 것처럼 보이는 사람들도 실수와 불완전함을 가지고 있다는 것을 인정하자.

② 빠른 말투도 괜찮다.

흔히 말투가 빠른 사람들은 "천천히 알아듣기 쉽게 말하고 싶다."라고 말한다. 표준어와 바른 언어 습관을 구사하는 아나운서의 뉴스를 온라인에서 다시 들어보자. 예상했던 것보다 훨씬 빨라서 같은 속도로 읽기는 거의 불가능하다. 하지만 그들의 말을 우리가 못 알아듣지는 않는다.

오히려 말을 못 알아드는 요인은 어미 발음이 불분명하거나, 말과 말 사이에 쉼이 없거나, 이야기의 단락이 계속 이어지거나, 목소리가 너무 작거나 하는 등 다른 데 이유가 있다. 그러니 사람들이 말을 못 알아듣는다고 한다면, 그 요인을 물어보고 정확히 찾아서 고칠 수 있도록 하면 되는 것이다.

③ 사투리가 문제가 되는 일은 생기지 않는다.

사투리를 쓴다고 해서 청중들이 거부감을 느끼거나 이야기를 못 알아듣거나 하는 경우는 발생하지 않는다. 오히려 발표자를 친밀하게 느낄 수 있으므로 사투리에 상관없이 자연스럽게 이야기하면 된다. 방송에 나오는 강호동이나 이경규의 경우 사투리를 계속 쓰지만 누구 하나 이상하게 여기지 않는다. 자신만의 색깔을 가지고 이야기하는 것이 중요하다.

④ 기술보다 열정이 중요하다.

"이 이야기만큼은 꼭 들어주셨으면 합니다."라는 자세로 전달한다면 청중은 진심을 전달받게 되어 있다. 그러한 열정이 있다면 제스처, 표정, 목소리에 당연히 드러날 수밖에 없다. 가끔 취업을 앞둔 준비생들이 내게 이야기하곤 한다. "면접 때 저의 열정을 몰라주시는 것 같아 속상했어요." 하지만 명심하자. 겉으로 열의가 드러나지 않는다면 아무도 그것을 알아줄 수가 없다. 나의 열정을 몰라주는 상대방이 야속한 것이 아니라 그것을 열정적으로 드러내지 못한 나의 노력이 부족한 것이다. 진심은 통하게 되어 있다. 열정을 갖고 이야기한다면 다소 부족한 부분이 있더라도 청중은 마음을 열고 움직이게 돼 있다.

⑤ 적당한 스트레스가 자신을 발전시킨다는 것을 기억하자.

대중 앞에만 서면 너무 긴장하거나 떨어서 자신이 대체 무슨 말을 하고 있는지 모르는 사람이 많다. 이것은 스트레스가 너무 강하게 작용하기 때문이다. 하지만 스트레스에는 '유스트레스'라고 해서 능력 발휘를 위해 빼놓을 수 없는 좋은 스트레스도 있다. 너무 떨어서는 안 되지만 약간의 떨림은 오히려 플러스가 된다는 말이다. 너무 편한 상태로는 발전이나 변화가 생기기 힘들다. 스트레스와 압박이 있을 때 변화가 생기고 발전이 생기게 된다.

즉, 인간의 전반적인 능력은 극도의 스트레스에 의해 발전해 나가는 것이다. '이번 기회로 인해 내가 더 성장할 수 있겠구나', '난 이제 하나의 관문을 통과하는 거야.'라고 생각해 보자.

⑥ 부정적인 내면의 말을 긍정적으로 바꾸자.

발표의 경험이 적거나 혹은 실패한 경험이 있는 사람은 그러한 경험에서 빠져나오기 쉽지 않다. 그래서 발표를 하기도 전에 이미 부정적인 결론을 내리는 경우가 많다. 또한 청중 모두가 좋아하지 않으면 내 발표는 실패한 것이라는 생각을 한다. 이러한 부정의 말을 긍정적으로 바꾸자. 내가 열심히 준비를 해서 침착하게 발표를 한다면 대부분의 사람들이 호의적으로 응답하며 발표가 성공적으로 끝날 것이라는 생각으로 말이다.

⑦ 스스로 힘을 주는 팝 토크를 외치자.

'나는 이 주제에 대해 많이 조사했고 적당한 질문에 준비되어 있다. 그러니 발표는 성공적으로 끝날 것이다.' 이렇게 스스로 다짐하고 또 다짐하자. 발표가 성공적으로 끝날 것이라는 것을 말이다.

"나는 최고가 될 것이다. 나는 최고다." 무명 시절 권투선수 무하마드 알리는 항상 이렇게 외치고 다녔다. 그는 점차 세계적인 선수로 발전했고 결국은 최고의 자리에 올랐다. 단 한 번의 경기로 1,000만 달러를 받는 등 엄청난 돈을 벌어들인 무하마드 알리는 "내 승리의 반은 주먹이 아닌 말에 있었다."라고 말하기도 했다. 1962년 전 세계 라이트헤비급 챔피언 아치 무어와의 대결을 앞두고 알리는 "무어는 4회에 KO된다."라고 당당히 소리친 뒤 링 위에 올라섰다. 결과는 그의 예언대로였다. 고향 이름을 따서 "루이스 입술"이라고 불렸던 그는 조롱이 아니라 자기 확신의 입을 가졌던 것이다.

(2) 시선 처리 연습법

① 발표를 시작할 때는 먼저 친구를 찾아라.

누가 기꺼이 이 자리에 참석해 있다는 신호를 보내는지, 누가 정신적인 지지를 보내는지 살펴보자. 그런 사람을 적어도 한 명은 찾아야 한다. 청중들 사이에서 친구를 찾는 일은 매우 중요하다. 안심하고 발표를 시작하고 싶다면 도움을 줄 만한 사람을 데리고 가도 괜찮다. 발표를 시작하기 전에 천천히 청중을 둘러본 후 나에게 지지의 눈빛을 보내는 청중과 대화를 나눈다는 느낌으로 시작하자. 그에게 긍정적인 신호를 받은 후 다른 사람에게 시선을 돌리자. 청중 한 사람 한 사람의 호의는 당신에게 큰 힘이 될 것이다. 처음부터 비판의 눈빛을 보이는 청중을 보면서 시작한다면 당황하기 쉽다는 것을 명심하자.

긍정적인 사람을 찾는 방법　　　　　　　　　**TIPS**

- 빙그레 웃고 있다.
- 메모를 하고 있다.
- 대체로 앞 쪽에 앉아 있다.
- 끄덕임이 많다.
- 유머에 웃는다.
- 내 이야기를 들으며 눈을 마주쳐 준다.

---

② 청중을 무섭지 않은 사물로 바꾸어 보자.

예전에 수많은 청중 앞에서 발표를 하게 된 한 사람이 떨면서 그 긴장감을 이기려면 어찌해야 할지 고민할 때, 친구가 해 준 조언을 듣고 그 공포를 이겨냈다는 이야기를 들었다. 그 조언은 관중석에 있는 수많은 사람들을 보고 "저건 사람이 아니야, 저건 호박이야."라고 생각을 하고 호박밭에서 이야기하듯 하라는 것이었다. 이런 방법도 물론 효과가 있다. 청중을 강아지, 호박, 인형 같은 친근한 사물로 바꾸어보면 한결 마음이 편해질 수 있다. 1985년부터 25년간 미국 CNN 라이브 토크쇼의 진행자였던 래리킹도 비슷한 경험을 이야기한 바 있다. 집에 있는 강아지나 고양이, 새나 금붕어와 같은 애완동물을 상대로 말하는 연습을 하면서 떨림을 이겨냈다고 한다.

③ 청중을 가족, 친한 친구, 친척으로 생각하자.

"엄마 앞에서 하듯", "친한 친구 앞에서 하듯" 청중을 삼촌, 이모, 동생 등 가족과 친척이라고 생각해 보자. 그들의 시선이 한결 부드럽게 느껴질 것이다.

청중도 누군가의 가족, 친구, 친척이다. 아무리 훌륭하고 많은 것을 배웠다 하더라도 결국은 똑같은 사람인 것이다. 이렇게 생각하면 청중과의 거리감이 줄어들고 한결 편한 마음으로 시작할 수 있다.

영국의 유명한 패션 디자이너인 폴 스미스의 이야기를 들어보자. 그는 현재 유럽에 1,000명, 일본에 2,000명 등 3,000여 명의 직원을 거느리고 있다. 사업을 이끌며 대단히 많이 배운 사람들과 함께 해야 하는 자리가 많았는데 그들 앞에서 주눅 들지 않기 위해 그는 스스로 주문을 걸었다고 한다. "저들 역시 똑같은 사람이야. 화장실도 가고, 어렸을 때는 어머니가 기저귀도 갈아줬을 거야."라고 말이다.

④ 청중을 비판자가 아닌 수용자로 여기자.

청중과 좋은 것을 '나누기 위해' 앞에 선 것이라는 생각을 하자. 청중은 나를 동물원의 원숭이로 생각하지 않는다. 나를 지지해주려고 있는 것이다. 그러니 서로가 가진 것을 나눈다는 느낌으로 편하게 말을 시작하자.

⑤ 단계별로 눈 마주치는 연습을 하자.

가까운 사람의 눈도 못 마주치는 사람이 낯선 청중의 눈을 마주치는 것은 더 어려운 일이다. 따라서 시선 처리도 연습과 훈련이 필요하다. 1단계 벽 보고 연습하기, 2단계 거울에 비친 내 눈을 바라보며 연습하기, 3단계 아무도 없는 낯선 곳에서 연습하기, 4단계 친한 친구 한두 명 앞에서 연습하기 등 익숙한 시선에 눈을 마주치는 연습을 단계별로 하자.

⑥ 평소에 타인의 시선에 익숙해지자.

단계별 눈 마주치는 연습 이후 어느 정도 자신감이 생기면 낯선 사람과의 시선 처리 연습에 돌입하자. 필자가 자주 사용하는 방법은 대중교통에서의 아이-콘택트이다. 지하철에 자리가 나서 앉을 때 자연스럽게 앞 좌석에 앉은 사람들에게 시선을 보내 본다. 나를 쳐다보고 있을 거라는 예상과는 달리 아무도 나에게 관심이 없다는 것을 깨닫게 될 것이다. 만약 나를 보는 사람이 있으면 자연스러운 눈빛을 그에게 보내 보자. 곧 그 사람이 먼저 시선을 돌리게 될 것이다.

지하철에서 에스컬레이터 이용 시 내려가는 칸에 있다면 옆의 올라가는 칸에 있는 사람들에게 자연스럽게 시선을 보낸다. 찰나의 순간이니 크게 문제될 것이 없다. 또한 버스를 이용할 때 정류장이 보이는 좌석에 앉는다. 앉아서 정류장에서 버스를 기다리는 사람들에게 아이-콘택트를 시도해본다. 이렇게 다양한 연습을 한다면 청중과의 눈맞춤은 한결 수월해진다.

⑦ 실제 프레젠테이션에서는 한 문장마다 한 사람의 눈을 본다.

"여러분 안녕하세요? 제 이름은 박민영입니다."라고 할 때 마침표가 올 때까지는 결코 한 사람에게서 다른 사람에게로 눈을 돌리지 말아야 한다. 문장이 끝나지 않은 상태에서 갑자기 시선을 돌리면 청중은 외면당했다는 느낌을 받을 수 있다. 그러니 한 문장이 끝날 때까지는 한 사람과 눈을 마주치자. 그러면 시선을 받는 쪽은 '이 사람은 나에게 말을 걸고 있다.', '나와 대화하고 있다.' 라는 인상을 갖게 된다.

(3) 이미지 트레이닝

이미지 트레이닝은 머릿속에 자신의 강의 모습을 선명하게 떠올려보는 훈련이다. 발표에 대한 불안을 긍정적으로 바꾸기 위해서는 이러한 과정이 필요하다. 예를 들어, '이 부분에서 A사례를 들어야지.', '이 부분을 설명할 때는 교육생에게 다가서서 말해야지.' 하면서 발표를 하는 장면을 이미지화하는 것이다.

연습을 하면 자신감이 생기고 이러한 자신감은 프레젠테이션의 성공을 이끄는 중요한 열쇠가 된다. 무대 위에서만큼은 본인이 최고라고 생각해야 한다. 이러한 이미지 트레이닝이 매우 중요하다.

인류 최초로 달나라를 여행했던 아폴로 계획의 준비단계에서 우주 비행사들의 훈련 중 상당 부분이 시뮬레이션을 통한 훈련에 할애되었다고 한다. 인류가 지금까지 단 한 번도 경험해 보지 못한 것을 시도하는 것이었으므로 새로운 상황을 이미지화해가면서 인간의 정신과 육체를 프로그램화한 것이다. 비행사들은 우주 공간에서 처음 맞는 위기

상황에서도 이미지 트레이닝을 통한 훈련 덕분에 무난하게 어려움을 극복해 나갈 수가 있었다. 결국 상상력과 창조성을 바탕으로 앞으로 발생할 일을 사람의 머릿속에 미리 형상화함으로써 문제를 해결할 수 있었던 것이다.

우리나라 양궁의 신화 김수녕 선수의 이야기를 들어보자.

"양궁이란 종목은 그다지 체력을 많이 소모하는 편이 아니다. 하지만 훈련 당시 난 꼬박꼬박 불암산에 올랐다. 너무 힘들어서 발이 안 떨어질 때도 있었다. 그럴 때마다 내가 지금 산을 오르는 것이 아니라 올림픽 현장에서 한 발 한 발 활을 쏜다고 생각하면서 이미지 트레이닝을 했다. 그것이 많은 도움이 됐다. 처음엔 그저 재미로 시작했다. 사극에 나오는 활 쏘는 주인공들이 멋있게 보였다. 그런데 막상 선수가 되고 나니까 긴장의 연속이었다. 정상에 오르기까지 나를 다그친 것은 '연습은 시합처럼, 시합은 연습처럼 하라.'라는 말이였다. 그래야 집중이 된다. 연습을 할 때는 '바로 지금 내가 경기장에 섰다.'라고 생각해야 집중이 된다. 반대로 실전에서는 '연습하듯 활시위를 당겨야 지나친 긴장에서 오는 실수를 범하지 않는다.'라는 생각을 했다."

이미지 트레이닝 방법

TIPS

1. 눈을 감고 천천히 호흡을 가다듬은 뒤 발표장소 중앙으로 걸어 나가는 것을 상상한다.
2. 청중들을 바라보며 가벼운 미소로 화답하고, 정중하게 인사를 한다.
3. 시선을 나눠주고 목소리를 가다듬으며 실제 말하는 모습까지 상상한다. 물론 현실로 착각할 정도로 상상에 몰입해야 더 효과적이다. 간단하지만 큰 효과를 얻을 수 있다.

---

(4) 침착해지는 마법의 주문 외우기

① 우리가 제일 많이 떠는 시간은 바로 발표하기 직전이다. 내 순서를 기다릴 때 나의 심장은 활화산처럼 활활 타오르게 된다. 주체할 수 없을 것만 같은 내 마음과 머릿속. 바로 이때 마법의 주문을 외우자. 그러면 한결 마음이 편해질 것이다.

이 주문의 포인트는 '머릿속을 비우는 것과 마음을 안정시켜 현재에 집중할 수 있는 힘을 만들어내는 것'이다. 머리가 복잡하면 생각이 정리되지 않고 목소리의 톤도 불안해지게 된다. 그러니 여러분의 힘을 믿고 주문을 외워보자.

발표 장소에 편히 앉아 눈을 감고 몸에 힘을 빼면서 복식 호흡과 마법의 주문을 외우면 많은 도움이 될 것이다.

② 적당한 긴장감은 오히려 도움이 된다고 생각하자. 물론 호흡이 거칠어지고 심장이 빨리 뛰겠지만, 이때 자기 암시를 통해 '나는 안정되고 있다.' 라는 말을 여러 번 마음속으로 되새기며 긍정적인 마인드로 임하도록 한다.

③ 이제 앞에서 배운 호흡법을 활용할 시간이다. 우선 코를 통해 숨을 깊이 들이마신다. 폐에 공기가 가득 찰 때까지 계속 들이마셔라. 이때 반드시 코를 이용해야 한다. 코로 숨을 쉬면 횡격막의 긴장이 풀어지기 때문이다. 무대공포증이 있으면 횡격막이 팽팽하게 긴장되어 숨이 짧아지고 뇌에 산소가 제대로 공급되지 않는다. 그러므로 코로 깊게 숨을 들이쉬어 가능한 한 폐를 크게 부풀려야 한다. 그리고 입으로 '툭 쏟아내듯' 숨을 내쉬어라. 이제 호흡이 자연스러워질 때까지 기다리자. 평상시처럼 자연스럽게 숨이 쉬어질 때까지 기다리자. 이런 식으로 서너 번 호흡을 하고 나면 어느새 마음이 편안해지게 된다.

④ 자연스럽게 심호흡을 하면서 주먹을 쥐었다 폈다 반복한다. 이러한 신체 자극이 몸의 긴장을 완화시키는 데 도움이 된다.

⑤ 우리 몸도 이제 외부에서 가하는 자극에 반응해서 이를 수용하기 시작했다. 이때부터 준비 태세가 이루어져 활발한 두뇌 활동이 시작되고 말도 자연스럽게 유창해진다는 사실을 알아야 한다. 따라서 약간의 긴장 상태는 오히려 도움이 된다는 사실을 잊지 말자.

⑥ '평소 실력처럼만 하자.' 라는 생각으로 편하게 발표에 임하자. 이것은 바로 몰입의 상태를 의미한다. 프레젠테이션 발표에서 가장 중요한 것은 발표자가 그 순간 그 자리에 완전히 몰입해 있어야 한다는 것이다. 훌륭한 발표자는 자기 자신을 온전히 그 순간 속에 쏟아붓는다. 발표하는 순간만큼은 그 장소에 있는 청중과 한 몸이 된다. 집중을 방해하는 고민거리가 있을지도 모르지만 걱정거리 한두 가지쯤 없는 사람이 누가 있는가? 프레젠테이션을 하는 동안 머릿속에 여러 가지 다른 문제를 생각하고 있으면 안 된다. 발표자의 마음이 그 곳, 그 자리를 떠나선 안 된다. 발표

자의 생각이 다른 곳에 가 있으면서 성공적인 발표를 하는 것은 불가능하다. 몰입은 모든 에너지를 발표에 쏟아붓는 것이다. 모든 에너지를 한 가지 생각에 집중할 때 호흡은 느려지고 근육은 이완된다.

'마법의 주문 외우기' 훈련법

1. 눈을 감고 온몸의 힘을 뺀다.
2. 발표에 대한 걱정으로 가득 찬 머릿속을 비운다. 아무 생각도 하지 않겠다고 자신에게 말해 둔다.
3. 마음을 가라앉히고 마음속으로 외친다. '나는 기분이 안정되고 있다.'
4. 천천히 코로 숨을 들이마시고 입으로 '후~' 하면서 천천히 내쉰다(복식호흡). 그리고 마음속으로 외친다. '나는 기분이 안정되어 있다.' (5~6회 반복)
5. 이제 주어진 상황에만 집중하자. 주사위는 던져졌다. '잘할 수 있을까?' 혹은 '잘해야 한다.'라는 두려움과 압박감을 버리고 편하게 상황을 즐겨 보자.

03 | 최종 리허설

대부분의 성공한 기업가들은 여러 사람 앞에서 능숙하게 말하는 능력을 가지고 있다. 그러나 대부분의 평범한 사람들은 다른 사람 앞에서 발표하는 것을 두려워한다. 그렇기 때문에 발표와 프레젠테이션을 잘하는 사람에게는 선천적인 소질이 있는 것처럼 보이기도 한다. 그러나 프레젠테이션의 전설로 여겨지는 스티브 잡스 역시 프레젠테이션을 하기 전에 청중이 없는 홀에서 수없이 연습을 반복하며, 스태프에게 수정을 지시했다고 한다. 슬라이드 한 장, 조명 한 줄기, 제스처 등 프레젠테이션에 만족할 때까지 반복하며 '좋은 프레젠테이션'이 아니라 '탁월한 프레젠테이션'이 완성될 때까지 수십 번 연습하였다.

스티브 잡스가 매년 진행했던 애플의 신제품 설명회인 맥 월드(Mac World)를 돕는 요원은 43명 정도라고 한다. 그들이 두 달 동안 열심히 준비해 한 편의 쇼를 만들어내는 것이다. 또한 스티브 잡스는 아이패드의 프레젠테이션을 준비하면서 전문 프로듀서까지 고용했다. 잡스의 프레젠테이션은 완결된, 완벽한 쇼였다. 잡스가 아이패드 프레젠테이션을 한 직후 애플의 주가는 폭등했다. 프레젠테이션이 정확하게 주가로 환산된 것이다. 이렇게 철저한 연습과 투자 없이는, 즉 리허설 없이는 실전에서의 성공을 기대하기 힘들다.

'철저한 준비는 절반의 성공이다.' 라는 말이 있다. 또 준비에 관련한 링컨의 유명한 명언이 있다. 링컨 대통령은 "나무를 베기 위해 8시간이 주어진다면 도끼를 가는 데 6시간을 쓰겠다."라고 말한 바 있다. 즉, 프레젠테이션의 성공은 준비의 정도에 달렸다고 할 수 있다. 빈 의자라도 앞에 두고 리허설을 하라. 생방송에서 사고를 치지 않기 위해서는 반드시 리허설을 거쳐야 한다. 리허설은 원고를 외우는 시간이 아니라 핵심 메시지를 압축하고 대화를 준비하는 시간이다. 특히, 발표와 관련 없는 사람 앞에서 리허설을 하는 것이 좋다. 그 분야에 대해 전혀 사전 지식이 없는 사람들도 쉽게 이해할 수 있어야 잘 구성된 프레젠테이션이라고 할 수 있기 때문이다.

(1) 원고 준비

실제 프레젠테이션에서나 연습을 할 때 준비한 원고를 읽거나 내용 전체를 외우려고 하지 않아야 한다. 그보다는 발표할 내용의 중요 키워드를 메모하여 발표하는 것이 좋다. 읽기, 외우기, 메모 이용의 장·단점은 다음과 같다.

① 읽 기

학술발표회에서는 종종 발표할 내용을 미리 준비하여 읽는다. 매우 복잡한 기술적 문제를 설명하거나 찬반이 엇갈리는 문제를 언론에 설명하거나 짧은 시간에 많은 정보를 말해야 할 때는 준비한 원고를 그대로 읽기도 한다. 그러나 비즈니스 상황에서는 이 방법은 피해야 한다. 발표자의 눈이 원고에 머무르고 있으면 청중을 살펴보고 그들의 피드백을 받아가면서 현장감 있는 발표를 할 수 없기 때문이다.

② 외우기

프레젠테이션 내용이 짧지 않다면 전체 내용을 외워서 말하는 것은 위험하고 시간이 너무 오래 걸리는 일이다. 특히, 프레젠테이션 중간에 외운 내용들이 기억나지 않으면 매우 곤란해진다. 말하는 것보다 머릿속에 있는 내용을 잊어버리지 않는 것에 더 주의하게 된다. 또 외운 것을 기계적으로 이야기하게 되어 청중의 요구에 따라 내용을 적당히 조절하지 못한다. 전체를 다 외우기보다는 서론과 결론의 핵심적인 말이나 명언, 중요한 인용의 말, 유머 정도만 외워두었다가 사용하는 것이 매우 효과적이다.

③ 메모 이용

비즈니스에서 가장 많이 쓰이는 방법은 기본적인 내용을 메모하고 이 메모에 따라서 프레젠테이션을 진행하는 것이다. 메모에는 완벽한 문장보다는 주요 문구를 적어둔다. 키워드 위주로 적어놓았다가 중간에 생각이 나지 않을 때 잠깐 메모를 보면서 마음을 가다듬고 다시 말을 이어나간다. 또한, 메모 노트를 사용하면 설명할 사항을 빠짐없이 논리적 순서에 따라 설명하면서도 청중의 반응에 따라서 유연하게 대처할 수 있다. 그러나 발표 중에 가끔 단어 선택에 어려움을 겪을 수 있다는 단점이 있다. 또한, 메모를 카드에 쓸 때는 페이지 번호를 매겨서 순서에 혼동이

오는 일이 없도록 해야 한다. 글자 크기는 되도록 크게 하여 보기 쉽게 한다.

(2) 발표 문장과 말의 준비

프레젠테이션은 보고서와는 달리 사람들이 발표하는 정보를 이해할 수 있는 기회가 한 번뿐이다. 방송뉴스와 신문기사를 비교해보면 쉽게 알 수 있다.

방송뉴스는 영상 위주이기 때문에 볼 때는 집중이 잘 되고 이해도가 높지만, 방송이 끝난 후에는 잊어버리기 쉽다. 반면, 신문기사는 글자 위주이기 때문에 집중하는 데에는 시간이 필요하지만 오랫동안 반추하면서 볼 수 있고, 이해가 안 되는 부분에서는 다시 한 번 읽어보면서 해석해 볼 수 있다.

① 프레젠테이션을 할 때는 서류로 된 보고서를 작성할 때보다 더 짧은 문장과 더 쉬운 단어를 사용해야 한다. 발표자도 복잡한 단어로 이루어진 긴 문장을 말하기 어렵고, 듣는 사람도 이런 말을 이해하기 어렵다. 종이 위에서는 쉽게 읽히는 긴 문장도 큰 소리로 말할 때는 숨이 차다. 이러한 어려움을 피하기 위해 짧고 단순한 문장의 대화체로 말하는 것이 좋다.

② 발표를 진행하면서 앞으로 말할 내용은 예고해주고 지나간 내용은 요약하며 중요한 부분은 반복해서 청중들이 이해하기 쉽도록 한다. 같은 말이라도 여러 가지 방법으로 말해보고 가장 적당한 것을 택한다.

㉠ 말할 것을 미리 알려준다. "다음에는 ~에 대해 말씀드리겠습니다."와 같이 주요 내용에 대해 본격적인 논의를 시작하기 전에 그 논의가 무엇에 대한 내용인지를 요약해준다. 이는 청중이 생각할 준비를 하게 하는 데 그 목적이 있다. 예고에는 전체 스피치에 대한 예고와 주요 아이디어에 대한 예고 등이 주로 쓰인다.

ⓛ 중간 요약을 하며 내용을 명확히 한다. 비교적 긴 논의를 하는 경우, 이해수준이 천차만별인 청중 모두가 발표자의 의도를 충분히 이해하리라고 기대하기는 어렵다. 따라서 중간중간 말한 것을 요약하고 넘어가면 청중은 발표자가 말한 것을 제대로 이해할 수 있다.

중간 요약을 하는 어구의 사용 **TIPS**

- 요약하면 ~
- 지금까지 드린 말씀을 정리하면 ~
- 지금까지 드린 말씀은 크게 세 가지입니다. 첫째, 둘째, 셋째, ~
- 지금까지 ~의 중요성에 대해 말씀드렸습니다. 다음으로는 ~

③ 평소 하루에 15분 정도 발표를 연습하면 발음과 억양이 좋아진다. 또 연습을 하면서 비언어적인 부분도 개선할 수 있다. 연습을 할 때 거울 앞에서 입모양을 보며 연습해야 자신의 모습을 정확히 확인할 수 있다.

④ 발성 연습은 다소 과장된 듯 크게 소리 내어 말한다. 그래야 스스로 보고 들으며 변화를 느끼는 것에 익숙해질 수 있다.

⑤ 불필요한 수식어가 말 첫머리에 들어가는지 확인하고, 문장이 끝나면 한 박자씩 숨을 쉰다. 말을 할 때 습관적으로 "음~", "그", "에~"라는 불필요한 수식어를 첨가하는 발표자가 많다. "음~", "에~" 등과 같은 말을 쓰지 않고 말하는 사이에 1~2초 멈추는 시간을 넣는 방법을 익힌다. 잠시 침묵하면서 사이를 두는 방법을 연습하기 위해서는 우선 자신이 말하면서 "음~", "에~", "그~" 등과 같은 말을 쓰는 것을 관찰한다. 그리고 그런 말이 들어가는 자리에 잠시 침묵을 넣는 것을 연습한다. 녹음을 하거나 다른 사람과 함께 연습하면 효과가 더욱 좋다.

침묵 시간을 넣을 때 얻을 수 있는 이점은 다음과 같다. 짧은 침묵 시간 동안 청중들은 조금 전에 말한 내용에 대해서 생각할 수 있기 때문에 내용의 이해도가 높아진다. 또한 잠시 멈추는 사이에 발표자는 호흡을 가다듬을 수 있다. 호흡을 가다듬어 다양한 목소리를 낼 수 있다. 잠시 침묵하면서 말할 내용을 가다듬는 연습을 하자.

⑥ 대화체로 말을 하지만 보통 대화보다는 조금 천천히 말한다. 특히 발표할 때 처음에 가장 떨리다보니, 자칫하면 평소보다 말이 빨라질 가능성이 높다. 대부분의 사람들이 처음에 가장 말이 빠르다. 그러니 연습할 때 평소보다 다소 느린 속도로 연습을 해야 실전에 적용할 수 있다. 상황에 따라 목소리 크기와 속도를 다양하게 한다.

말의 속도 조절하기

▶ **빠른 속도로 말해야 할 때**
- 쉬운 내용일 때
- 사건을 단순히 나열할 때
- 인과관계로 구성된 내용일 때
- 누구나 알고 있는 사실을 말할 때
- 별로 중요하지 않은 내용일 때
- 청중이 잘 이해하는 듯한 내용일 때

▶ **느린 속도로 말해야 할 때**
- 어려운 내용일 때
- 숫자, 인명, 지명, 연대 등을 말할 때
- 결과를 먼저 말하고 원인을 나중에 말할 때
- 분명한 사실을 말할 때
- 추리 과정이 필요한 이야기를 할 때
- 감정을 억제할 때
- 의혹을 일으킬 만한 내용을 말할 때
- 강조하고 싶은 내용일 때
- 중요하거나 복잡한 내용을 말할 때

---

⑦ 핵심사항을 말할 때에는 잠시 말을 멈추어서 청중의 관심을 집중시키는 것도 좋은 방법이다. 정확한 발음을 하고 말끝을 흐리거나 자르지 않는다. 어려운 용어는 미리 여러 번 연습을 한다.

⑧ 청중이 바로 앞에 있다고 생각하고 실제 말할 것을 모두 연습해 본다. 복장을 점검하기 위해 실제로 프레젠테이션 진행 시 입을 옷을 입고 행동해 본다. 사람들 앞에서 연습할 수 없을 때는 녹음하거나 녹화해서 점검해 볼 수도 있다.

(3) 발표 연습의 과정

중요한 프레젠테이션을 위해서는 세 차례 정도 처음부터 끝까지 발표해 보는 예행연습을 한다.

예행연습에서는 모든 요소들이 계획대로 진행되는가와 소요 시간을 파악한다. 프레젠테이션을 여러 부분으로 구분하고 각 부분별로 소요되는 시간을 기록해둔다. 소요 시간이 너무 긴 경우에는 핵심부분을 제외하고 다른 부분은 잘라내어 실제 발표에서 당황하는 일이 없도록 한다. 또한, 연습 때 발견한 문제를 수정할 시간이 충분하도록 연습 일정을 정한다. 이 단계에서 만족하면 다음 단계에서는 좀 더 많은 사람들 앞에서 연습해본다. 발표할 내용에 충분히 친밀감을 가질 때까지 연습을 한다. 가장 중요한 부분인 서론, 핵심사항 요약, 결론 등은 더 많이 연습해서 바로 나올 수 있도록 만든다.

손과 팔의 제스처를 잘 활용하면 내용을 좀 더 강조시키고 흥미를 유발할 수 있다. 이런 제스처는 자연스럽게 하도록 노력해야 한다. 사람들이 일상 대화에서 손을 많이 사용하는 것과 같이 프레젠테이션에서도 자연스럽게 손을 사용하는 것이 좋다. 일반적으로 두 손을 사용하는 것보다 한 손을 사용할 때 더 효과적이고 산만해 보이지 않는다.

사람들이 성가시고 신경 쓰이게 하는 행동은 하지 않는다. 그 예로 무대 위에서 너무 잦은 이동은 청중의 집중도를 떨어뜨리고 산만하게 만든다. 호주머니 속의 동전이나 열쇠를 흔들어서 소리가 나게 하는 행동, 헛기침을 자주 하는 행동, 손을 너무 크게 흔드는 행동, 탁자를 너무 세게 붙잡는 행동, 신경질적으로 몸을 흔들거나 걷는 행동, "음~, 에~" 소리를 계속하는 행동 등은 삼가야 한다.

평상 시 손동작을 연습할 때는 일기예보를 보면 도움이 된다. 일기예보를 하는 기상캐스터가 언제 화면을 전환하는지, 어떤 손동작을 하는지 유심히 관찰해 보는 것이 좋다.

또한, 자신이 서는 위치를 확고하게 잡아두어야 한다. 보통 발표자는 PPT의 왼쪽에 서는 경우가 많다. 스크린의 글이 왼편에서부터 시작되기 때문이다. 이 상태에서 청중은 발표자를 보기 위해서 왼편을 보고 있다가 스크린의 시각자료를 볼 때는 약간 오른쪽으로 눈을 움직여서 본다. 그것이 끝나면 다시 왼쪽의 발표자를 본다.

무대 위의 행동에 대해서도 연습을 해 둔다. 미소를 짓고, 당당하고 자연스럽게 서고

양쪽 발에 균형을 맞추어 동일한 힘이 가도록 서는 연습을 한다. 무대 위에서 손은 연단 위의 탁자에 올려놓거나 두 손을 앞으로 모을 수 있다. 남자는 두 손을 계란을 쥔 모양으로 감싸 쥐며 바지 옆선에 가볍게 붙이는 자세로 시작하는 것이 좋다. 여성은 오른손이 위로 가도록 두 손을 앞으로 모으는 것이 비즈니스 매너이다.

누군가를 설득하고 싶을 때는 그 사람과 물리적인 거리를 가깝게 할 필요가 있다. 청중에게 가까이 다가오면 거기에는 일종의 압박감이 생성되고 물리적인 거리가 가까우면 설득하기도 쉽다. 이때 중요한 것은 천천히 앞으로 다가서는 것이다. 갑자기 다가서면 청중은 순간적으로 압박감을 느끼게 되어 오히려 역효과가 날 수 있다.

또한, 침묵을 발표에 효과적으로 사용해야 한다. 프레젠테이션 시작 전에 청중은 소란스럽기 마련이다. 심지어 발표자가 단상에 올라가도 사람들의 웅성거림은 좀처럼 작아지지 않는다. 발표자가 인사를 하고 발표가 시작되었음을 알려야만 청중은 무대 위로 시선을 향한다. 이때 발표장 내 소란스러움을 일순간에 잠재우고 청중을 몰입하게 하는 효과적인 방법이 바로 침묵이다. 초보 발표자는 뭔가를 말하지 않고는 불안해 하기 때문에 어떤 말이든 말을 하려고 한다. 그러나 전문가들은 청중이 조용할 때까지 침묵한다. 청중을 바라보며 웅성거림이 끝날 때까지 기다리는 것이다. 끊임없이 들어오던 청각 정보가 갑자기 들어오지 않으면 청중은 궁금하게 생각한다. 청중의 모든 이목은 발표자에게 집중된다. 침묵으로 청중을 긴장 상태로 만들었다면 다음은 임팩트 있는 멘트를 해야 한다. 침묵 뒤에는 짧고 의미 있는 말로 이어가는 것이 좋다.

멈춤은 신뢰감을 만든다. 대부분의 초보 발표자는 많은 정보를 청중에게 전달하고 싶어 한다. 시간적인 여유가 부족하니 마음이 급하다. 긴장하게 되어 서두르게 되고 말은 빨라진다. 그러나 적당한 멈춤이 없으면 청중은 계속 듣기가 힘들어진다. '틈이 좀 긴 거 아닌가?' 라고 할 정도로 아무 말도 안 하고 멈추는 시간을 설정해 보라. 오히려 청중이 집중해서 당신의 말 한마디에 귀를 기울인다는 것을 알게 될 것이다. 프레젠테이션 중 말의 한 구절이 끝나면 3~5초간 쉬어주는 것이 좋다. 이런 방법은 청중에게 다음 말의 궁금증을 가져다주고 발표 내용에 대한 신뢰감을 높여준다.

목소리와 태도는 전문가답고 열정적이고 확신을 줄 수 있도록 연습해야 한다. 발표를 연습하는 과정을 핸드폰으로 녹화해서 점검하자. 목소리, 제스처, 말의 내용 등을 점검하고 수정하면 큰 도움을 얻을 수 있다. 전신 거울 앞에 서서 연습을 해도 된다. 거울을 이용하면 몸의 자세, 얼굴 표정, 제스처를 점검할 수 있다. 녹음기를 이용하여 말한 것을 여러 번 들어보고 목소리와 프레젠테이션 내용을 수정한다. 청중들이 발표자의 신뢰성을 판단하는 데 영향을 미치는 요소로는 몸동작이 55%, 목소리가 38%, 말의 내용이 7% 정도 영향을 미친다는 메라비안 박사의 연구에서 알 수 있듯이 몸동작과 목소리를 좋게 하기 위해 노력해야 한다.

예행연습 시 공간을 정해서 무대라고 생각하고 무대를 골고루 이용해 본다. 적당한 보폭으로 천천히 이동해 본다. 방향을 바꾸어 움직일 때는 반드시 몸의 방향을 청중 쪽으로 돌리고 이동한다. 청중 쪽으로 이동한 뒤 다시 무대 쪽으로 돌아오는 경우, 청중에게 등을 돌린 채 걷지 말고 자연스럽게 천천히 옆으로 걸으면서 이동한다.

스크린 화면의 위치와 크기, 자신의 몸이 스크린을 가리는지를 확인하고 가리지 않는 동선의 영역을 기억해 둔다.

(4) 리허설의 단계

리허설의 효과는 다음과 같다. 첫째, 자신감 향상 둘째, 명확한 기억 셋째, 문제 상황 진단과 교정이다. 따라서 단계적으로 리허설을 해 보는 것이 필요하다.

① 1단계 : 원고 중심의 리허설하기

먼저 발표 자료의 내용은 물론 그 자료들의 연관관계, 배경 정보 등을 숙지해야 한다. 발표를 마치고 청중의 질문을 받는 경우 모든 질문에 발표자 혼자서 답변해야 하는 것은 아니다. 발표자가 직접 답변하기 힘든 전문적인 질문의 경우에는 함께 한 담당자에게 답변 기회를 넘기는 것도 좋은 방법이다. 그럴 경우 청중들은 답변 내용에 더 큰 신뢰감을 얻을 수 있다. 충분한 준비와 리허설은 발표 자료에 대한 이해에서 시작된다. 원고가 없으면 연습량에 상관없이 사족이 많이 붙어 매끄럽게 말하는 것이 불가능하기 때문이다. 중요한 프레젠테이션일수록 첫인사부터 마무리까지 구어체 문장으로 완성해야 한다. 초고를 소리 내어 읽으면서 프레젠테이션을 연습하는 것이다.

TIPS

- 주로 원고 중의 어색한 단어, 긴 문장, 불명확한 표현을 발견하는 데 주력한다.
- 새로운 예나 더 좋은 비유를 모색하기도 하고, 띄어 읽기, 잠시 멈출 부분(Pause), 강조할 부분을 결정한다.
- 프레젠터의 음성이나 어조, 말하는 속도, 쓸데없는 말 습관 등을 확인한다.
- 시계를 보고 전체나 각 부분의 시간을 체크한다.
- 녹음기를 활용해 음성과 어조 등을 체크한다. 원고를 읽는 나의 목소리를 들어본다. 자신감이 잘 표현되고 있는지, 발음상에 문제는 없는지, 의미 없는 소리가 습관적으로 반복되고 있진 않은지 등을 확인한다. 입에 착착 달라붙을 정도로 자연스럽게 수정하는 작업도 함께 한다.

② 2단계 : 시청각 도구와 함께 리허설하기

준비한 발표 자료를 가지고 실제로 설명하듯 연습한다. 이때 자료의 내용에 따라 크게 두 가지로 구분하여 설명할 수 있다.

첫째, 발표 자료가 문장을 이용한 서술형으로 만들어진 경우에는 수록된 내용을 모두 설명하는 것이 아니라 중요한 단어나 간략한 문장으로 요약하여 설명한다. 역시 화면에 보이는 슬라이드 자료가 서술형으로 자세하게 설명되어 있다면 청중은 이미 그것을 읽고 충분히 이해한 상태이다. 따라서 굳이 장황하게 다시 설명할 필요는 없다. 이때는 중요한 요점만 설명하거나 요점이 주는 시사점을 전하면 된다.

둘째, 발표 자료를 요약 문장이나 간략한 단어로 만든 경우에는 그것을 기본으로 보충 설명을 한다. 이 경우 대부분의 청중들은 화면상에 보이는 것만으로는 내용을 충분히 이해하지 못하기 때문에 발표자의 설명에 귀를 기울일 것이다.

일반적으로 새로운 제품이나 기술에 대한 정보를 제공하는 발표에는 첫 번째 방법이 효과적이다. 제안이나 설득, 동기부여를 위한 프레젠테이션에서는 두 번째 방법이 효과적이다.

- 슬라이드를 비추면서 프레젠터가 스크린 옆에서 필요한 제스처를 하면서 리허설을 한다.
- 첫 리허설 때 썼던 원고를 보지 말고, 키워드 중심으로 새로 작성한 메모 카드를 이용한다.
- 리허설 과정은 동료가 봐 주거나 캠코더로 녹화한다.
- 프레젠터의 얼굴 표정, 손놀림, 고갯짓, 제스처 등을 관찰한다.
- 메모 카드와 시청각 도구를 활용하는 데 문제점은 없는지 체크한다.

③ 3단계 : 소요 시간 체크 리허설

전체 소요 시간을 측정하면서 반복 연습을 한다. 프레젠테이션을 처음부터 끝까지 실제 진행과 똑같이 충분히 연습했다면 이제는 시간을 측정하면서 다시 연습하도록 한다. 프레젠테이션은 주어진 시간에 마쳐야 하기 때문에 이 과정은 무엇보다 중요하다. 연습 프레젠테이션의 소요 시간이 예상보다 너무 짧다면 중요한 내용에 대해 자세한 설명을 추가하고 부족한 부분을 보강한다. 반대로 시간이 많이 초과되는 경우에는 불필요한 설명을 없애고 중요한 내용을 다시 선별하는 작업이 필요하다.

프레젠테이션을 진행할 때 준비한 것보다 설명이 길어져 시간이 지연되는 경우가 많다. 하지만 지연되는 것보다는 주어진 시간보다 약간 일찍 끝날 수 있게 준비하는 것이 좋다. 이 과정 역시 컴퓨터를 통해 슬라이드 화면을 실제로 조작하면서 실전처럼 해야 한다.

- 실제 프레젠테이션 장소에서 의상을 갖추고 시청각 도구를 이용해 리허설을 실시한다.
- 내용 연습보다는 환경 여건의 방해 요소를 사전에 발견해 제거하기 위한 것이다.

④ 4단계 : 보디랭귀지를 사용하는 리허설

시간을 재면서 연습하는 과정까지 끝났다고 해서 모든 준비가 완벽하게 이루어진 것은 아니다. 마지막으로 중요한 단계가 남아 있다. 청중들의 집중력을 높이고 전달력과 설득력을 높이기 위해서는 보디랭귀지를 최대한 활용해야 한다.

- 설명 내용과 어울리는 손동작이나 몸동작을 사용하는 것뿐 아니라 필요한 경우에는 무대를 이동하면서 청중에게 가까이 다가서기도 하고 다른 청중에게 자연스럽게 이동하면서 여러 청중들과 시선 맞추기를 할 필요가 있다.
- 시간 체크를 하면서 이러한 전달 기술을 함께 구사해 보도록 하자. 이런 과정을 통해 발표자가 자신감이 충만한 상태로 프레젠테이션에 익숙해졌다는 느낌이 든다면 모든 리허설은 끝난 것이다.

(5) 최종 리허설 시 체크리스트

분류	항목	체크
내용	메시지가 명확하고 쉽게 전달되는가?	
제스처	표정, 제스처가 자연스럽고 설득력이 있는가?	
시선처리	청중에 대해 자연스럽게 시선 배분을 하는가?	
음성	음성이 낭랑하고 발음이 명확한가?	
속도	말의 속도가 지나치게 빠르거나 느리지 않은가?	
변화	음성이나 제스처 등에 변화를 주고 있는가?	
인상	강한 인상을 남기고 있는가?	

(6) 최종 점검

① 장소

　㉠ 장소의 크기가 청중 수에 비해 적당한가?

　㉡ 좌석 배치가 프레젠테이션 의도에 맞게 배열되었는가?

　㉢ 시청각 기자재가 청중의 시야, 프레젠터의 동선을 감안해 제대로 배치되었는가?

② 기자재

　㉠ 마이크가 이동성이 있는가? 음량은 제대로 조정되는가?

　㉡ 시청각 기자재(PC, 프로젝터)는 제대로 작동하는가?

　㉢ 컴퓨터 하드웨어와 소프트웨어의 버전은 문제가 없는가?

　㉣ 슬라이드의 색이나 음량 등은 제대로 조정되는가?

③ 전기 관련

    ㉠ 전압은 시청각 도구와 맞는가?

    ㉡ 변압기와 연장선은 준비되어 있는가?

    ㉢ 위치별 전등 점멸 스위치는 어디에 있는지 파악했고, 잘 작동하는가?

    ㉣ 냉난방 시설은 작동하는가?

④ 기 타

    ㉠ 음료 서비스는 준비되어 있는가?

    ㉡ 건물 내 방송은 차단되어 있는가?

    ㉢ 프레젠터가 볼 수 있도록 시계가 비치되어 있는가?

⑤ 배포 자료 준비

    ㉠ 배포 자료의 용도

    프레젠테이션용 슬라이드와 보조 자료를 구분하여 사용하는 경우가 있다. 이때 워드나 한글문서로 작성해 배포하면 좋다. (프레젠테이션 보조용, 프레젠테이션 사후용, 프레젠테이션 불참용)

    ㉡ 배포 자료와 슬라이드 원고의 다른 점

    배포 자료의 경우 프레젠터의 설명에 해당하는 내용을 담아야 한다. 프레젠테이션에서 얘기하지 못하는 구체적인 근거와 자료를 제시한다. 또한, 신뢰도와 전문성을 높이기 위해 프레젠테이션에서 자세히 기술하지 못한 자료의 출처를 명시한다.

    ㉢ 배포 자료의 기본 체제

    품위와 신뢰를 느낄 수 있게 미관을 정리하고 사용이 편리하게 제본해야 한다. 표지에는 프레젠테이션을 하는 조직의 CI, 클라이언트의 사명, 프로젝트 타이틀, 날짜, 담당 회사 기재, 필요하면 대외비 표시를 한다. 내지에는 목차와 중간 표지(다른 색지)를 넣는다. 참고 자료가 많을 때는 본 내용과 참고 자료를 구분해 제본한다.

② 배포 시기

배포 자료를 프레젠테이션용으로 쓰는 경우를 제외하고는 가급적 발표가 끝난 후에 배포하는 것이 낫다.

(7) 무대 위에서 말하기 전 유의사항

① 말하기 전에 3초간 잠시 멈추고 심호흡을 한 후 무슨 말부터 할 것인지 정리한다.

② 불만이나 푸념 섞인 말이나 부정적인 말은 가능한 한 사용하지 않는다.

③ 목소리에는 생각이 담겨 있다. 목소리의 속도와 높이, 그리고 크기를 조절해서 말한다.

④ 말이 길어지면 실수가 나오게 되어 있다. 간결하고 명확한 문장으로 대화한다.

⑤ 상대방의 반응에 적절히 대응하면서 말한다.

예행연습에서 확인해야 할 사항　　　　　　　　　　　**TIPS**

- 소요시간 파악
- 손과 팔의 제스처 활용 여부
- 발표자의 위치와 동선
- 무대 위의 행동
- 청중과의 거리
- 침묵 사용
- 목소리와 태도
- 스크린 화면의 위치와 크기

프레젠테이션! 초스피드 완성

Part VI
새로운 도약을 위한 로드맵

Part Ⅵ

새로운 도약을 위한 로드맵

01 | 피드백의 활용

성공적으로 발표를 마쳤다. 예상보다 첫 발표가 원활하게 끝났지만, 여기가 끝이 아니다. 이제 새로운 도약을 위한 다음 단계만이 있을 뿐이다. 첫술에 배부를 수 없듯이 이제 한 걸음씩 프레젠테이션의 준비, 디자인, 발표 기술을 향상시키기 위해 노력하자. 그러한 점검과 준비가 당신을 완성도 높은 발표로 이끌 것이다. 발표가 끝난 후 자신의 PT 수준을 확인하고 문제점을 나열한 후 점검하자.

그리고 다른 사람의 피드백을 듣자. 리처드 윌리엄스는 『피드백이야기』라는 책에서 "효과적인 피드백을 주는 것은 가장 강력한 의사소통 중의 하나이다."라고 말하고 있다. 다른 사람이 나에게 해주는 피드백도 애정 어린 충고로 받아들이고 다음 발표를 위해 부족한 점을 보완하도록 하자. 무엇이 잘 되었는지, 무엇을 개선해야 할지에 대해 피드백을 받아야 한다. 그렇게 받은 피드백 중에서 가장 우선적으로 고쳐야 할 것을 정해서 개선 방법을 찾자.

모든 것을 한꺼번에 고치겠다는 생각은 버려야 한다. 너무 욕심을 내다가는 스스로 좌절할 수 있다. 한 번에 하나씩 개선해 나가야 한다. 편안하게 마음을 먹고 보완 계획을 세워 보자.

다음의 피드백 체크리스트를 통해 스스로 점검하고 발표를 들은 사람들에게 피드백을 들을 수 있도록 하자.

(1) 피드백 체크리스트

분류	항목	체크
청중 분석	청중 분석은 잘 되었는가?	
	청중에게 주는 이익과 혜택은 있는가?	
	청중의 수준을 고려한 스피치인가?	
	청중에게 중요한 메시지가 드러나는가?	
목표 설정	발표자에게 명확한 목표가 있는가?	
핵심문구	발표자에게 핵심문구가 있는가?	
자료 수집	주장을 뒷받침할 근거는 충분히 제시했는가?	
	자료를 통해 청중이 얻는 이익이나 불편, 위협을 제시했는가?	
	정확한 정보인가?	
	주제를 명확히 드러낼 수 있는 적절한 자료인가?	
	통계, 증언, 일화, 전문가 인용, 연구 결과, 보도자료, 실연 등이 적절히 사용되었는가?	
구조화	구성방식은 논리적인가?	
	포인트가 드러나는 구성방식인가?	
오프닝	오프닝에서 청중을 끌어들였는가?	
	오프닝에서 문제 제기를 하였는가?	
	오프닝만으로 발표 내용이 기대되는가?	
	실물, 통계, 질문, 비디오, 일화, 인용구, 사례, 상상유도, 시사이슈, 유머 등을 통해 주제와 직접 연관된 오프닝을 던졌는가?	
	통찰력이 담긴 문제 제기 또는 오프닝인가?	
overview	큰 숲을 먼저 보여주었는가?	
스토리텔링	본론의 단계마다 주제가 명확히 드러나는가?	
	발표자의 주장을 뒷받침하는 소주제는 2~3개인가?	
	비교, 비유, 분석, 대조, 묘사, 해석 등 다채로운 설명 방식을 사용하는가?	
	스토리로 제시하는가?	
	내용 전개 시나리오는 적절한가?	
review	요약 및 이미지화하였는가?	
	행동하도록 요청, 촉구하였는가?	
결 론	마음을 움직일 만한 마무리인가?	
	박수가 터져 나올 만한 드라마틱한 방식의 마무리인가?	
열 정	발표자의 열정이 느껴지고, 신뢰할 수 있는가?	

	청중과 대화의 형식으로 발표하는가?	
	쉬운 말로 소통하는가?	
	읽지 않고 말하는가?	
	상투적인 말로 핵심을 흐리는가?	
	청중과의 눈 맞춤은 자연스러운가?	
	표정은 자연스러운가?	
	미소 짓는 얼굴로 청중을 대하는가?	
전달 방법	다양한 감정표현을 통해 전달하고자 하는 내용을 효과적으로 드러내는가?	
	내용에 맞는 제스처를 통해 이해를 도왔는가?	
	자신감 있는 자세인가?	
	무대의 공간 활용은 적절한가?	
	내용에 따라 말의 속도를 적절히 조절하였는가?	
	내용에 따라 알맞은 어조를 구사하였는가?	
	내용에 따라 적당한 성량을 유지하였는가?	
	말 사이에 침묵을 효과적으로 사용하였는가?	
	핵심을 강조하는 효과적인 방법으로 말하였는가?	
표 현	자신의 주장을 표현할 때 "~인 것 같습니다."라는 추측표현을 쓰지는 않는가?	
	이해하기 어려운 외국어와 은어를 남발하지 않는가?	
시 간	마치는 시간을 지켰는가?	

(2) 피드백의 의의

① 피드백이란 통상적으로 프로젝트나 작업 평가가 끝날 때 동료들 사이에서 이루어
지는 정보의 흐름이다.

② 직무 수행이나 작업 관련 행동에 대해 관찰한 내용을 공유하고 나아가 발전적이고
생산적인 변화를 향하는 첫걸음이 될 수 있다.

③ 조직 내부와 외부의 변화가 주는 이점을 재빨리 파악하여 자기발전의 기회로 삼는
다. 변화에 따르기보다는 변화를 주도하고 촉진하는 역할을 자발적으로 수행할 수
있다.

④ 성찰 · 분석 · 반추하는 과정이다.

⑤ 어떤 결과와 과정, 사실들을 비추어 객관화하는 작업이다.

⑥ 긍정적인 것으로 변화를 유도(지향)하는 과정이다.

⑦ 결과와 사실들을 논쟁적으로 평가하는 과정이 아니다.

⑧ 내가 나 자신을 관찰하고 점검하는 데에는 한계가 있다. 논리적이고 이성적이기
보다는 감정적이고 부분적일 경향이 많기 때문이다. 따라서 나의 발표를 들은 다
른 사람들의 냉정한 피드백을 받는 것이 많은 도움이 된다.

⑨ 다른 사람이 해 주는 피드백에는 다음과 같은 효과가 있다.

  ㉠ 구체적으로 개선되어야 할 사항이 무엇인지 알려준다.

  ㉡ 발표한 내용의 이행기간이나 범위, 일정 등에 대해서 구체적이고 상세하게 전
  달받을 수 있다.

(3) 피드백의 진행

피드백을 해 줄 때는 구체적인 행동(Actions)과 그 행동이 가져온 영향(Impact)에 대
한 설명, 그리고 피드백을 받는 사람이 더욱 효과적으로 수행할 수 있었던 결과
(Desired Outcome)에 대한 논의의 순서로 진행되어야 한다. 이러한 3단계 피드백은
각각의 첫 문자를 따서 AID로 부르기도 한다.

(4) 피드백의 유형

효과적인 피드백을 하기 위한 유형으로는 강화 피드백과 지도 피드백이 있다. 아래의
표를 활용해 동료나 후배 직원에게 적절하게 피드백을 할 수 있다. 또한, 셀프 피드백의
지침으로 활용해도 좋다.

강화 피드백	지도 피드백
• 구체적 · 특정적이어야 한다.	• 구체적 · 특정적이어야 한다.
• 즉각적이어야 한다.	• 긍정적인 시각에 초점을 맞추어야 한다.
• 일관성이 있어야 한다.	• 문제해결지향성이 있어야 한다.
• 성실하고 진지한 태도로 한다.	• 성과에 미치는 결과를 명확하게 설명한다.
• 개인에 따른 편차를 고려한다.	• 계속적인 점검이 필요하다.
• 성과에 따르는 것이어야 한다.	• 공감성을 발휘하여야 한다.

02 | 향후 발표를 위한 계획 수립

앞으로 더 나은 발표를 위해 목표를 세우자. 스스로 동기를 부여하고 의욕을 불태우자. 당신에게 동기가 부여된다면 다른 사람들의 열정도 붙잡을 수 있을 것이다.

목표를 세우기 위해서는 지속해서 새롭고, 강력하고, 실용적이고, 위트 있고, 실천 가능한 내용을 담아야 한다.

향후 목표를 세울 때 참고해야 할 원칙 **TIPS**

첫째, 목표는 구체적이어야 한다. 목표가 두루뭉술하거나 애매하지 않아야 한다. '발표를 좀 더 잘하고 싶다.'는 목표는 애매하다. 구체적으로 어떤 항목을 보완한 것인지 방법과 한계를 제시해야 한다.

둘째, 측정이 가능해야 한다. 목표를 달성했는지 못했는지 어떻게 판단할까? 애초에 확실한 비전이나 설계 없이 시작되면 훗날 흐지부지된다. 확실한 비전을 정한다.

셋째, 무엇을 어떻게 할 것인가에 초점을 맞추어야 한다. 체계적인 준비와 구체적인 접근이 필요하다. 일정과 항목을 나누어 구체적으로 계획을 세우고 준비한다.

넷째, 목표의 현실성을 고려한다. 무모하거나 이루기 힘든 목표가 아닌 내가 할 수 있는 행동의 결과로 나타날 수 있는 아웃컴을 설정한다.

---

(1) 먼저 당신의 계획을 종이에 남겨라.

'둔필승총(鈍筆勝聰)'이라는 말이 있다. '둔한 기록이 총명한 머리보다 낫다'는 뜻으로, 다산 정약용이 한 말이다. 단순히 기억에 의존하는 것은 한계가 있으니, 정보가 넘칠수록 기록하고 자료를 정리해 보존해야만 훗날 크게 쓸 수 있다는 뜻에서 생겨났다.

많은 사람이 프레젠테이션 발표 후 "내가 이번 발표를 망쳤고 다음에도 잘 하지 못할 거야."라고 부정적인 방향으로 생각을 정리하곤 한다. 그러한 자책과 회의로 당신을 망치는 일은 이제 그만 하자. 앞으로 잘 될 것이라는 믿음, 이번 발표에서 어떠한 부분이 부족했으니 그러한 것을 보완하는 데 신경을 집중하자는 생각과 계획이 당신을 객관적으로 만들 수 있다. 특히 그러한 계획을 기록하는 것만으로도 당신의 마음에 신뢰와 안심을 주고, 여러분의 생각에 초점을 맞출 수 있도록 도와준다.

(2) 계획을 수립할 수 있도록, 커다란 목표를 작은 것들로 쪼개라.

위에 계획한 몇몇 목표는 한꺼번에 처리하기에 너무 큰 것일 수 있다. 그러니 우선순위를 정해 한 번에 한 가지 일을 제대로 할 수 있도록 하자. 큰 목표나 큰 프로젝트가 있을 때, 그것을 작은 임무로 나누어 한 번에 하나씩 해나가라.

(3) 어떻게 시작하길 원하는지 결정하라.

여러분 자신에게 무엇을 가장 먼저 해야 하는지 물어보라. 무엇을 시작할 것인지 결정하라. 이는 단순한 단계가 될 수 있다. 추상적이거나 이론적인 방법에서 벗어나 행동 위주 사항을 나열해 보자. (예 참고 자료의 부족함을 가장 절실하게 느낌 – 다양한 자료를 수집하기 위해서는 어떤 방법을 써야 할까?)

(4) 과정에 있어서 확인할 점들을 만들어 보라.

목표는 데이터와 함께 주어질 때 가장 잘 완성될 수 있다. 오늘날에는 주의사항과 함께 목록 작성을 할 수 있는 스마트폰 앱이 정말 많다. 중간에 목표의 달성 여부를 확인하고 측정할 수 있도록 점검하자.

(5) 실패는 없다. 다만, 피드백이 있을 뿐이다.

스스로에 대해 정직해야 한다. 때로는 이것이 여러분이 강해져야 한다는 것을 의미하기도 한다. 벤저민 프랭클린(Benjamin Franklin)은 자신의 저서 『가난한 리처드의 연감』에서 "고통 없는 이득은 없다."라는 유명한 말을 했다. 이 세상에서 이뤄진 대부분의 일은 일을 하는 것처럼 보이는 사람들이 아니라, 그 일을 어떻게든 해내는 사람들이 이룬 것이다. 성공적인 사람들은 일하는 습관을 발전시켜 나간다. 더 나은 프레젠테이션을 위해서는 한계를 넘어야 한다. 한계를 극복하면서 피드백을 통해 앞으로 더 나은 결과를 얻을 수 있다.

(6) 스스로 완성된 일의 유익을 상기시켜라.

첫 발표 시 떨림으로 인해 쓰러질 것 같지만, 발표 횟수가 거듭될수록 익숙해지고 자연스러워진다. 그런 익숙함은 지루함과 슬럼프로 다가올 수 있다. 매너리즘에 빠지면 습관적으로 타성에 젖어 발표를 하게 된다. 이렇게 무딘 감정이 자리 잡지 못하도록 프레젠테이션이 성공적으로 끝났을 때 느끼는 만족감을 되새겨야 한다. 초심으로 돌아가자.

(7) 쉬운 발표부터 지금 시작하라.

피하고 싶은 프레젠테이션이나 발표가 있을 때, 나는 단순히 "이것을 하고 싶지는 않지만, 5분만 하겠어."라고 말해 본다. 그리고 발표 준비를 한 후 짧은 발표를 진행해 본다. 여러분이 한번 시작한 후에는 일이 훨씬 쉬워진다. 때로는 단순한 것부터 시작할 필요가 있다. 과감하게 부딪혀보자.

(8) 긍정적이 되어라.

많은 활동, 프로젝트, 프로그램을 완성해가는 데 있어서 긍정적인 태도가 정말 중요하다는 것을 깨달았다. 긍정주의는 에너지를 만들어낸다. '나는 할 수 있다.' 라고 말하는 사람은 할 수 있는 에너지를 만들어내고 목표에 맞는 준비를 단계별로 세워 결국 이루게 된다. 꿈을 꾸는 사람은 그 꿈을 닮아간다는 말을 마음속 깊이 새기자.

(9) 실행할 수 있는 환경을 만들어라.

여러분이 다음 발표를 준비할 때에는 이 임무에 집중할 수 있는 환경이 필요하다. 필자는 발표 준비를 시작하기 전에 책상에 있는 모든 것을 치워 깨끗한 환경을 만든다. 발표 준비 외 다른 것에 초점을 두고 싶지 않기 때문이다. 성공은 한 번에 한 가지에 초점을 맞추는 데서 온다. 광고인 박웅현 씨의 "개처럼 살고 싶다."는 말을 되새겨 보자. 개처럼 현재에 집중하자는 말이다.

(10) 자신의 에너지 패턴을 잘 알고, 최고조의 시간을 이용하라.

여러분 중 일부는 아침형 인간이고, 또 다른 일부는 저녁형 인간이다. 당신은 하루의 어느 지점에서 다른 때보다 빛나는가? 누구에게나 습관적으로 최선을 다하는 시간대가 있다. 자기 신체의 시계가 최대치의 능력을 향하는 때를 알 필요가 있다. 그 최대치의 능력을 중요하지 않은 임무를 하는 데 사용하지 마라. 만약 당신의 최대치 시간이 오전 10시에서 오후 12시 사이라면, 그동안에는 메일을 읽지 마라. 이러한 일은 하루의 마지막 시간에 하도록 해라. 반면 아침에 컨디션이 좋지 않다면, 그때 메일을 읽어라. 당신의 컨디션이 좋은 시간을 발표 준비를 위한 시간으로 만들어라.

이렇듯 현명한 목표를 세우기 위해서는 의지력이 있어야 한다. 목표를 달성하겠다는 확실한 결심이 필요하다. 또한, 진취적이어야 한다. 모든 환경과 준비가 다 갖추어지기를 기대하지 말고 지금 상황에서 한 가지라도 준비되어 있다면 바로 목표를 세우고 시작하자.

계획 수립과 실천에 필요한 4단계   **TIPS**

▶ **1단계 : 아웃컴(Outcome) 설정**
아웃컴은 행동이 따르는 그 무엇, 즉 결과 혹은 귀결과 같은 의미로 얻고자 하는 결과이다. 큰 의미의 목표는 추상적이고 모호하며 다소 거리감이 느껴진다. 그래서 도달하기도 무척 어려워 보인다. 이렇듯 목표는 우리가 원하는 어떤 상태이지만 아웃컴은 우리 행동의 결과로 얻어지는 것이다.
- 이번 발표에서 발견된 문제점은 어떤 것이 있을까?
- 다음 발표에서는 어떤 부분(내용, 제스처, 시선 처리, 음성, 속도, 변화, 인상, 시간 등)을 보완하면 좋을까?
- 나에게 필요한 자원(기술, 지식, 이해, 용기, 관계, 시설, 장비 등)은 무엇일까?

▶ **2단계 : 비전(Vision)**
- 이번 발표에서 무엇을 얻었나?
- 다음 발표에서는 무엇을 해낼 수 있을까?
- 프레젠테이션을 잘하면 나는 어떻게 될까?

▶ **3단계 : 액션(Action)**
  • 다음 발표에 맞춰 세운 아웃컴이 실현 가능하다고 믿고 있는가?
  • 설정한 아웃컴에 맞추어 조금씩 연습하고 바꿔나가고 있는가?

▶ **4단계 : 부단한 흐름(Flow)**
  • 한 번에 완성되지는 않지만, 프레젠테이션 능력이 점점 나아질 거라고 믿고 있는가?
  • 이러한 나의 노력이 새로운 결실을 맺어줄 것이라는 생각이 드는가?

03 | 프레젠터 멘토를 찾자.

멘토란 말은 고대 그리스에서 생겨났다. 고대 그리스 이타이카 왕국의 왕인 오디세우스가 트로이 전쟁을 가기 전, 그의 아들인 텔레마코스를 '멘토'라는 친구에게 맡기게 되었다. 이후 멘토는 때로는 친구도 되어주고, 선생님, 상담자, 아버지와 같은 역할까지 잘 수행해 주었는데, 그것이 유래가 되어 멘토라는 말이 생겨났다고 한다. 우리도 우리의 주변에서, 혹은 간접적으로 연관이 있는 사람을 멘토로 정하고 그 사람의 장점을 배우는 작업을 함으로써 그 사람을 닮아갈 수 있다.

현재는 프레젠테이션의 시대이다. 인생에서 성공하려면 자신의 주장을 관철하고 의견을 적시에 발표하는 기술이 반드시 필요하며, 그 전제가 되는 것이 바로 "발표할 용기"이다.

발표할 용기를 기르는 데 좋은 방법의 하나가 닮고 싶은 멘토를 세우고 이미지메이킹을 하는 방법이다. 이것은 마음속으로 자신의 멘토(본보기, 이상형)로 삼은 인물을 상상하는 방법이다. 예컨대 회의에서 발언할까 말까 망설여질 때 멘토를 연상하는 것이다. 물론 그 멘토는 자신 있게 발언할 것이다. 멘토를 설정한 이미지메이킹이 잘 연상되면 프레젠테이션 진행이나 보고, 발표에서 큰 도움을 받을 수 있다.

다만 한 사람에 고정되지 말고, 다양한 프레젠터 멘토를 찾아보면 좋다. 그들의 스피치 특징들을 공부해보고 연구해서 자기의 색깔, 즉 자신의 정체성을 가져야 한다. 스티브 잡스라는 프레젠터 한 명에 의존해 그를 무작정 따라 하기보다는 다양한 프레젠터들을 만나보고 이를 바탕으로 자신의 정체성을 찾아야 한다.

고대 그리스의 철학자 아리스토텔레스는 '모방은 창조의 어머니'라고 말했다. 즉, 하늘 아래 새로운 것은 없다는 말이다. 초보자가 갑자기 새로운 것을 발명해 낼 수 없듯이 처음에는 누군가를 따라 하고 흉내 내다보면 조금씩 그 안에서 나만의 것을 창조할 수 있다.

영국의 유명한 시인 T.S.엘리엇은 "어설픈 시인은 흉내 내고 노련한 시인은 훔친다."
라고 말했다. 모방으로 시작했지만 무조건 흉내 내는 것이 아니라 이를 새로 분석하는
재창조의 과정을 거쳐나가다 보면 나만의 정체성을 찾을 수 있을 것이다.

한국에도 좋은 기업인 프레젠터 멘토들이 많다. 삼성전자 사장과 정보통신부 장관을
지낸 진대제 대표이사, 이노디자인의 김영세 대표, 현대자동차의 정의선 회장, 신세계
그룹의 부회장인 정용진 대표, 평창 동계올림픽의 대변인이었던 오라티오 나승연 대표
는 모두 훌륭한 프레젠터 멘토라고 할 수 있다.

좋은 프레젠터들을 연구하고 분석하면서 나만의 것을 재창조해나가도록 하자. 훌륭
한 프레젠터는 태어나는 것이 아니라 만들어지는 것이기 때문이다. PT를 잘하는 사람
은 계획, 준비되어 있다. 신뢰감을 주는 사람, 또한 청중의 속내를 파악하려는 사람이기
도 하다.

나만의 멘토를 세우는 방법

TIPS

▶ **1단계 – 존경하는 인물을 연상한다.**
중요한 발표나 프레젠테이션을 앞두고 먼저 역사상의 인물 중에서 당신이 존경하는 사람
을 떠올려보자. 아니면 여러분이 평소 존경하는 멘토를 떠올려봐도 좋다. '손석희 앵커라
면 어땠을까?'라고 자문해 본다. 그러면 분명 잘 해냈을 것이라는 생각이 들 것이다. 그
결과 '좋아, 그럼 나도 손석희 앵커처럼 한번 해 보자.'하고 과감하게 생각해 볼 수 있다.

▶ **2단계 – 상황에 따라 모델을 바꾼다.**
앞서 1단계에서는 위대한 인물을 멘토로 했다면 이번에는 '친근한 인물'을 모델로 삼는 방
법이다. 다만 이 경우에는 장면과 상황에 따라서 사람을 바꾼다. 즉, 상황마다 장점을 가진
사람을 생각하는 것이다. "우리 부장님은 명료한 단어선택이 좋아.", "우리 부서 ○○○는
발표할 때 시간을 정확하게 맞춘다니까."하는 것처럼 가족, 직장 동료도 좋고 반드시 존경
하지 않는 사람이라고 해도 상관없다.

▶ **3단계 – 모델의 장점을 본받는다.**
회사에 다니는 사람은 같은 직장 내에서 한 사람의 모델을 정하는 게 좋다. 예컨대 부장이
프레젠테이션을 잘한다고 생각하면 철저하게 부장을 모델로 삼아서 프레젠테이션을 하고
장점을 따라 해 보는 것이다. 타인의 스피치와 프레젠테이션은 보는 것만으로도 공부가 된
다. 다만 그저 보기만 하는 것이 아니라 어디가 뛰어난가를 파악하는 의식이 필요하다.

04 | PT를 잘하기 위해서 갖추어야 할 덕목

프레젠테이션을 잘하기 위한 지름길과 요령을 원하는 이들이 많다. 아쉽게도 편법은 없다. 만병통치약이나 특효약도 없다. 탁월한 발표자가 되기 위한 배움의 길은 긴 여행과 같다. 이 여행에는 더 '개화된 방식', 즉 오늘날의 현실에 더 적합한 프레젠테이션 방법으로 가는 길이 여러 갈래로 나 있다. 위대한 발표자가 되기 위한 여정의 첫걸음은 정상적이고 보편적인 것으로 받아들여지는 방식이 얼마나 틀렸는지, 즉 남들만큼의 수준이 실제로는 우리가 배우고 이해하고 기억하고 관계를 맺는 방식에서 얼마나 벗어나 있는지를 진정으로 깨닫는 것에서 출발한다.

어느 수준에서 시작하든 여러분은 지금보다 훨씬 더 나은 발표자로 발전할 수 있다. 사실 비범한 수준에까지 오를 수도 있다. 그런 경우를 많이 봐 왔기에 그럴 가능성이 누구에게나 열려 있음을 필자는 확신한다. 나이의 많고 적음도 상관이 없다. 자신은 창의적이지도 않고 카리스마도 없으며 역동적이지도 않다고 생각하는 직장인이 약간의 도움만으로도 사람들을 휘어잡는 발표자로 탈바꿈하는 사례를 많이 봤다.

자신 속에 훌륭한 발표자가 숨어 있음을 깨닫는 순간 누구나 새로운 모습으로 변할수 있다. 눈을 뜨고 새로운 것을 받아들여라. 지나간 과거와 결별하기로 마음만 먹는다면 못 해낼 것이 없다.

일본 애니메이션을 보다가 마음에 와 닿는 대사 한 마디를 발견했다.

"아무것도 버릴 수 없는 사람은 아무것도 바꿀 수 없어."

우리는 지나간 과거와 결별하고 새로운 나로 태어날 수 있다. 자신감이 커질수록, 그리고 발표자가 지녀야 할 능력이 향상될수록 당당해지고 새로운 깨달음도 얻을 수 있을 것이다. 이는 당신의 개인 생활과 직장 생활에까지 놀라운 영향력을 끼치게 될 것이다.

탁월한 발표자와 효과적인 커뮤니케이터가 되기 위해 할 수 있는 일은 많다. 그중 유용한 몇 가지를 소개한다.

(1) 독서와 신문 읽기

  탁월한 발표자가 되기 위한 책, DVD, 온라인 자료 등 유익한 학습 자료는 무궁무진하다. 특히 프레젠테이션에 관련된 책뿐만 아니라 소설, 애니메이션, 고전 등 모든 분야의 책이 발표의 기본 자료로 활용될 수 있다. 다양한 분야에 대한 관심과 파악은 여러분을 폭넓은 지식을 갖춘 발표자로 만들어 줄 것이다.

(2) 실전 훈련

  독서와 연구가 중요하고 필요하긴 하지만 프레젠테이션 디자인, 발표 능력을 키우기 위해서는 실제로 자주 해보는 것이 최고이다. 발표할 기회를 적극적으로 만들어라. 학교, 회사, 시민 단체 등에서 발표할 기회를 자원해서 신청해라. 여러분의 재능을 '공짜로 나눠줄' 기회를 찾아봐라.

(3) 우뇌 훈련

  뇌는 좌우로 나뉘어 있으며 섬유조직인 뇌량으로 연결되어 있다. 이 부분으로 정보를 교환하며 따로 또 같이 협력한다. 좌뇌의 논리에 우뇌의 상상력과 이미지를 입혀서 같이 노는 쌍방향 '통합 뇌 쓰기'로 종합적 사고를 한다. 예를 들어, 영화를 볼 때 좌뇌가 자막을 읽어서 줄거리를 파악하는 동안 우뇌로 영상이나 음악을 듣는 것이 좌우 합작 감상이다. 우뇌의 음정에 맞춰 좌뇌의 가사로 노래를 부르는데 여기에 구슬프게 비장미 넘치는 감정을 넣거나 발랄하게 감정을 넣는 것은 대뇌 변연계이다. 말하기는 논술 전공인 좌뇌가 하지만 감정이 실린 어조는 우뇌의 작업이다. 그래서 속마음은 감정이 실린 왼쪽 얼굴에 나타나고 왼쪽 입과 눈까지 읽어야 진짜 미소이다. 종사하는 분야가 무엇이든 간에 전문가로서 자신의 '창조적 영혼'과 친하게 지내면서 그것을 키워나가라. 자신의 열정이나 재능을 무시하고 지내면 얼마나 큰 낭비인가?

솔직히 말해 새로운 영감이 언제 어디서 튀어나올지 알 수 없다. 새로운 영감, 뚜렷한 깨달음, 세상을 바라보는 신선한 관점이 등산 중에, 그림을 그리는 중에, 또는 시내 클럽에서 친구들과 음악에 푹 빠져 있는 도중 불현듯 떠오를 수 있다.

프레젠테이션은 기교가 핵심이 아니라는 점이다. 기교나 요령에 초점을 맞춘다거나 과시하거나 잘 보이려고 하는 순간 모두 엉망이 된다.

(4) 세상과 소통하려는 노력

국제적인 지도자가 되려면 세계가 돌아가는 방식을 이해해야 한다. 역사, 정치, 사회에 관심을 두고 끊임없이 소통하려는 노력이 필요하다. 미리 단정 짓거나 편견을 가지지 말고 열린 사고로 다양한 경험을 쌓아야 한다. 일상을 바꾸지 않으면서 위대한 일이 일어날 것이라고 기대하지 마라. 사무실, 학교, 집에만 앉아 있지 말고 나가서 새로운 접촉점을 찾고 우뇌를 훈련할 방법을 찾아라.

여러분이 안주하는 울타리 안에서는 아무 일도 일어나지 않는다. 스스로 도전하고 자신의 창조성을 개발하라. 창조적 두뇌를 훈련하라. 연극 학원이나 미술 학원에 등록하라. 영화를 보러 가고 콘서트장에 나가라. 연극이나 뮤지컬 공연, 산책이나 명상도 좋다.

(5) 학습 기회는 어디에나 있다.

전혀 기대하지 않았던 장소에서 새로운 영감과 교훈을 얻을 수 있다. 지난 수년간 출근길 전철 안에서 어떤 그래픽 디자인이 효과적이고 어떤 것이 그렇지 않은지에 대해 많은 것을 배울 수 있었다. 필자는 운전할 때 입으로 소리 내어 말하는 연습을 한다. 주로 사람들의 말을 따라 해보는 연습이다. 전철을 이용할 때는 시간을 효율적으로 사용하기 위해 두 가지 일 중 한 가지를 한다. 부족한 잠을 보충하거나 책을 읽는 것이다. 전철 안에서의 독서는 집중력을 향상시켜준다. 또한, 전철 안의 광고와 행사 소식도 접하고 요즘 추세가 어떤지에 대해 생각해 본다. 사람들이 어떤 단어를 사용하고 어떤 대화를 나누는지도 유심히 들으며 변화를 느껴본다. 배우는 방법은 어디에나 있다. 학습 기회를 발견할 수 있는 안목이 있으면 된다.

(6) 숨은 잠재력을 깨워라.

성공의 열쇠는 이미 자신 속에 있다. 그 누구도 여러분의 자유로운 선택을 가로막지 못하게 하라. 무엇보다 프레젠테이션을 준비, 디자인하고 발표하는 과정에서 그릇된 고정관념에 좌우되어서는 안 된다. 일상생활 속에 숨은 교훈을 인식할 수 있는 능력과 안목 속에 성공의 비밀이 있다. 지나간 과거에 얽매여 있으면 진정한 발전을 이루거나 새로운 것을 배울 수 없다. 열린 마음, 배우고자 하는 의지, 실수할 각오 등이 발전을 위한 필수 요건이다. 자신을 향상시키고 변화시키기 위한 방법은 다양하다.

(7) 훌륭한 프레젠테이션을 따라하라.

① 영어 프레젠테이션

영어 프레젠테이션을 잘 하고 싶은가? TED 사이트(www.ted.com)에서 제이미 올리버, 앨 고어를 비롯한 유명인들의 동영상을 보면서 따라해 보자.

TED는 Technology Entertainment Design의 약자이다. '퍼뜨릴 가치가 있는 아이디어(Ideas Worth Spreading)'라는 이념을 갖고 1984년 시작한 무료 강의 프로그램이다.

빌 게이츠 마이크로소프트 창업자, 앨 고어 전 미국 부통령, 침팬지 연구로 유명한 제인 구달 박사, 고든 브라운 전 영국 총리 등이 강연자로 참석했으며 홈페이지(TED.com)에 무료로 강의를 공개했다. 18분 남짓한 시간 동안 강연을 진행해 어디서도 들을 수 없는 유익하고 흥미로운 정보를 제공하고 있다. 현재 네이버에서 제공하고 있으며, 스티븐 호킹, 리처드 도킨스, 알랭 드 보통, 수잔 케인 등의 강연을 만나볼 수 있다.

필자가 아는 사람 중에는 버락 오바마의 연설문, 마틴 루터 킹 목사의 '나에겐 꿈이 있습니다.' 등의 연설을 외우고 인상적인 표현은 실전에서 직접 활용하는 이들이 있다. 달인의 세련된 화법과 스피치의 기술을 배우는 것은 발표의 기술을 향상시키는 데 상당한 효과가 있다. 특히, 버락 오바마 미국 대통령의 연설은 설득력 있는 웅변이면서도 장황하지 않아서 공부하는 데 유용한 스피치 텍스트로 권장할 만하다. 존 F. 케네디 전 미국 대통령 역시 청중의 공감을 불러일으키는 모범연사 중 한 명이다. 구체적으로 명연설문을 텍스트로 삼아 공부할 때는 어떻게 해야 할까? 언어 측면에서 표현에 관심을 가질 필요가 있는데, 좋은 표현은 읽는 데 그치지 말고 통째로 외우도록 한다. 또한 연사의 말투에도 관심을 갖고 명연설을 들으면서 그대로 흉내내 보면 많은 도움이 된다.

② 국내 발표 기술 배우기

영어가 아닌 우리나라 사람들의 PT기술을 배우고 싶다면? 우리나라에서도 TED 형식의 열린 발표를 인터넷에서, 현장에서 직접 만날 수 있다. 소위 지성인들의 전유물로만 여기던 학문이 강연·공연·토크쇼 등이 결합한 '강연 콘서트' 형식으로 재생산되며 누구나 소통하고 공감할 수 있는 대중문화로 자리잡아가고 있다. 그만큼 사람들 앞에 설 기회가 많아진다는 이야기이고 우리도 쉽게 누군가의 강연과 발표를 듣고 배우면서 실력을 키울 수 있다는 것이다.

> **명강 & 마스터**
> EBS '명강 & 마스터' 프로그램은 격변하는 세상을 살아가기 위한 배움과 깨달음을 모두가 얻도록 하기 위하여, 명사들의 강연을 통하여 과거-현재-미래를 관통하는 지식과 통찰이 담긴 교양 강연 콘텐츠이다. 인문, 역사, 사회, 과학, 경제경영, 자기계발 교육, 실용, 예술, 건강의학의 다양한 분야의 전문가들의 강연을 통하여 프레젠테이션 스킬을 간접적으로 배울 수 있다.
>
> **차이나는 클라스-질문 있습니다**
> JTBC의 '차이나는 클라스-질문 있습니다'라는 프로그램은 기본적인 질문조차 허하지 않는 불통의 시대에 궁금한 것을 묻지 못했고 제대로 배우지 못했다는 사실에 착안하여, 각 분야 전문가들의 강연과 함께 게스트들의 질문으로 이루어지는 프로그램이다. 이 프로그램에서 강연자와 게스트들이 상호작용하는 모습을 통하여, 프레젠터에게 꼭 필요한 청중과의 진정한 소통을 배울 수 있다.

이렇게 전문분야의 명연설가들의 발표를 보고, 듣고, 암기하고, 따라 말하다 보면 어느새 명연설의 기본을 탄탄하게 쌓아나가게 될 것이다. 다음의 말을 기억하자.

"계획을 기록하고, 임무를 쪼개라, 성취의 유익을 상기시켜라."

(8) 나를 다스리기 위해 필요한 덕목

말하기에서 필요한 것은 자기 자신을 잘 다스리는 것이다. 유능한 프레젠터가 되려면 냉정함을 잃지 않는 성격을 갖추어야 한다. 즉 '나를 다스리는 것'이 PT의 최우선 과제라 할 수 있다.

① 자신을 제대로 이해한다.

자신의 주제를 제대로 파악하고 가장 객관적인 상태에서 인식하는 것이 필요하다. 주변 가까운 사람들의 평가와 피드백을 통해 내가 어떠한 문제점을 갖고 있는지, 어떠한 보완점이 필요한지를 파악해야 한다.

② 당황하지 않는다.

돌발 상황에 대해 당황하지 말고 냉정해야 하며 최대한 포커페이스를 유지해야 한다. 물론 어느 정도의 돌발 상황, 질문과 답은 예상할 수 있지만 예상치 못한 경우가 생길 수 있다. 발표라는 것이 내가 생각한 대로만 진행될 수는 없기 때문이다. 다른 대안 제시를 위해 최대한 냉정할 것을 머릿속으로 미리 생각해 놓는다.

③ 나무가 아닌 숲을 보자.

세부사항이 아닌 전체로 파악해야 한다. 작은 것보다는 큰 것을 보아라. 바둑에서 작은 집을 잃지 않으려고 버티다가 결국 큰 집을 잃게 되는 경우와 비슷하다. 발표의 전체 흐름과 구성을 살펴야 한다.

④ 비생산적인 논쟁에서 벗어나자.

프레젠테이션의 기본 입장이나 목적을 항상 기억하자. 감정을 앞세워 말꼬리를 잡듯이 이야기하지 않도록 하자. 누군가가 나의 발표에 대해 악의적인 발언을 한다 하더라도 다시 마음을 가다듬고 내가 발표를 하고 있는 목적을 다시 한 번 상기하자.

⑤ 질문하자.

상대를 이해하고 상대의 관점을 비난하지 않고 질문으로 해결하자. 상황이나 현상에 대해 냉정한 판단으로 질문하는 것이 중요하다. 발표를 하기 전에 미리 결정권을 가진 사람이나 단체에게 많은 질문을 하는 것이 필요하다. 회사가 왜 그러한 PT를 원하는지 질문을 하다보면 질문을 통해 나에 대한 기대 수준을 파악할 수 있다. 기대 수준을 맞추기 위해 내가 어떤 노력을 할 것인지 계획할 수 있다.

⑥ 절대 서두르지 말자.

발표를 하는 사람이 급하게 서두르는 느낌이 들면 청중은 발표자에 대한 신뢰감을 잃게 된다. 중간중간 시간을 체크하면서 여유 있는 모습을 유지하도록 하자. 만약 마감 시간이 다가온다면 중요하지 않은 내용은 제거하는 편이 완성도면에서 훨씬 좋다.

(9) 스스로 신뢰감을 높일 수 있는 방안

인정받는 프레젠터가 갖추어야 할 요소로는 신뢰성을 들 수 있겠다. 신뢰성을 쌓을 수 있는 방법으로는 자질과 전문성, 상대가 인지하는 신뢰도, 스스로가 스스로를 높이는 셀프 티업(self-tee-up)의 방법이 있다. 스스로 신용을 나타낼 수 있는 셀프 티업의 방안은 다음과 같다.

- 지위와 권위를 강조하라.
- 자신과 전문가를 연계하라.
- 이 회사의 제품으로 성공한 다른 회사들의 사례를 언급하라.
- 협상가의 좋은 평판을 강조하고, 정보를 흘려라.
- 옷차림, 매너, 교양, 태도, 표정 등으로 상대방의 호감을 사라.
- 말의 속도가 너무 빠르지 않게 하라.
- 긍정적이고 역동적인 단어를 골라라.
- 친밀한 눈 맞춤을 신경 써라.

아리스토텔레스는 사람들의 신뢰를 얻기 위해서는 통찰력, 미덕, 호의를 통해 신뢰를 높이고 듣는 사람의 마음을 얻어야 한다고 했다.

① 통찰력

'왜 하필이면 당신인가? 왜 다른 사람이 아닌 당신이 사람들 앞에 섰는가?'

말을 시작하면서 당신이 사람들 앞에 나서서 말할 자격이 있다는 것을 설명하라. 충분한 지식을 갖추고 있다는 사실을 보여주기 위해 사용할 수 있는 방법으로는 몇 가지가 있다.

㉠ 발표 주제에서 자신이 어떻게 전문가가 될 수 있었는지 알리기 위해 자신이 거쳐 온 교육 과정과 지금 받고 있는 교육에 대해 언급한다. 지금까지 실무에서 이 주제로 어떤 성과를 이루었는지 알려 준다. 어떤 계기로 이 주제에 관련된 경험을 얻을 수 있었는가? 언제 어디서 강연을 성공적으로 했는가? 등을 언급한다.

㉡ 누가 당신을 전문가로 추천했는가? 혹은 어떤 전문가와 함께 일했는가? 등을 언급한다.

㉢ 사람들 앞에서 말을 한 경험에 대해 몇 마디 끼워 넣는다. 책, 논문, 보고서, 칼럼을 쓴 것이 있으면 언급한다. 말할 때는 모임의 주제에 맞게 단어를 제대로 사용한다. 대규모 가족 잔치에서 말을 한다면, 이름뿐만 아니라 친척 관계도 함께 언급해야 한다.

㉣ 전문적인 모임에서는 전문 용어를 올바르게 다룰 수 있어야 한다. 다른 때보다 시작할 때 전문 용어를 많이 써라. 이렇게 하면 당신의 전문성을 충분히 드러내게 된다.

㉤ 유명 인사의 이름을 거명하라. '나에 대해 내세울 게 하나도 없다면 어떻게 할 것인가?'라는 생각이 든다면 권위자로 인정받는 유명 인사들의 이름을 언급하라. 이 사람들의 삶을 상세히 설명하라. 듣는 사람은 이 이름을 무의식적으로 당신이라는 인물과 연결시킨다. 분야마다 그 분야에서 유명한 사람들이 있기 마련이고, 알베르트 아인슈타인, 지그문트 프로이트, 마하트마 간디, 존 F. 케네디, 아리스토텔레스와 같은 이름은 언제나 효과가 있다. 우리나라 인물 중에서는 세종대왕의 리더십과 중용, 이건희 회장의 리더십과 일화를 소개하면 대부분 긍정적 반응을 보인다.

ⓗ 방송, 언론에 자주 소개된 유명 인사의 일화를 자연스레 내 이야기와 결합해 사용하는 것도 좋다. 많지도 적지도 않게 사용하라. 보여줄 능력이 있다 해도 눈치가 있어야 한다.

② 미덕(신뢰)

미덕(신뢰)은 능력 다음으로 중요한 기반이다. 신뢰는 도미노와 비슷해서 신뢰의 조각을 다 세우는 데는 꽤 오랜 시간이 걸리지만 조각 중 하나가 흔들려서 넘어지게 되면 다른 모든 조각이 몇 초 만에 쓰러진다. 그리고 나서 다시 신뢰를 얻으려면 논거를 하나씩 다시 세워야 한다. 그렇다면 어떻게 신뢰를 얻을 것인가?

일단 제일 먼저 피해야 할 것은 명백히 모순된 내용을 말하는 것이다. 언제나 모순을 찾아내는 데 전문적인 솜씨를 보이는 사람들이 있다. 그들은 모순을 참지 못하고 곧장 지적한다. 그렇게 되면 당신에게는 두 가지 가능성이 있다. 표면상 모순처럼 보일 뿐이라고 설득하거나 실수를 했다는 사실을 분명하게 인정하는 것이다. 듣는 사람은 당신이 완벽하기를 기대하지 않는다. 하지만 정직하기를 기대한다. 말과 행동은 일치되어야 한다. 발표를 하는 사람이 자신이 말하는 대로 행하지 않는다면 듣는 사람도 행할 수가 없다.

또한, 사회심리학 연구에 따르면 우리는 사람의 외면을 보고 그 내면을 알아낸다고 한다. 그러니 멋지게 꾸미고 깔끔하게 차려 입어라. 듣는 사람에게 그런 모습을 보여주어야 한다. 그들은 이를 높이 평가하고 더 많이 믿어줄 것이다.

③ 호의

어떻게 하면 신뢰의 세 번째 기반, 즉 듣는 사람의 호의를 얻을 것인가? 사람들이 당신에게 보이는 호의는 당신이 그에게 보인 호의와 똑같다. 사람들은 칭찬을 좋아한다. 그리고 칭찬해 주는 사람에게 호감을 느낀다. 칭찬은 당신의 진심에서 우러나오고, 정직한 의도로 했을 때만 효과를 보인다. 따라서 당신이 하는 칭찬이 진심으로 보이는지 신경 써라.

당신은 듣는 사람을 어떻게 생각하는가? 당신이 말을 하는 입장이기 때문에 자신이 듣는 사람보다 더 중요하다고 생각하는가? 그렇다면 이미 말하는 사람으로서의 자격이 없다는 것을 선언한 셈이다. 듣는 사람은 당신의 거만함을 순식간에 알아차린다. 듣는 사람이 최고의 존경을 받아야 마땅하다. 다음 질문에 대답하면서 이 점을 분명히 깨달아야 한다.

> • 나는 듣는 사람의 어떤 면을 높이 평가하는가?
> • 듣는 사람의 특별한 능력과 장점은 무엇인가?
> • 듣는 사람의 사랑스러운 점은 무엇일까?
> • 듣는 사람이 숨기려고 하는 약점은 무엇인가?
> • 겸손함 때문에 드러내지 않는 장점은 무엇인가?

여기에 대한 대답은 듣는 사람에게 열린 마음을 가지도록 해 줄 것이다. 듣는 사람은 이러한 호의를 알아내는 안테나를 가지고 있으며 당신이 준 것만큼 혹은 어쩌면 더 많이 되돌려 주고 싶어 한다.

끼리끼리는 잘 어울린다. 닮은 것은 호감을 불러온다. 우리는 우리와 비슷한 사람들을 좋아한다. 비슷한 점은 의견, 성격, 출신 혹은 생활방식 등 여러 가지가 있을 수 있다. 그러므로 듣는 사람과 내가 비슷한 점이 있음을 깨닫게 하라. 듣는 사람과 의견이 같은 이야기를 꺼내고 공통된 체험에 대한 기억을 말하라. 또 듣는 사람과 완전히 다른 옷차림을 해서는 안 된다. 나아가 스스로 듣는 사람의 친구임을 선언하라. 친구들은 경험과 관심을 서로 공유한다. 좋은 소식을 전해라. 우리는 소식을 전해 주는 사람을 소식의 내용과 무의식적으로 결부시킨다. 당신이 좋은 소식을 전해 주는 사람인 것처럼 행동하라. 발전과 성공을 전해 줘라. 듣는 사람은 이에 대해 호감을 보냄으로써 보답할 것이다.

사람들은 매력적인 사람을 만나면 자신에 대한 방어를 풀고 더욱 신뢰하는 경향이 있다. 따라서 개인적 매력을 높이기 위해서는 호감 전략을 펴야 한다.

- **친절함과 활달함** : 친절함은 감정적 요소, 상대의 지성뿐 아닌 기분과 느낌에도 영향을 준다.
- **칭찬** : 상대를 칭찬하는 것은 당신에 대한 호감을 가지게 하는 가장 분명한 방법이다. 상대방의 훌륭하고 철저한 준비나 사려 깊은 제안을 칭찬하기도 하고, 길고 복잡한 발표를 기꺼이 경청해주는 점을 칭찬해준다.
- **상대에 대한 배려** : 추가 시간 할애, 정보 제공, 내부 이해관계자들 설득을 도와줄 수 있다. 어떻게 결재 받고 어떻게 방어해야 하는지 코치해준다.

(10) 카리스마를 개발하는 방법

카리스마는 그리스어로 '신의 은총'을 의미한다. 기업 임원 전문 코치 데브라 벤튼은 『이그제큐티브 카리스마』를 통해 "카리스마는 마법이 아니다. 배울 수 있는 기술이다."라고 단언한다. 그리고 다음과 같이 카리스마를 개발하는 6단계를 제시했다.

- 앞장서서 주도하는 사람이 되라.
- 다른 사람에게서 긍정적인 반응을 기대하고 다른 사람의 기대를 포용하라.
- 질문하고 요청하라.
- 자신 있게 똑바로 서서 미소 지어라.
- 인간적이고 유머러스한 사람이 되라. 스킨십을 잘 활용하라.
- 여유를 가져라. 입을 다물고 경청하라.

열정과 전문성, 그리고 신뢰감을 가질 수 있다면 당신의 발표는 성공이다. 거기에 청중을 휘어잡는 카리스마까지 겸비한다면 더욱 멋진 프레젠터가 될 것이다. 카리스마를 개발하는 방법을 생각하고 실행할 수 있도록 노력하자.

이것으로 프레젠테이션의 기본은 모두 설명했다. 여러분이 이 책을 바탕으로 성실하게 실천해 준다면 기본적인 프레젠테이션의 이론과 실제는 모두 습득했다고 볼 수 있다. 아무 준비 없이 프레젠테이션을 진행한다면 사상누각처럼 한 순간에 무너져버릴 수도 있다. 실제 상황에서 사상누각이 되지 않도록 이론을 배우고 익혀서 본인의 것으로 체화하는 능력을 게을리 하지 않아야 한다. 늘 배우고 익혀야만 나아갈 수 있다.

많은 젊은이들의 멘토인 안철수는 다음과 같이 말한 바 있다.

"나는 다른 사람과 비교하는 것에 큰 의미를 두지 않는다. 특히 양적인 면의 비교에는 거의 가치를 부여하지 않는다. 다만, 진정한 비교의 대상은 외부에 있는 것이 아니라 '어제의 나'와 '오늘의 나' 사이에 있는 것이라고 생각한다."

여러분도 스스로에 대한 믿음을 갖고 재능을 개발해 훌륭한 프레젠터가 되기를 희망한다.

프레젠테이션! 초스피드 완성

부록

본 도서의 내용을 학습하고 실전으로 직접 프레젠테이션을 제작하는 데 도움이 될 수 있도록 부록편을 세 가지 파트로 새롭게 기획하게 되었다.

입사 면접 시 프레젠테이션 면접을 치르는 회사가 증가하고 있는 지금의 변화의 흐름에 맞추어, 〈실전 I〉은 '입사 면접용' 프레젠테이션 제작 과정을 담고 있다. 프레젠테이션 제작의 과정에 맞추어 실전 연습까지 해볼 수 있도록 기술되어 있으므로 하나씩 따라오면서 실제 입사 면접용 프레젠테이션을 제작하여 활용하기 바란다.

〈실전 II〉는 신제품 출시를 위한 '제품기획안' 프레젠테이션을 할 수 있는 PPT 제작 과정을 설명하였다. 기획 및 마케팅 관점으로 접근하기 보다는 프레젠테이션 제작 관점인 4단계 구성법에 기초하여 제품기획안을 제작하는 과정을 설명하였다.

〈PPT 빠르게 제작하기 팁〉은 익혀두면 슬라이드를 빠르고 깔끔하게 제작할 수 있는 실전 팁을 수록했다. 빠르게 다이어그램을 사용하여 세련되게 표현하는데 강점을 갖고 있기 때문에 요즈음 많이 사용하는 스마트아트의 추가 기능과 그림, 아이콘, 픽토그램 등으로 간결하면서도 풍성하게 내용을 표현하는 방법, 그리고 PPT 제작에 참고가 되는 템플릿이나 무료 인포그래픽(사진, 그림, 아이콘 등) 제공 사이트 등을 안내하였다.

필요에 따라, '입사면접용 프레젠테이션' 또는 '제품기획안 프레젠테이션' 두 가지 중 하나를 정독하고, PPT 빠르게 제작하기 팁까지 익힌다면, 분명히 성공적인 프레젠테이션을 단기간에 완성하실 수 있을 것이다.

실전 I : 입사지원 프레젠테이션

입사지원 프레젠테이션을 제작하기 위해 가장 하지 말아야 할 것은 바로 슬라이드로 사용할 템플릿을 찾는 일이다. 이것은 자신의 생각과 의견을 담을 그릇을 먼저 찾는 격이기 때문이다. 따라서 가장 먼저 해야 할 일은 프레젠테이션 기획이다. 즉, 무엇을 담을지를 먼저 구상하고, 이에 맞는 형태의 그릇을 찾아야 하며, 이를 위해서는 노트/종이와 펜을 준비하거나, 글을 작성할 수 있는 워드프로세서 프로그램 등을 열고 글을 쓸 준비를 먼저 시작한다.

1. 전략적 구상

첫째, 전략적으로 프레젠테이션을 구상하기 위해서는 주로 5W 1H기법을 사용한다 (p.13). 다음과 같이 각각의 항목마다 면접 프레젠테이션 상황을 기록한다. 면접 상황을 구체적으로 머릿속에 시뮬레이션하여 그려보면, 내용을 구상할 때 어떻게 접근해야 하는지 또는 무슨 내용을 담는 것이 더 효과적일지에 관한 판단이 저절로 되는 경우가 많다.

- When: 면접 날짜와 시간
- Where: 면접장소(면접장의 크기, 참석인원수, 좌석배치, 교탁/단상 유무, 마이크 유무와 종류, 면접장 밝기 등)
- Who: 면접관의 수, 직급/직책, 지원자의 동석 여부, 해당 기업의 성향이나 특징
- What: 내가 가진 역량이나 장점 중 무엇을 보여줄 것인가?
- Why: 취업 성공을 위하여 기대하는 면접 점수를 예상(100점 만점 중 몇 점인지)
- How: 인사, 소개멘트, 복장, 디자인 구성, 시간분배 등

▎직접 적어보기

When	
Where	
Who	
What	
Why	
How	

　이렇게 6가지 항목에 대하여 알 수 있는 정보를 최대한 구체적으로 먼저 적어본다. 일반적인 입사 절차 상에서 서류심사가 합격하였다면, 어떤 식으로든 연락을 받기 마련이다. 문자, 이메일, 전화 등으로 연락을 받았을 경우에 담당자의 전화번호나 이메일 등을 알아두고, 프레젠테이션 면접에 필요한 이러한 정보들을 문의하여 알아두는 것이 좋다.

2. 3단계 내용 구성법

　프레젠테이션의 가장 일반적인 내용 구성법은 3단계인 서론-본론-결론의 단계에 맞추는 방법이다(p.20). 실제로 내용을 구성할 때에는 서론부터가 아닌 본론에서 담을 내용을 먼저 구상한 후, 이를 보다 돋보이도록 하기 위한 서론과 결론의 내용을 구상하는 것이 효과적이다. 따라서 본격적으로 전달하고자 하는 전개 부분인 본론의 내용부터 생각해보자.

(1) 본론 구성

　본론에서의 내용을 구성하는 방법은 본문(p.26~31)에서 설명한 다양한 방법을 적용할 수 있다. 귀납적 구성법, 연역적 구성법, 시간적 구성법, 공간적 구성법, 소재별 구성법, 변증법적 구성법 등을 모두 적용할 수 있는데, 내가 가진 직무역량을 먼저 보여주고, 그러한 역량을 가지게 된 과정을 설명한다면 귀납적 구성법이고, 반대로 이야기하면 연역적 구성법이다. 또한 나의 성장과정에서부터 지금의 모습까지를 시간의 순서로 구성하여 보여주면 시간적 구성법이고, 나의 경력사항 위주로 근무지를 기준으로 설명하면 공간적 구성법이다. 각자가 가진 경험치가 다르므로 어떤 구성법이 가장 좋다고 말할 수는 없지만, 여기서는 가장 쉽게 접근할 수 있는 방법으로, 자기소개서를 기준으로 작성할 수 있는 소재별 구성법으로 적용해보자.

일반적으로 자기소개서는 주제/소재별로 작성하도록 칸이 나누어져 있다. 물론 직종별로, 공기업이냐/사기업이냐, 신입이냐/경력직이냐에 따라 작성하는 내용의 주제는 다르게 나누어져 있겠지만, 가장 일반적인 자기소개서의 내용은 '성장과정, 성격의 장단점, 학창시절 및 경력사항, 지원동기 및 입사후 포부'로 구성된다. 이러한 소재별 구성에 맞추어 본론의 내용을 구성한다.

여기서는 마케팅 분야에 지원하는 상황을 가정하여 사례를 직접 보여준다. 사례를 참고하여 자신이 지원한 분야에 맞추어 입사용 면접 프레젠테이션을 작성하되, 지원공고에 나타나 있는 자격사항, 우대사항, 직무/업무 등을 참고하여 구직공고에서 원하는 항목 중에서 자신이 갖춘 직무역량을 중심으로 소재를 선택하여 작성하는 것이 가장 효율적이다.

① 성장과정

성장과정에서는 지원자가 어떠한 환경에서 성장하여서 지금의 모습을 갖게 되었는지를 파악해보고자 하는 것이다. 가정환경, 성장기 교우관계, 초/중/고등학교 때의 에피소드 등을 자유롭게 기술할 수 있으나 주의할 점이 있다. 즉, 과거의 내용을 단순하게 기술하는 것이 아니라, 현재 나의 장점/역량이 이러한 과정에서 만들어진 것이라는 점을 자연스럽게 부각시키는 것이 중요하다.

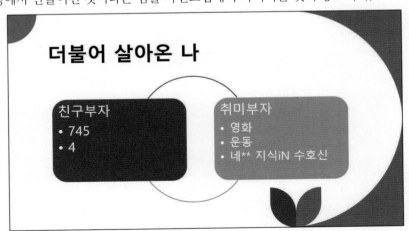

성장과정에서 보여주고 싶은 나의 역량은 슬라이드에서 보는 것처럼 교우관계와 건전한 취미활동이다. 제목은 '성장과정'이라고 하기보다는 전달하고자 하는 내용을 포괄하는 소제목을 별도로 정하는 것이 좋다. 이 슬라이드의 내용은 많은 친구들과 취미를 갖고 성장하면서 세상은 나 혼자가 아닌 여러 사람들과 더불어 사는 것임을 일찍부터 깨닫게 되었다는 것이 요점이기 때문에 제목을 '더불어 살아온 나'로 선정하였다.

특히, '친구부자'에서 전달하려는 내용은 숫자로만 표현함으로써, 청중에게 궁금증과 호기심을 유발하는 기법을 사용하였다(p.125). 이렇게 숫자의 활용은 지루함을 덜고, 주의를 환기시키며 집중할 수 있도록 하는 효과가 있다. 여기서 나타내고자 하는 745의 의미는 휴대폰에 저장되어 있는 친구의 전화번호 숫자이고, 4의 의미는 가족만큼 속 깊은 얘기를 나눌 수 있는 진정한 친구의 숫자이다. 이렇게 양적으로나 질적으로 교우관계가 돈독하다는 나의 성장과정을 보여주고 있다.

'취미부자'에서는 영화와 다양한 운동을 좋아한다고 구체적으로 설명하면서, 이를 증명하기 위하여 객관적인 지표인 네**에서 지식iN으로 활동하며 수호신의 경지에까지 올랐다고 설명한 부분이다. 단순히 취미를 즐기는 사람에 그치지 않고, 다른 사람에게 나의 경험과 느낌을 나눌 수 있는 베풂의 사람이라는 것을 간접적으로 전달할 수 있다.

▎직접 적어보기

성장과정	나의 모습을 2~3가지로 선택하여 키워드 정리
소제목	(더불어 살아온 나)
키워드 1 (친구부자)	(745, 4)
키워드 2 (취미부자)	(영화, 운동, 네** 지식iN 수호신)
키워드 3	

② 성격의 장단점

자기소개서에 있는 성격의 장단점 내용을 기초로 프레젠테이션을 준비해도 좋지만, 자기소개서의 칸이 한정되어 있어서 적지 못한 내용이 있다면 이러한 면접용 프레젠테이션 기회를 활용하여 충분히 자신의 장점이나 직무역량을 어필하는 것이 필요하다. 여기서 주의할 점은 면접용 자기소개 프레젠테이션 작성시 구체적으로 어떤 내용을 포함시키라는 가이드가 없다면, 굳이 단점을 적을 필요는 없다는 것이다. 입사면접 프레젠테이션은 경쟁 프레젠테이션이므로 자신의 장점과 직무역량만을 충분히 부각하여 남보다 좋은 인상을 심어주기에도 빠듯한 시간이기 때문이다.

성격의 장점을 전달하기 위한 소제목으로는 히딩크 감독의 명언인 'I'm Still Humgry'를 통하여 인상적이며 우호적인 이미지로 시작한 전략이다. 이는 에토스의 법칙(p.44)으로, 인격적인 감화를 활용하여 상대방을 설득하는 기법이다. 히딩크 감독의 명언인 '나는 여전히 배고프다'를 먼저 말하고, 자신의 장점이 무슨 일이든 시작하면 끈기있게 노력하여 성공해내고 만다는 자신의 장점을 설명한다. 지금까지 자신이 성취한 일 중 한 가지를 꺼내어 성공해 낸 과정을 구체적으로 표현한다면 이 명언과 맞아떨어져서 청중에게 설득력 있게 다가갈 수 있을 것이다.

또한 마케팅 분야에서는 많은 데이터를 수집/분석할 수 있는 직무역량이 필요하기 때문에 '분석적'인 성향을 어필하기 위하여 상징적인 이미지인 그래프/도표를 사용하였다. 이 또한 자신의 경험 중에서 분석적인 성향을 나타낼 수 있는 에피소드를 발굴해야 한다. 예를 들면, 영화 관람 후기를 꾸준히 10년 동안 온라인 플랫폼에 업로드하고 있고, 관람 후기를 쓰기 위해서는 나만의 관점보다는 보다 객관성을 확보하기 위하여 제작비, 제작기간, 평점 및 후기 등을 검색하여 분석적으로 해당 영화에 대한 관람후기를 작성하여 업로드하고 있음을 설명하여 자신의 분석적인 측면을 강조할 수 있다.

▌직접 적어보기

성격의 장점/직무역량	나의 모습을 2~3가지로 선택하여 키워드 정리
소제목	(I'm Still Hungry)
키워드 1	(그래프 이미지)
키워드 2	
키워드 3	

③ 학창시절 및 경력사항

학창시절은 흔히 중고등학교의 경험을 생각하기 쉽지만, 가장 최근의 학교생활을 떠올리는 것이 좋다. 성장기의 경험은 앞의 성장과정과 성격에서 언급하고, 이 부분에서는 현재 자신의 모습과 가장 흡사한 시절은 최근의 경험을 떠올린다. 고등학교 후반부 또는 대학 이후에 자신이 경험했던 일 중에서 지원하고자 하는 분야에 필요한 직무역량, 태도, 자질 등을 갖추게 된 경험이면 좋은 스토리가 된다.

그러나 자신이 지금까지 무엇을 경험했는지 찾아내는 과정이 아무래도 가장 시간이 많이 소요되는 부분이다. 나의 경험을 찾는 과정을 '경험 꺼내기'라고 하는데, 이를 위한 구체적인 팁은 평소에 다이어리나 일기에 긁적이듯 써 놓았던 무엇인가가 있다면 가장 좋은 이야기 소스가 된다. 또는 휴대폰이나 캘린더에 스케줄을 적어놓았다면 그것을 찾아보면서 무슨 일을 했는지 역추적이 가능하고, 컴퓨터에 저장되어 있는 각종 파일들을 찾아보거나 주고받은 이메일을 훑어보는 것도 나의 경험을 떠올리며 그때 느꼈던 나의 감정까지 상기시켜볼 수 있다.

모든 발표 내용은 나의 경험 소스에서 나온 것이라야 면접관에게 신뢰감 있게 다가갈 수 있고, 프레젠테이션의 생명 또한 바로 진정성이기 때문에 번거롭더라도 이러한 '경험 꺼내기' 과정을 통해 나의 이야기를 찾는 것이 중요하다.

위의 사례에서는 대학에서의 학과 홍보 동아리(홍보기획단)에서의 활동을 소개하고 있다. 마케팅분야에서는 기획서, 제안서 보고서 작성 능력 또는 PPT 프로그램을 활용하여 프레젠테이션을 할 수 있는 능력을 원하기 때문에, 지원분야에 적합한 대학의 활동경험이 될 수 있다. 여기서 내용을 구성하는 방법은 청중과의 감정 교류를 통한 내용전달 방식인 스토리텔링(p.45)을 사용한다. 즉, 개인적인 이야기 나누기인 스토리텔링을 통하여 내가 대학 시절 경험했던 기획의 스토리를 재미있고 생생한 이야기로 전달한다. 주어진 프레젠테이션의 시간이 충분히 주어진다면 1) 계획, 2) 마케팅, 3) 고교홍보, 4) 직업특강/체험의 스토리를 모두 설명하지만, 시간이 짧다면 이 중에서 강조한 부분인 '기획서 작성'과 '프레젠테이션' 했던 경험을 중심으로 자신의 기획력과 프레젠테이션 능력을 설명한다.

이러한 스토리텔링의 내용은 면접관이 공감할 만하게 구성해야 하는데 (p.46~47), 그 내용이 단순하면서도 명랑하게 면접관의 가슴을 울릴 수 있는 인간성이나 신선미 등이 갖추어져 있으면 좋다.

▌직접 적어보기

학창시절 및 경력사항	나의 경험을 2~3가지로 선택하여 키워드 정리
소제목	(학과홍보 기획단)
키워드 1	(계획, 마케팅, 고교홍보, 직업특강/체험)
키워드 2	

④ 지원동기 및 입사 후 포부

지원동기는 면접관이 가장 눈여겨보는 부분이다. 지원자가 왜 우리 회사에 지원했는지 그 동기가 무엇이냐에 따라 우리 회사에서 마침 필요로 하는 사람인지 그렇지 않은지가 쉽게 판단되기 때문이다. 따라서 이 부분은 특히 공들여서 제작하여 자신의 진정성이 전달되도록 한다. 자신을 꼭 뽑아달라는 무조건적 구호의 외침이 아니라, 나를 합격시킨다면 회사에 이렇게 도움이 된다는 것을 객관적으로 나타내며 상대방을 설득시켜야 하는 것이다. 본문에서 재차 강조했듯이 프레젠테이션은 발표자가 하고 싶은 이야기보다는 '청중이 듣고 싶은 이야기'가 무엇일지를 고민하여 준비하여야 하기 때문이다.

이 부분의 내용을 준비하기 위해서는 앞서 말한 다양한 방법으로의 '경험 꺼내기' 과정도 필요하지만, 먼저 지원회사에 대한 정보 수집 및 분석이 필요하다. 회사의 홈페이지, 뉴스 기사, 유튜브, 블로그 등의 각종 매체들을 통하여 회사의 정보를 수집한다. 이를 통하여 이 회사에서는 어떠한 인재를 원하는지를 분석한 후, 내가 그러한 인재라는 사실을 설득할 수 있도록 지원동기를 준비하는 것이 좋다.

자신이 이 회사에 지원하게 된 동기를 설명하기 위해서는 회사에 대한 정보 분석이 선행되어야 하므로, 사례와 같이 ○○ 네트워크사의 인재상을 조사하여 자신이 그에 걸맞는 지원자로 설명함으로써 지원동기를 보다 설득적으로 표현할 수 있다. 물론 이 사례에서도 지원자가 운영하는 블로그인 '지연's 무비토크'를 운영한 경험을 중심으로 자신의 인생이 도전적이었으며, 개봉된 영화를 재해석하는 창의력과 데이터 분석력과 감성을 두루 갖춘 융합적 인재라는 사실을 설명할 수 있다.

이처럼 전달하고자 하는 내용을 3의 법칙(p.52~55)으로 설명하면, 청중의 기억에 도움을 줄 수 있다. 물론 지원하는 회사에서 강조하고 있는 인재에 대한 역량이 이 외에도 더 많을 수 있으나, 핵심적인 부분 또는 자신이 갖추었다고 판단되는 부분만을 3가지로 선택하여 소개하는 것이 좋다. 또한 이 세 가지에 대한 자신의 경험을 빗대어 구체적으로 설명함으로써 설득력을 갖출 뿐 아니라, 면접관에게 인상적인 프레젠테이션이 될 것이다.

지원동기 및 입사 후 포부	키워드 정리
지원회사 정보	(진취적, 창의적, 융합형)
나의 역량	(지연's 무비토크:도전적 인생, 영화의 재해석, 분석력과 감성)
포부	

(2) 서론 구성

서론은 청중의 흥미유발, 발표자의 신뢰감 전달, 발표의 개요 설명 등의 역할을 할 뿐 아니라, 청중에게 앞으로 펼쳐질 발표에 대한 기대감을 갖도록 하기 때문에 충분한 시간을 가지고 준비한다. 채용 면접에서 첫인상이 미치는 영향이 높았다고 하는 설문 결과(p.37)와 마찬가지로, 프레젠테이션에서의 서론은 그러한 첫인상이다.

따라서 슬라이드 제작 시에도 첫 페이지에 기억에 남을 만한 인상을 줄 수 있어야한다. '자기소개 프레젠테이션' 또는 '채용 면접을 위한 자기소개' 등의 제목보다는 내가 면접장의 문을 나가더라도 기억에 남을 만한 강렬한 인상을 주는 것이 필요하다. 이것이 바로 POSSIT 기법에서의 'Punch line'이다(p.34). 면접관에게 슬라이드 첫화면을 열고 첫마디에 관심을 집중시킬 수 있어야 한다. 이 첫 슬라이드를 본격적인 내용이 들어가기 전에 통과해야 하는 것이므로 다음의 슬라이드와 같은 발표의 시작페이지를 '대문페이지'라고 하겠다.

대문페이지를 구성할 때에는 다음의 3가지를 유념한다. 첫째, 첫인상이 끝까지 지속되기 때문에 면접관에게 어떤 인상으로 다가가는 것이 좋을지를 먼저 결정한다. 예를 들면 차분하면서도 분석적인 명철함을 보여주는 것이 좋을지, 아니면 유머코드를 넣어서 유쾌한 인상으로 다가가는 것이 좋을지, 그것도 아니면 참신한 아이디어로 무장하여 면접관의 예상을 벗어나는 것으로 시작할지 등이다. 이것은 내가 지원하는 분야에서 더 원하는 인상에 따라 선택하는 것이 적절하다.

둘째, 오프닝멘트의 소스는 자신이 잘 할 수 있는 분야에서 선택한다(p.38~39). 즉, 면접관과 커뮤니케이션을 자연스럽게 할 수 있다면 '질문'이나 '청중참여'를 선택하고, 논리적/분석적 성향을 강조하고 싶다면 '통계' 수치나 '방송/신문기사'를 거론하고, 진실성을 강조하고 싶다면 자신의 '사례/일화'를 선택하고, 말하는 것에 자신이 없다면 '비디오, 애니메이션, 사진'을 선택하는 등으로 서론을 구성한다.

셋째, 서론은 어디까지나 본론을 빛나게 하기 위한 오프닝이라는 사실을 명심하고 길지 않게 구성해야 한다. 면접관의 기억에 남기도록 하겠다고 또 하나의 주제를 추가하여 내용을 구성하지 않는 것이다. 본론의 내용과 관련성이 있으면 좋지만 그렇지 않다고 서론의 역할을 할 수 없는 것은 아니다. 다만, 여기서 중요한 것은 간결하면서 나의 첫인상에 도움이 되어야 한다.

다음의 슬라이드 예시는 프레젠테이션의 첫페이지인 소위 '대문페이지'이다. 이 페이지 역시 위의 3가지를 유념하여 제작되었다. 첫째, 발표자는 마케팅분야의 지원자로서 마케팅에 관하여 진지하게 고민한 흔적으로 보여주는 이미지를 원했기 때문에, '마케팅의 ABC'라는 제목으로 첫인상을 보여주고 있다. 즉, 마케팅의 기본이 무엇인지 충분히 고민한 사람으로서, 앞으로의 자기 소개를 통하여 그것을 알려드리겠다고 말하면서 청중의 집중과 호기심을 자극한 것이다. 둘째, 자연스러운 커뮤니케이션이 가능한 지원자이기 때문에, 면접관에게 '마케팅의 기본은 무엇이라고 생각하십니까?'라는 질문을 던지면서 오프닝멘트를 구성하려는 의도도 있다. 셋째, 자신의 프레젠테이션을 통하여 지원자 본인이 생각하는 마케팅의 기본을 자연스럽게 발표에 녹여서 내용이 구성되기 때문에 군더더기 없이 간략히 질문과 자신의 짧막한 답변으로 구성하였다.

▌직접 적어보기

프레젠테이션 첫페이지	대문페이지 작성 키워드
오프닝멘트 소스	
나의 이미지	
간결성 점검	

　다음에 보이는 두 번째 페이지 즉, 목차페이지는 본론구성에서 이미 주제로 정해진 내용을 개괄적으로 보여줌으로써 자기소개 프레젠테이션 흐름에 대한 가이드의 역할을 한다. 이 페이지를 설명할 때에는 성장과정, 성격의 장점/역량, 학창시절과 직무역량, 지원동기 및 입사 후 포부의 내용으로 구성되어 있다고 소개하고, 이후 페이지에서 각 페이지마다 같은 제목이 있으므로 여기의 4가지 제목을 모두 읽어낼 필요는 없다. 발표시에 항상 주의할 것은 청중의 '눈이 귀보다 빠르다'는 사실이다. 다시 말해, 내가 읽어서 듣기 전에 청중은 내용을 모두 눈으로 읽고 파악했기 때문에 매우 중요한 내용이 아니라면 두 번씩 반복해서 청중에게 알려줄 필요는 없다.

　또한 자기소개 프레젠테이션의 소재별 구성법으로 자기소개서의 4가지 구분에 의하여 소재를 찾아서 내용을 구성하였지만, 목차마다 '첫 번째는 성장과정, 두 번째는 성격의 장단점…'이라는 식으로 소개할 필요는 없다. 면접관의 입장에서 항상 생각하고 말의 흐름과 표현을 생각해야 한다. 즉, 나는 그러한 순서로 준비했을 지언정, 면접관의 입장에서는 지원자의 모습이 궁금할 뿐, 자기소개서의 구분별로 지원자를 이해할 필요는 없기 때문이다.

(3) 결론 구성

결론은 전체의 5~10% 정도를 활용하는데, 서론과 연관지어 끝을 맺어주는 것이 면접관의 뇌리에 오래 기억되게 하는 팁이다. 분명한 핵심 전달과 함께 논리와 감성을 조화시켜 청중의 마음을 움직이도록 만들기 위해서는 가슴을 터치하는 끝맺음 즉, '터치라인(Touch Line)'이 필요하다(p.62).

결론의 내용을 구성할 때에는 3가지를 주의하여 준비한다. 첫째, 결론은 앞서 발표한 내용을 정리하고, 자신의 이미지를 각인시키는 역할을 한다는 것을 염두해 두고, 발표 내용의 요약에 초점을 둔다. 그렇지 않고 또 하나의 새로운 이야기를 꺼내 든다면, 정리가 아니라 새로운 주제로 느껴지며 자칫 지루하게 느껴질 수 있다. 둘째, 청중의 마음을 울릴 수 있는 내용으로 준비한다. 결론에서 마지막에 던져주는 한마디 또는 한 문장이 청중의 뇌리에 가장 길게 남는다. 따라서 간략하더라도 여운이 남는 한마디를 준비한다. 셋째, 결론은 서론과 마찬가지로 긴 시간을 들여서는 안된다. 내용 요약과 이미지 각인으로 기억되게 만드는 데에만 초점을 두고 시간적 배분에 주의한다.

이렇게 작성된 결론 페이지에 이어서 일명 '감사페이지'를 마지막에 넣어놓아서, 발표의 종료 신호를 확실하게 알려주는 것이 좋다. 여기에는 별도의 메시지를 넣을 필요는 없으며, '감사합니다', 'Thank you', '경청해 주셔서 감사합니다' 등의 짤막한 메시지로 충분하다.

사례로 제작된 결론페이지는 서론에서의 제목인 '마케팅의 ABC'를 다시 한 번 언급하며 내용을 양괄식으로 구성함으로써 청중에게 자신이 전달하고자 하는 바를 더욱 효과적으로 구성하였다. 실제 슬라이드에서는 애니메이션을 사용하여 윗줄부터 차례로 글씨가 띄워지게 하여, 다음 이야기가 무엇일지를 궁금하게 만들고 집중시키는 것이 좋다. '검독수리의 수명연장의 비법'을 짤막하게 소개하여 청중의 감정에 호소하여 설득하는 '파토스의 법칙(p.45)을 적용하였다. 검독수리는 수명을 연장시키기 위해 자신의 부리를 강하게 바위에 몇 번이고 스스로 부딪혀 깨뜨려서 다시 자라게 하고, 발톱도 뽑아 새로나온 발톱으로 깃털을 정리하여 몸을 가볍게 만드는 인내의 과정을 거쳐야 비로소 30년을 더 살 수 있다는 사실을 설명한다.

지원자가 생각하는 마케팅의 기본인 ABC는 자신의 맡은 일에 최선을 다하여 끝까지 인내하는 것이며 지금까지 설명한 내용의 키워드를 요약하여 설명함으로써, 양괄식 구성과 파토스 법칙의 효과를 모두 사용한 셈이다.

끝으로 '감사페이지'를 넣어놓고, 자신의 이름과 발표내용의 요약 문구를 한번 더 써 놓음으로써 지원자 자신의 이미지를 면접관에게 각인시키고 있다. 즉, 마지막 슬라이드를 아무 의미없는 페이지로 삽입해 놓는 것이 아니라, 그것까지도 의미를 담아서 자신의 간절함을 표현하는 수단으로 충분히 활용할 수 있다.

▌직접 적어보기

프레젠테이션 결론 페이지	요약/정리페이지 작성 키워드
발표의 결론	(마케팅의 ABC=인내)
접근방법	(검독수리 이야기로 감성적 접근)
Touch Line	

실전 II : 제품기획안

  '제품기획안' 또는 '신제품 기획서' 등은 기업에서 제품개발팀, 기획팀, 전략기획실 등의 부서에서 신제품 출시를 위하여 작성되는데, PPT를 사용하여 프레젠테이션하거나 워드프로세서(한글, 워드 등)를 사용하여 1~2장의 기획안 양식에 제출하는 경우 등 다양하다. 여기서 설명하는 내용은 파워포인트를 사용하여 직장인들이 자신의 아이디어로 새로운 제품이나 서비스를 기획하여 조직 내에서 발표하는 상황을 가정하여, 제품기획안을 프레젠테이션 형태로 준비하는 과정이다.

  제품 기획 과정은 개인의 아이디어로 하는 경우도 있고, 직원들과 함께 팀을 이루어 진행하는 경우도 있지만, 어느 것이든 모두 브레인스토밍을 통하여 아이디어를 가능한 한 많이 도출해내고, 이를 종합, 정리, 분석하는 과정이 선행되어야 한다. 이러한 과정에서 자료를 찾게 되는데(p.67~69), 자신이 취급해왔던 가까운 곳에 있는 자료나 동료나 팀이 가지고 있는 자료를 먼저 찾고, 관련 제품/서비스의 전문가나 신제품개발 경험자를 찾아가 인터뷰를 하거나, 더욱 전문적인 자료를 찾기 위해서는 관련 분야의 출판자료, 세미나, 학회 자료 등을 이용한다. 그렇게 한 후에 찾는 것이 인터넷 자료이다. 내가 가장 쉽게 접근할 수 있는 인터넷 자료는 다른 사람도 마찬가지로 쉽게 찾을 수 있다는 것을 염두하고 신제품 개발 관련 자료를 찾을 때는 이것을 주의해서 검색해야 한다.

  신제품 개발과정에 대한 기획 및 마케팅 관점에서의 설명은 이 교재의 프레젠테이션 주제와는 관련성이 적으므로, 이 정도의 자료 준비과정에 대한 내용으로 대신하고, 여기서는 본격적으로 제품기획안 프레젠테이션 준비단계로 시작한다. 즉, 브레인스토밍, 자료 조사 등을 통하여 어느 정도 아이디어가 도출되었다는 것을 전제로 4단계 구성법에 의하여 프레젠테이션을 제작하는 과정을 담았다.

  〈실전 II: 제품기획안〉도 〈실전 I: 입사지원 프레젠테이션〉과 마찬가지로, 주제 내용에 대한 구성을 먼저 하고, '대문페이지, 목차페이지'와 '감사페이지'를 작성하는 순서로 되어 있음에 유의한다. 또한 연습용 샘플로 총 7페이지 정도로 제작 과정의 흐름을 보여주고 있지만, 실제 제품기획안은 이보다는 많은 자료의 제공이 필요하다는 것에 주의한다. 다음 샘플의 내용 주제는 온라인 쇼핑 시대에 소비자의 만족도를 높일 수 있는 새로운 어플리케이션 개발이다.

1. 4단계 구성법

(1) 기(서론; 문제의 제기)

프레젠테이션의 도입부분에 해당하는 '기' 파트는 청중의 관심을 유도하고 문제를 제기하는 것이 주된 목적이다. 신제품 개발에 있어서 문제 제기라는 것은 기존의 제품에서의 불편한 점, 없었던 점 등을 지적하면서 새로운 제품이 필요하다는 방향으로 전개함으로써 청중 다수가 제품의 필요성을 인지할 수 있도록 해야 한다.

예를 들면, 의류상품을 온라인으로 판매하는 채널이 다양화되어 TV, 컴퓨터, 휴대폰 등의 다양한 매체로 홈쇼핑이나 라이브커머스 등을 활용하여 언제든지 구매할 수 있도록 발전하였지만, 막상 구매 후 입어보면 후회하는 경우가 많다는 문제 제기로 시작한다.

이것을 뒷받침하기 위한 근거로, 소비자 분석이나 경쟁사 분석 자료를 제시하거나 소비자들이 자주 구매하는 유통채널을 조사하여 온라인 쇼핑매체의 다양화와 증가세를 보여주고, 그에 비해 소비자의 만족도를 대비적으로 나타내는 방법도 있을 것이다. 이것은 로고스의 법칙(p.44)을 활용한 것으로, 듣는 이의 이성에 논리적으로 설명하여 지금 온라인 쇼핑채널이 활성화되어 있지만, 소비자들의 만족도는 그러한 활성화에 미치지 못하고 있음을 객관적으로 나타내 줄 수 있는 좋은 방법이다.

또 다른 방법으로 다음의 샘플에서처럼 발표자 개인의 경험을 이야기하면서 진정성 있게 표현하기 위한 접근방법이 있다. 사진과 함께 슬라이드를 준비하여 온라인으로 쇼호스트가 입었던 핏감을 보고 조거팬츠를 구매하였다가 낭패를 보았다는 자신의 경험을 설명하면서(본인이 바지를 입고 직접 찍은 사진이 더 진정성 있을 것임), 구매행위는 손가락 몇 개로 버튼을 누름으로써 앉은 자리에서 쉽게 하였지만, 바지에 대한 만족감은 그에 미치지 못한다는 것을 표현한 것이다.

또한 이 슬라이드의 제목은 '과연, 나에게 어울리는가?'를 선택하여 제목의 역할을 충분히 하고 있을 뿐 아니라, 의문문으로 표현하여 청중을 집중시키려는 의도가 반영되어 있다. 이러한 효과를 충분히 살리기 위해서는 애니메이션 효과를 사용하여 제목 '과연, 나에게 어울리는가?'의 부분을 맨 나중에 보여주어야 한다. 즉, 지금의 쇼핑채널들의 문제점들을 충분히 언급한 후 제목을 띄우므로서 귀납적 구성 논리법(p.26)의 효과를 충분히 거둘 수 있다.

(2) 승(설명; 사실, 관찰, 실험 등)

'승'의 단계는 문제 해결의 단계로, 앞의 '기' 단계에서 설명한 문제 제기를 해결해줄 수 있는 해법을 제시하는 부분이다. 이 해법은 물론 실행가능한 것이어야 하며, 문제가 되었던 부분을 중심으로 설명하여 청중이 그 해법에 대하여 동의할 수 있어야 한다.

특히, 사례로 든 신제품 기획안은 기존에 없는 또는 기존의 제품에 보완책을 첨가한 새로운 제품/서비스이기 때문에, 청중의 이해를 돕기 위하여 애니메이션이나 그래픽, 그림 등을 활용하는 것도 좋은 방법이다.

다음의 슬라이드에서처럼 가칭 〈Fit 매칭어플〉을 개발하는 경우에는 애니메이션을 사용하여 어플이 구동되는 메커니즘을 하나씩 띄워서 보여주며 설명한다면 청중의 이해도를 높일 수 있다. 실제 개발한 어플리케이션이 있다면, 가화면이라도 보여주거나 사례로 발표자의 사이즈를 입력하고, 의류선택 후 보여지는 이미지 화면을 하나씩 띄워주는 식의 방식으로 발표를 진행하면서, 새롭게 개발된 Fit 매칭어플은 이러한 방식으로 구동되면서 소비자의 만족도를 높일 수 있다는 점을 강조한다.

(3) 전(해결책; 분석과 증명)

해결의 구체화가 이루어지는 '전' 단계는 사실, 논방, 증거 등 해결방안에 따른 구체적인 실행방안을 설계하는 것이다. 모든 것에 완벽한 것은 없기 때문에, 자신이 주장하는 해결책이 최선의 방법이지만 약점도 있을 수 있다는 것을 감추기 보다는 미리 예측하고 이것까지 최소화시킬 수 있는 방법을 역으로 제시하는 것이 바람직하다. 이 단계에서 주의할 것은 그 실행방안이 현실적이어야 하며, 가급적 구체적으로 작성되어야 한다는 것이다.

사례에서 제시된 〈Fit 매칭어플〉은 사이즈에 민감성을 높여서 1cm라도 다른 사이즈가 입력되었을 때 그 핏감이 다르게 느껴지도록 기술적으로도 정교화가 이루어져야 한다. 시간적, 기술적 투자가 충분히 이루어져서 만족도 높은 어플리케이션이 개발되었다고 하더라도 많은 소비자가 다운로드받아 사용하도록 하는 것은 또 다른 문제일 것이다. 따라서 제품의 개발에는 현실적인 마케팅전략이 항상 뒤따라야 한다. 다음의 슬라이드는 그러한 마케팅 전략에 대한 페이지로, 연역적 구성 논리법(p.27)에 의하여 제작되었다. 전달하고자 하는 마케팅 전략 방안을 크게 4가지로 '전시 및 체험, 포털사이트 배너, 홈쇼핑 제휴, 쇼핑 어플 MOU'를 먼저 제시하고, 각각에 따른 구체적인 방법을 설명하는 구성논리법이다.

Fit 매칭 어플의 마케팅전략

전시 및 체험	포털사이트 배너	홈쇼핑 제휴	쇼핑 어플 MOU
전시장 및 대형 백화점 홍보	대형 포털사이트에 광고	5대 홈쇼핑사와 업무협약 체결	최다이용자 보유 쇼핑 어플과의 협약 체결
체험부스 설치 운영	배너 광고 위주로 홍보	홈쇼핑 채널에 자사 어플 노출	정기적으로 팝업 광고 업로드(월 1회)
회원가입 선물 제공	매주 토/일에 노출	자사 어플 이용시 할인혜택 제공	자사 어플 이용시 추가 사은품 증정

(4) 결(결론; 중심사상)

프레젠테이션 전체의 마무리 단계로 '결' 단계는 중심사상으로 앞에서 언급했던 내용이 요약된 형태로 나타난다. 발표자가 주제로 정했던 내용의 목적(사례. 개발된 신제품의 효용성)이 청중에게도 충분히 이해되면서 동의되어야 한다는 것을 명심하면서, 지금까지의 발표 주제를 한번 더 강조하는 느낌으로 제작한다.

다음의 사례에서처럼 지금까지 쇼핑채널의 다양화로 언제 어디서나 쉽게 의류를 구매할 수 있는 시대가 되었지만, 받아본 후 실망감은 오로지 내 몫이었고, 반품/교환을 해야 하는 수고나 참고 그냥 입어야 하는 불편함은 늘 제기되어 왔다고 설명하면서, 이번에 개발되는 신제품 〈Fit 매칭어플〉을 통하여 이러한 불편함을 획기적으로 줄이고, 소비자의 만족도를 높일 수 있는 계기가 될 것이라고 지금까지의 내용을 정리하여 준다.

또한 KISS 원칙(p.83)을 활용하여 'Keep It Short and Simple'처럼 쉽고 간결하며 핵심을 꼬집는 멘트로 결론의 제목을 선정하였다. 프레젠테이션은 아무리 좋은 발표라고 할지라도 시간이 갈수록 청중의 집중력과 주의력이 점차 저하되기 마련이므로, 결론 파트에서 이러한 KISS 원칙을 활용할 필요가 있다. 슬라이드의 제목처럼 '先기대 後실망은 이제 그만!'으로 표현하여 새롭게 개발된 어플리케이션의 효용성을 단번에 나타냈다.

한편, 청중 분석을 고려하여 볼 때, 발표 대상자의 대부분이 업무지향형의 상사라면 다른 식의 접근이 필요하다. 업무지향형 청중의 특징은 계획적이며 성과가 중요하고 감정을 잘 읽지 못하기 때문에 사실만을 전달한 논리적 전개가 필요하다. 따라서 이러한 상황이라면, 예상되는 구체적인 수치(제작기간, 비용 대비 수익, 필요인력 등)를 제시하는 것이 보다 효과적이다.

2. 오프닝과 클로징

(1) 오프닝

프레젠테이션을 시작하기 전에 첫인상인 오프닝은 청중을 집중시키고 이 프레젠테이션을 어느정도로 몰입감을 가지고 들어야 할지를 결정하는 매우 중요한 순간이다. 그래서 발표에서 오프닝을 붕어빵 속의 팥이라고 말하는 사람이 있을 정도로 비중있게 다루어야 할 부분이다. 많은 사람들이 공감할 수 있도록 하고 프리젠터에게 좋은 이미지를 갖도록 하는 것이 오프닝의 주된 목적인 만큼, 오프닝은 날씨이야기, 시사뉴스의 활용, 청중에게 친근한 주제 등을 많이 활용하는 것이 일반적이다.

이번 사례에서도 아래처럼 프레젠테이션의 첫슬라이드인 '대문페이지'를 열어놓고 할 수 있는 오프닝 멘트를 구상해보자. 발표 주제가 신제품인 의류 구매용 어플리케이션인만큼, 청중에게 의류구매와 관련한 멘트를 생각해볼 수 있다. '지금 입고 계신 옷은 혹시 어디서 구매하신 제품인가요?'로 시작하여, 온라인 구매를 한 청중이 있다면 화면에서 본 예상대로의 핏감으로 만족하였는지를 물어보면서 자연스럽게 온라인 쇼핑에 대한 한계를 이끌어내면서 시작하는 것도 좋은 오프닝 멘트가 될 것이다.

또는 본인이 직접 온라인 쇼핑으로 구매한 의류를 가지고 와서 청중에게 보여주면서 오프닝 멘트를 하는 것도 '의외성'의 측면에서는 그 효과를 발휘할 수 있다(p.135). 청중은 일반적으로 발표라고 하면, 발표자의 멘트와 슬라이드 화면만을 예상하고 있지만, 이렇게 옷을 직접 보여주면서 청중이 예상하지 않은 상황을 연출함으로써 주의를 집중시킬 수 있기 때문이다.

이어서 앞으로 발표하게 될 내용을 간략히 목차로 정리하여 발표내용의 순서에 대하여 대강의 그림을 그리면서 청중이 따라올 수 있도록 가이드한다.

(2) 클로징

　결론의 내용까지 모두 발표하고 난 뒤에 많은 프리젠터들은 그저 의미없는 인사, 예를 들면 '감사합니다', '이상으로 마치겠습니다' 등으로 마무리를 한다. 그러나 최신효과의 측면에서 본다면 클로징 또한 별도로 신경써서 준비해야 하는 파트이다. 많은 메시지들이 전달됨으로써 그 메시지를 전달받는 사람들은 결국 가장 나중에 전달된 메시지에 가장 많은 영향을 받게 된다는 것이 최신효과이다 (p.143). 따라서 최신효과를 활용해서 임팩트 있는 마무리를 하려면 핵심 메시지를 어떤 방식으로든 한번 더 반복하여 주는 것이 필요하다.

　다음 슬라이드는 여느 발표에나 볼 수 있는 마지막 인사 슬라이드이지만, 신제품인 〈Fit 매칭어플〉이 개발되게 된 배경과 효용성까지 한번에 나타내는 '기대감＝만족감'의 문구를 사용함으로써 전달하려는 핵심 메시지를 한번 더 반복하면서 강조하고 있다. 여기서 주의할 점은 마지막 '감사페이지'에서는 절대로 장황하게 말하지 말고, 간략하지만 강렬하게 멘트를 구사하는 것이 중요하다는 점이다.

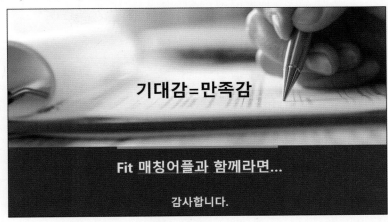

PPT 빠르게 제작하기 팁

(1) 텍스트 정렬 빠르게 하고 싶을 때

▶ 왼쪽 정렬 Ctrl + L

▶ 오른쪽 정렬 Ctrl + R

▶ 가운데 정렬 Ctrl + E

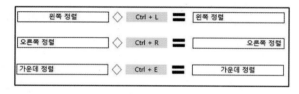

(2) 스마트아트의 도형과 위치, 이미지 등을 바꾸고 싶을 때

▶ 스마트아트 테두리 선택 후 ▷ 오른쪽 마우스 ▷ 도형으로 변환 ▷ 그룹해제

▶ 스마트아트 테두리 선택 후 ▷ Ctrl + Shift + G + G

각각의 개체로 분리한 후에 필요없는 도형도 삭제 또는 원하는 도형으로 변형

등 가능

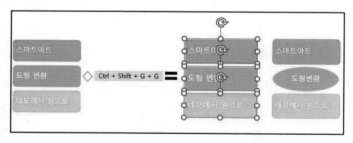

(3) 여러 이미지 사이즈와 위치를 한번에 맞추고 싶을 때

이미지 전체 드래그 ▷ 오른쪽 마우스 ▷ 개체서식/그림서식 ▷ 크기 ▷

(□ 가로 세로비율 고정과 □ 원래 크기에 비례하여 체크 해제 후) 원하는 높이와

너비 입력 ▷ 상단메뉴 그림서식 정렬 ▷ 왼쪽맞춤, 세로간격 동일하게

(4) 사진/그림 모양 바꾸고 싶을 때

▶ 선택 후 그림서식 ▷ 그림스타일 ▷ 원하는 테두리 모양 선택

▶ 선택 후 그림서식 ▷ 배경제거

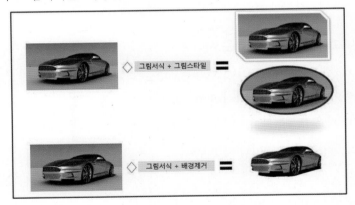

(5) 픽토그램 사용하기

(픽토그램: 누가 보아도 같은 뜻으로 이해되는 도형, 문양, 그림. 예) ♫)

▶ 텍스트 상자에서 시작 ▷ 삽입 ▷ 기호 ▷ 글꼴에서 webdings, windings, windings2, windings3에서 선택

텍스트이므로 글씨처럼 취급가능 즉, 크기와 색깔도 변경하여 편집 가능

▶ 삽입 ▷ 아이콘 ▷ 오른쪽 마우스 ▷ 도형으로 변환 ▷ 각각의 세부 도형 변경 가능

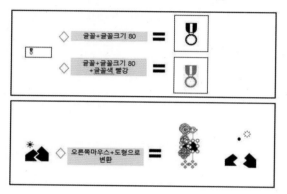

(6) 인포그래픽 시각요소 다운 사이트

▶ 픽사베이 www.pixabay.com

▶ 아이콘파인더 www.iconfinder.com

▶ 더 나운 프로젝트 http://thenounproject.com

▶ 플랫아이콘 www.flaticon.com

(7) 폰트

▶ 눈누 http://noonnu.cc

▶ 네이버폰트 https://hangeul.naver.com

(8) 컬러

www.colourlovers.com

템플릿이나 도형, 다이어그램, 글씨 등의 색깔의 조합과 배색을 알려주는 사이트

(9) PPT 포맷

▶ 올피피티닷컴 www.allppt.com 템플릿, 다이어그램, 차트 등 제공

▶ 슬라이드쉐어 www.slideshare.net

▶ 픽셀리화이 http://pixelify.net

▶ 슬라이즈고 http://slidego.com

▶ 미리캔버스 www.miricanvas.com

▶ 망고보드 www.mangoboard.net

프레젠테이션 전문가 자격검정

개요

프레젠테이션 전문가(PT master) 자격검정이란?

프레젠테이션은 특정주제에 대한 의사전달 및 청중의 공감과 설득을 이끌어내는 공적인 말하기이다. '뛰어난 프레젠테이션 능력은 비즈니스에서 꽃과 같다'는 말이 있을 정도로 비즈니스에서 프레젠테이션의 중요성은 점점 커지고 있다. 또한 대기업 입사시험에서도 프레젠테이션(PT) 면접전형을 실시하는 곳이 부쩍 많아질 정도로 회사의 업무 시에 이를 활용한 실무가 늘어나고 있다. 따라서 본 시험은 프레젠테이션 기본을 이해하고 주제에 따른 스토리보드를 구성하여 경영자 또는 조직의 의사결정자가 이해할 수 있도록 프레젠테이션의 실무능력을 객관적으로 평가하는 자격시험이다. 프레젠테이션 전문가 자격을 통해 프레젠테이션의 특성과 전개방식을 이해하고, 기획과 구성, 리허설과 발표, 피드백까지 프레젠테이션의 전체 과정을 설계하고 준비할 수 있는 전문가적 노하우를 갖출 수 있다.

실시요강

※ 응시대상 : 학력 / 경력 / 연령 / 국적 제한 없음

구 분	문항수 / 시험시간 / 출제방식	합격기준		응시료
필 기	60문항 / 60분 / 4지 선다형 (OMR 카드 기입식)	300점 만점 / 절대평가 (150점 미만 과락)	총점 240점 이상 합격 (400점 만점 / 절대평가)	50,000원
실 기	1문항 / 10분(1인) / 발표 동영상 제출 · 평가 (심사위원들의 점수 합산)	100점 만점 / 절대평가 (40점 미만 과락)		

시험과목/출제기준

※ 참고교재 : 취준생/직장인을 위한 프레젠테이션! 초스피드 완성(시대인)

구 분	과 목	문항수	출제기준	
필 기	프레젠테이션의 특성과 전개양식	20문항	1. 프레젠테이션의 특성 2. 성공적인 프레젠테이션 / 실패하는 프레젠테이션 3. 전략적인 구상법	4. 메시지 전달법 5. 내용 구성법 6. 서론 · 본론 · 결론 구성법
	프레젠테이션 기획과 디자인	15문항	1. 브레인스토밍 2. 주제 선정 3. 핵심 키워드 선정 4. 청중 분석	5. 가독성을 고려한 텍스트 6. 색상 · 질감 · 애니메이션의 활용 7. 사운드와 영상의 삽입 8. 이미지 선정 / 숫자 활용
	프레젠테이션 리허설과 발표	25문항	1. 발표 불안감을 없애는 방법 2. 이미지 트레이닝 3. 리허설과 최종 점검 4. 오프닝과 클로징 준비 5. 공감대 형성 기법	6. 호감 가는 목소리 7. 정확한 목소리 연출 8. 자신감 있는 자세와 제스처 9. 비언어적인 요소 10. 신뢰감을 높이는 방법
실 기	프레젠테이션 발표	1문항	1. 주제에 맞는 프레젠테이션 발표 2. 메시지의 내용구성과 구조화 3. 메시지의 효과적인 전달력, 청중과의 교감 4. 설득력과 호소력, 제스처 등 언어적인 내용과 비언어적인 부분의 종합 평가	

시행처

 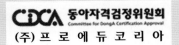

(주)프로에듀코리아

www.donga-test.com
www.donga-test.co.kr
Tel) 02-312-1961

프레젠테이션 전문가
자격시험대비/실무과정

✦ 온라인 교육과정

자격시험
과목별
(이론 및 문제풀이)
강의 제공

1강 프레젠테이션의 특성
성공 vs 실패하는 프레젠테이션

2강 전략적 구상법
메시지 전달법

3강 내용 구성법
서론 · 본론 · 결론 구성법

4강 주제 선정하기
핵심 키워드 뽑기

5강 청중 분석하기
청중 분석의 힘

6강 발표 불안감 해소
마음가짐 바꾸기

7강 리허설 준비
최종 점검

8강 청중의 마음을 움직이는 발표
신뢰감 있는 목소리 만들기

9강 자신감 있는 자세 및 제스처 사용하기
스스로 신뢰감 높이기

10강 피드백의 활용 / 향후 발표를 위한 계획 수립
자격시험 대비 핵심요약

✦ 오프라인 교육과정

교육특징
• 현직 프레젠테이션 전문가 직강으로 실전 대비
• 아나운서 출신의 전문 강사진으로 발표 기술 향상
• 매 회 동영상 촬영 및 모니터링을 통한 1:1 피드백

교육일정
• 총 6주 / 주 1회 / 日 3시간 / 총 18시간

수강혜택
• 프로에듀사회교육원 / 동아사회교육원 수료증 수여
• off 교육 신청으로 교재＋동영상＋시험응시 한 번에 가능
• PT 관련 서식자료 공유
• 1:1 PT 모니터링 및 피드백

1주 프레젠테이션을 잘하기 위한 기본기 구축
프레젠테이션에서 가장 중요한 요소
프레젠테이션을 잘하기 위한 보이스 훈련과 연습방법 습득

2주 프레젠테이션에서 사람의 마음을 얻는 방법
발표자가 신뢰를 얻기 위한 방법
핵심 압축법 / PREP 훈련 / 연역적 말하기 훈련

3주 스토리라인 만드는 방법
감성 스피치 실행 방법
스토리텔링 실행 방법

4주 청중의 마음을 움직이는 발표
음성 표현 연습하기
비언어적 표현의 중요성(제스처, 시선처리, 동선이동 요령 등)

5주 청중을 내 편으로 만드는 방법 / 친해지는 5가지 방법
초두효과 · 최신효과의 중요성
오프닝 · 클로징 작성 훈련

6주 리허설과 최종 점검
발표 불안감 극복하기
자격시험 대비 핵심요약

교육과정 문의 및 상담 : 동아사회교육원 / 프로에듀사회교육원 교학팀 02)312-1960~1

취준생/직장인을 위한 프레젠테이션! 초스피드 완성

개정6판1쇄 발행	2023년 03월 20일 (인쇄 2023년 01월 27일)
초 판 발 행	2014년 08월 05일 (인쇄 2014년 06월 19일)
발 행 인	박영일
책 임 편 집	이해욱
저 자	김연정 · 박민영
편 집 진 행	이근희 · 구현정
표지디자인	김지수
편집디자인	안시영 · 장성복
발 행 처	(주)시대고시기획
출 판 등 록	제 10-1521호
주 소	서울시 마포구 큰우물로 75 [도화동 538 성지 B/D] 9F
전 화	1600-3600
홈 페 이 지	www.sdedu.co.kr

I S B N	979-11-383-4405-0 (13320)
정 가	20,000원